実践
プログラム

図解でやせる!

1週間で腹を凹ます体幹力トレーニング

1日5分 誰でもラクラク即効!

プロトレーナー
木場克己

三笠書房

意外なことに——
人生で大事なことは、すべて
「腹」で変えられる。

見た目がよくなる、信頼される、人望が集まる、健康になる、
自信がつく、仕事力がアップする、タフになる……

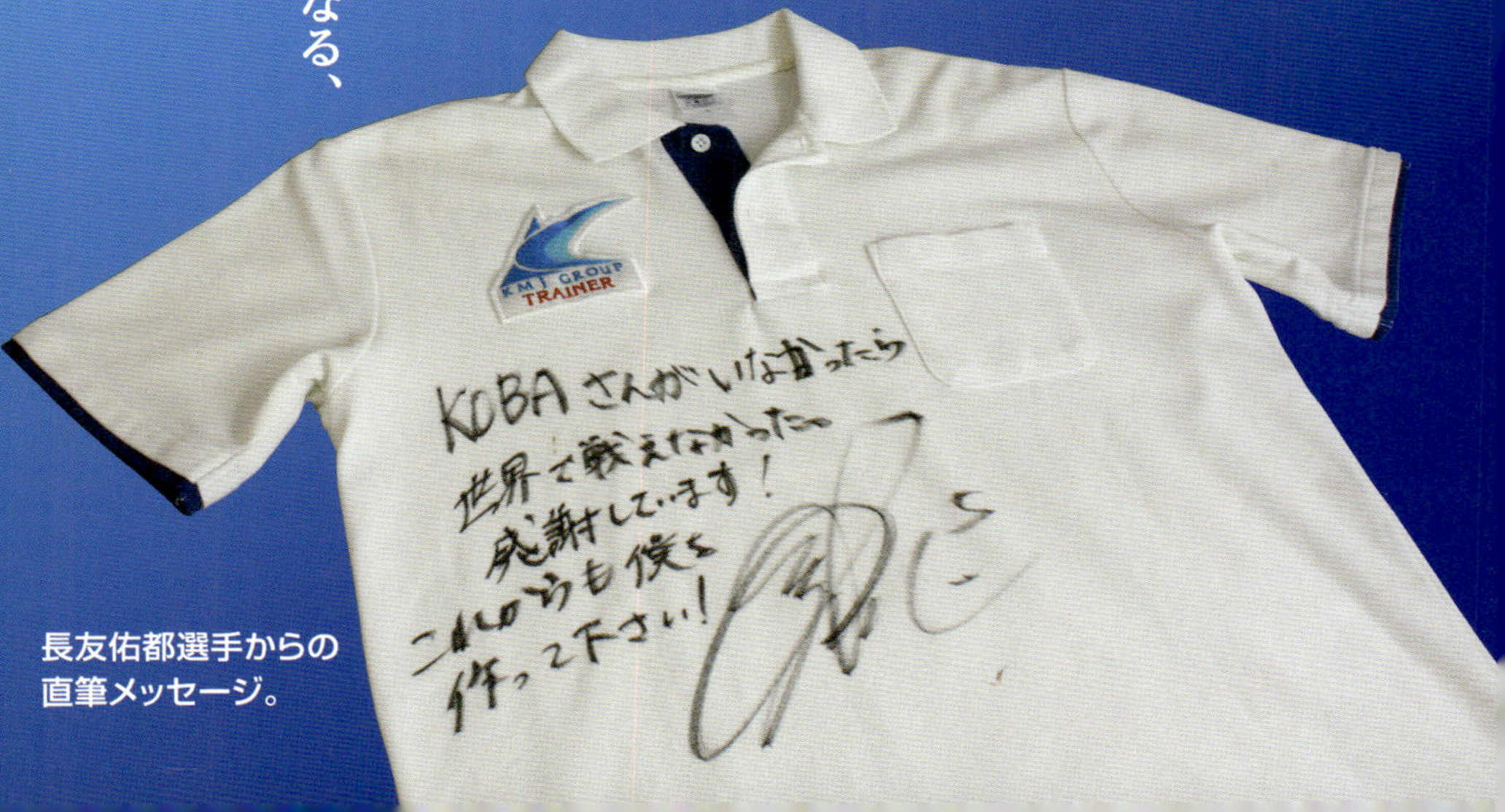
KMI GROUP
TRAINER
KOBAさんがいなかったら
世界で戦えなかった—
感謝しています!
これからも僕を
作って下さい!

長友佑都選手からの
直筆メッセージ。

世界で活躍する超一流のアスリートたち絶賛の「体幹トレ」は腹も、メンタルも超男前に変わるすごいメソッドだった！

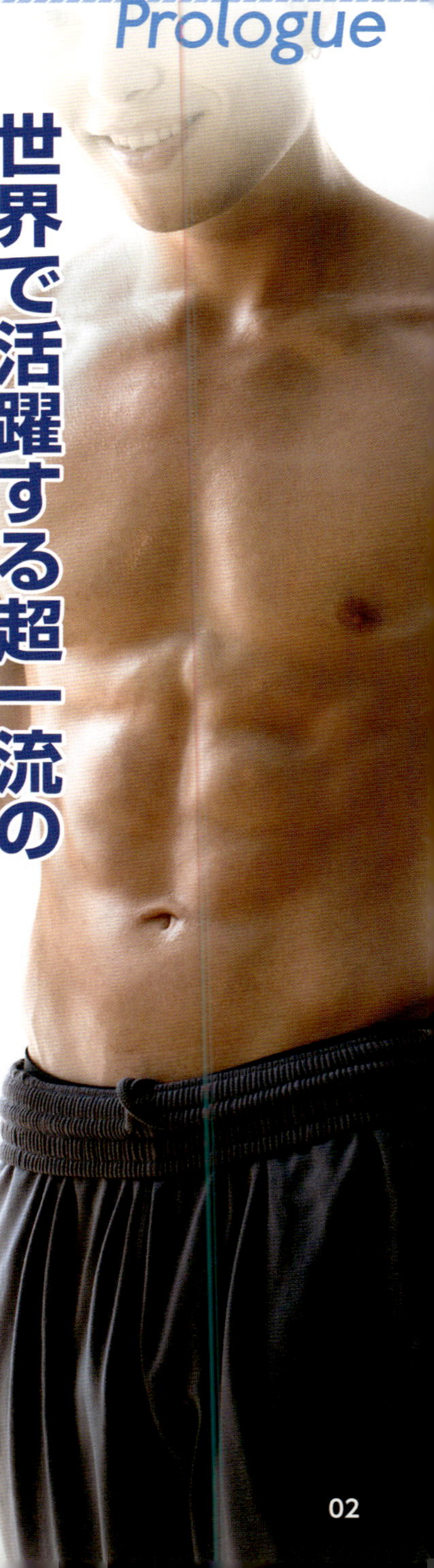

「体幹力」――すなわち、体の中心を鍛えることのメリットは、大きすぎるほど。世界で活躍する多くのトップアスリートや、仕事のできるビジネスパーソンたちは、「体幹《コア》」を鍛えてこそ、**体にも、頭にも、ものすごくいい変化がもたらされる**ことを、強く実感し、理解しているのです。

体の中心にブレない軸ができると、運動能力が格段にアップします。**疲れにくくタフな引きしまった体に変わり、ウエスト20㎝以上減という方も続出！**「脳の働き」や「心の強さ」までパワーアップすることが、続々と明らかになってきています。

これまで私はスポーツトレーナーとして、たくさんの方々の体と心に接してきました。中でも世界の大舞台で活躍中のプロサッカーの長友佑都選手（インテル・ミラノ）とのつき合いは長く、私が出会ったころ、彼はまだ大学生でした。当時彼は、腰に深刻な故障を抱えており、選手生命の危機に瀕していました。

ですが、**「木場式・体幹トレーニング」によって、どん底状態から〝ワールドカップ出場〟という最高の状態に、見事ステージアップ**をはたしました。

長友選手は、**「体幹力」を上げれば、腰痛や「小柄である」という弱点をも克服して、世界で渡り合える**のだと、実証してくれたのです。

プロトレーナー
木場克己

その効果は実証済み！

体幹を鍛えれば、人生が丸ごと大好転する！

「体幹力」の強さは、あなたに迫力をもたらします。

集中力が増し、「やるぞ！」と人生に勝利するパワーがみなぎるタフな体に変わるでしょう。内臓の働きも格段によくなるため、見た目が20歳は若く変身します。

フィジカル（肉体面）とメンタル（精神面）の双方から魅力が引きだされてきますので、男性も女性もモテ度が格段にアップします。

そう、体幹を鍛えることは、「人間力を丸ごと高めること」なのです。

体幹を鍛えることで、想像を超えるビッグな夢をかなえ、豊かに充実した人生を手にした方たちを、私はこれまで大勢見てきました。**次は、あなたの番です。**

「木場式・体幹トレーニング」は、器具はいっさい不要、自分の体ひとつで、いつでもはじめられます。負荷は自分の体重だけですから、関節に負担がかかりません。安全かつ確実に、潜在能力を目覚めさせる究極のトレーニング法です。

運動不足のメタボさんから、トップアスリートまで、**“これ1冊で10倍タフに変身できる”強力メニューを厳選**して盛りこみました。まずは1週間を目標に、はじめましょう！　必ず、体は応えてくれます。

プロトレーナー　**木場克己**

Contents

Chapter 3
実践！
全員共通12のストレッチ
――血管・筋肉が若返る！　一生リバウンドしない体に変わる！

Chapter 4
気分に合わせて自由にチョイス！
目的別1週間プログラム
――全身引きしめ、姿勢、腰痛改善…。魅力的なものばかり！

Chapter 5

ストレスを消して疲れをとる！快適だから能力全快！

——オフィスや家でリラックス。そのカンタンすぎるコツ

本文デザインDTP　オーパスワン・ラボ
イラスト　高橋陽一／渡辺鉄平
CG　BACKBONEWORKS
写真　amana images／©トラノスケ-Fotolia
編集協力　櫻井裕子／小松事務所

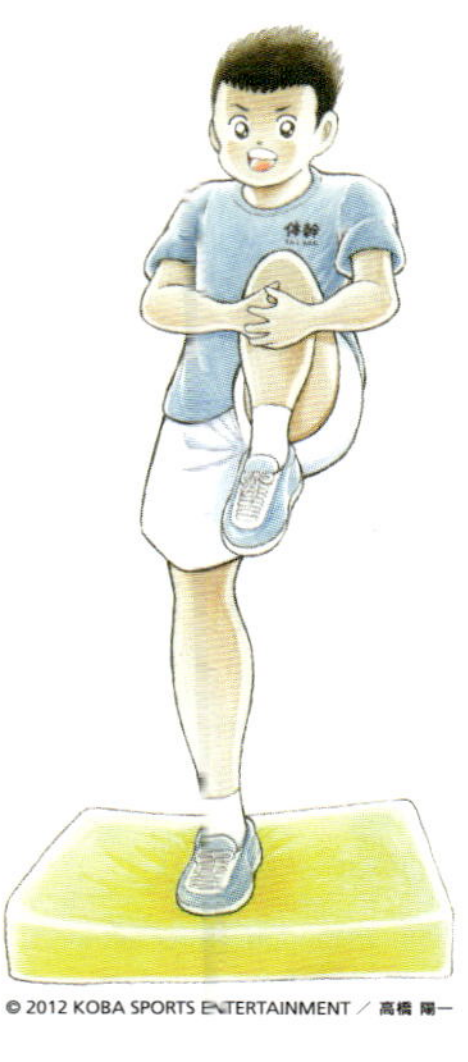

イメージキャラクター
太寛くん

Chapter 1

腹が凹んで潜在力がラクラク目覚める!

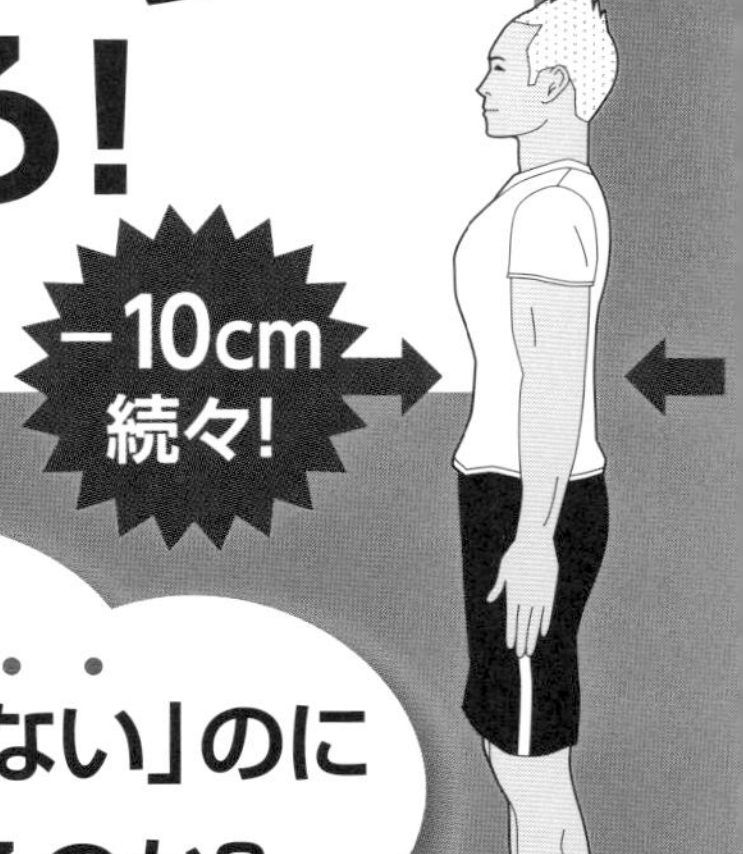
−10cm
続々!

KOBA
なぜ、「きつくない」のにスッキリするのか?
面白いほどよくわかる!
体幹
TAIKAN

体幹の秘密

01

The Secret

そもそも「体幹」とは何か？どこにあるのか？

今、体幹《コア》が注目されているのはなぜか？

一言でいうと、**体幹とは「胴体《ボディー》」のこと**。つまり、頭、腕、脚以外の体の中心部を指し、胸部、腹部、背部、腰部からなり立っている。

イメージしやすいよう、体を〝樹木〟にたとえて見ていこう。**体幹（胴体）に当たるのが木の幹**。そして、腕や脚は、木の幹から分かれた枝の部分だ。

やはり、大地にどっしりと根をはった太い幹の樹木は、力強く、見るからに生命力にあふれ、枝葉の伸びにも勢いがある。

同じように、胴体が安定した体は、**背骨や骨盤を「正しい角度」にしっかりとささえ**てくれる。そのため、勢いよく伸びた枝のように、**腕や脚の本来の力が十二分に発揮できる**ようになるのだ。

トップアスリートも実践している「木場式・体幹トレーニング」の最大の特徴は、必ず**「ストレッチ」と「体幹トレーニング」（体幹トレ）をセットで行うこと**。

こうすると、眠っていた中心深層部の筋肉が目覚め、「体幹力」を強くしながら全身のバランスを整えることができる。そして、柔軟性を最大限に高めてから、中心から外側へ筋肉を刺激していくと、筋肉全体のつながりがよくなり、よりダイナミックに動けるようになるのだ。

なぜ、「飛ばないボール」がブーンと飛ぶのか!?

「体幹力」が強いと、キック、ターン、スイング、すべてうまくいく!

「体幹力」の強化は、どのスポーツにおいても必須だ。プロの肉体改造は、必ずココからはじまる。

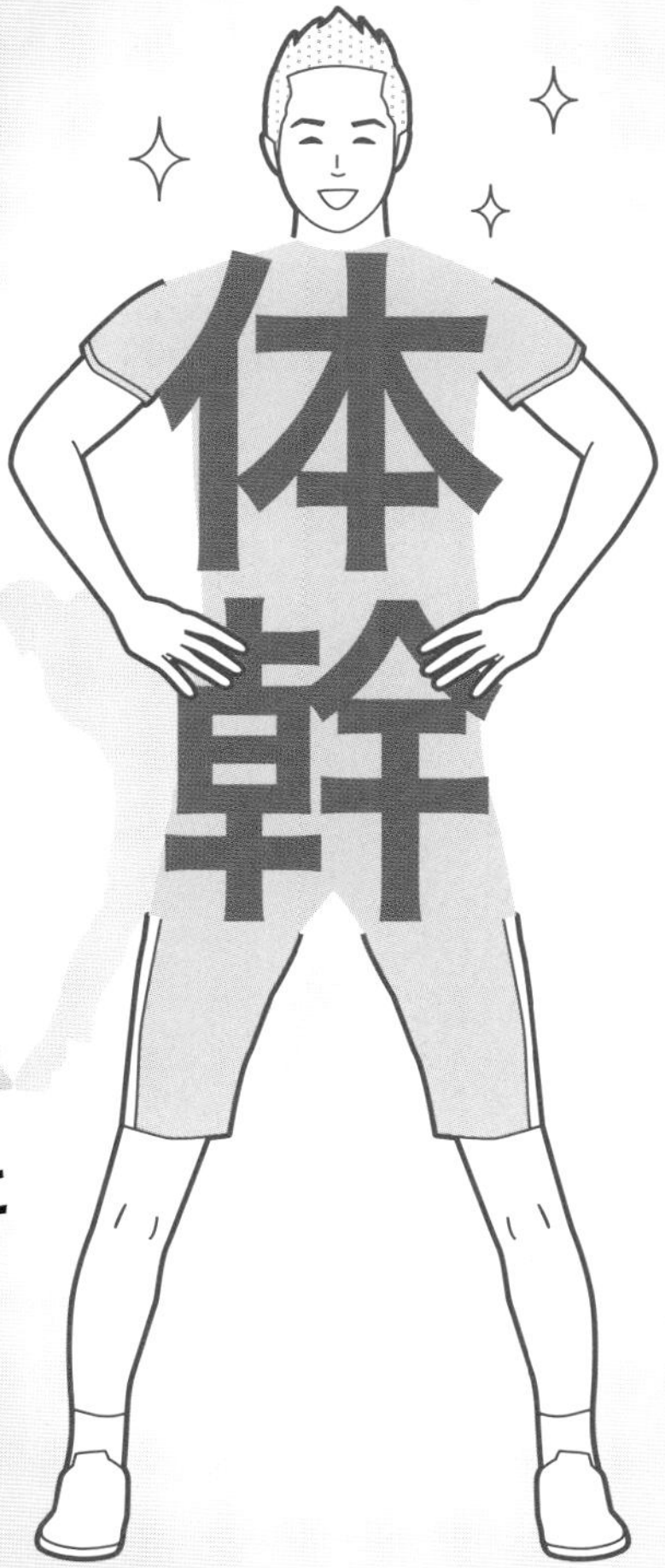

ゴルフで遠くに飛ばすには?

あの長友佑都選手も!

体幹の秘密

02

The Secret

ウエスト20cm減も！下腹が凹み、美しいラインが整う

体幹を鍛えて「下腹が凹んだ」というビジネスパーソンの証言は、とても多い。

おなかの深層にあるインナーマッスルが強化されて**腹圧（筋肉によっておなかの内部にかかる圧力のこと）があがると、下降ぎみだった内臓がしっかりガードされる。うっすらシックスパックも浮かびあがる。**すると、おしりや脚の形もビシッと整ってくる。容姿に自信がつくと、スタイル維持のために積極的に歩いたり、おしゃれをしたりと、ライフスタイルにも革命的な変化が起こる。

また、**筋力がアップすれば、必ず基礎代謝（生体を維持するのに必要最低限なエネルギー）があがる**ので、**ほうっておいてもやせる体に変わる。**メタボ対策に断然おすすめだ。

数十種類ある「木場式・体幹トレーニング」のメニューには、深層にある「インナーマッスル」を主に鍛えるものと、体の表面に近い「アウターマッスル」を主に鍛えるものがある。本書にしたがえば、インナーマッスルが先に強化されて、ラクに腹は凹んでゆく。さらに、トレーニングを継続するうちに、**ケガや腰痛が予防できるようになっていく。**

そして「物事をポジティブに捉える」「頭が冴える」「勝負どころで集中できる」「行動力がつく」など、脳やメンタル面にいい影響がでる。

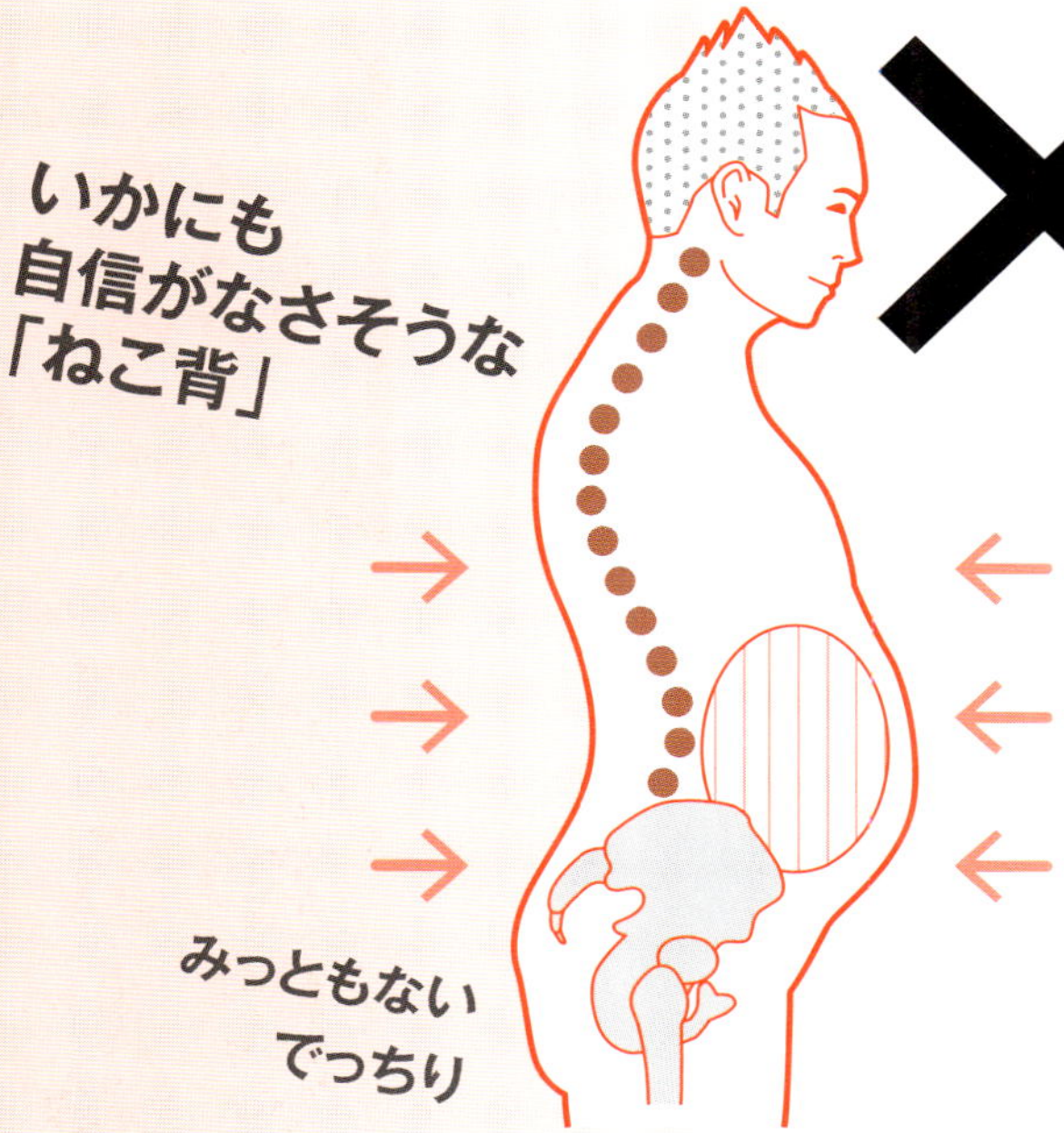

腹圧が弱い

腹圧が弱いため
背骨がくずれ
内臓がつきでる

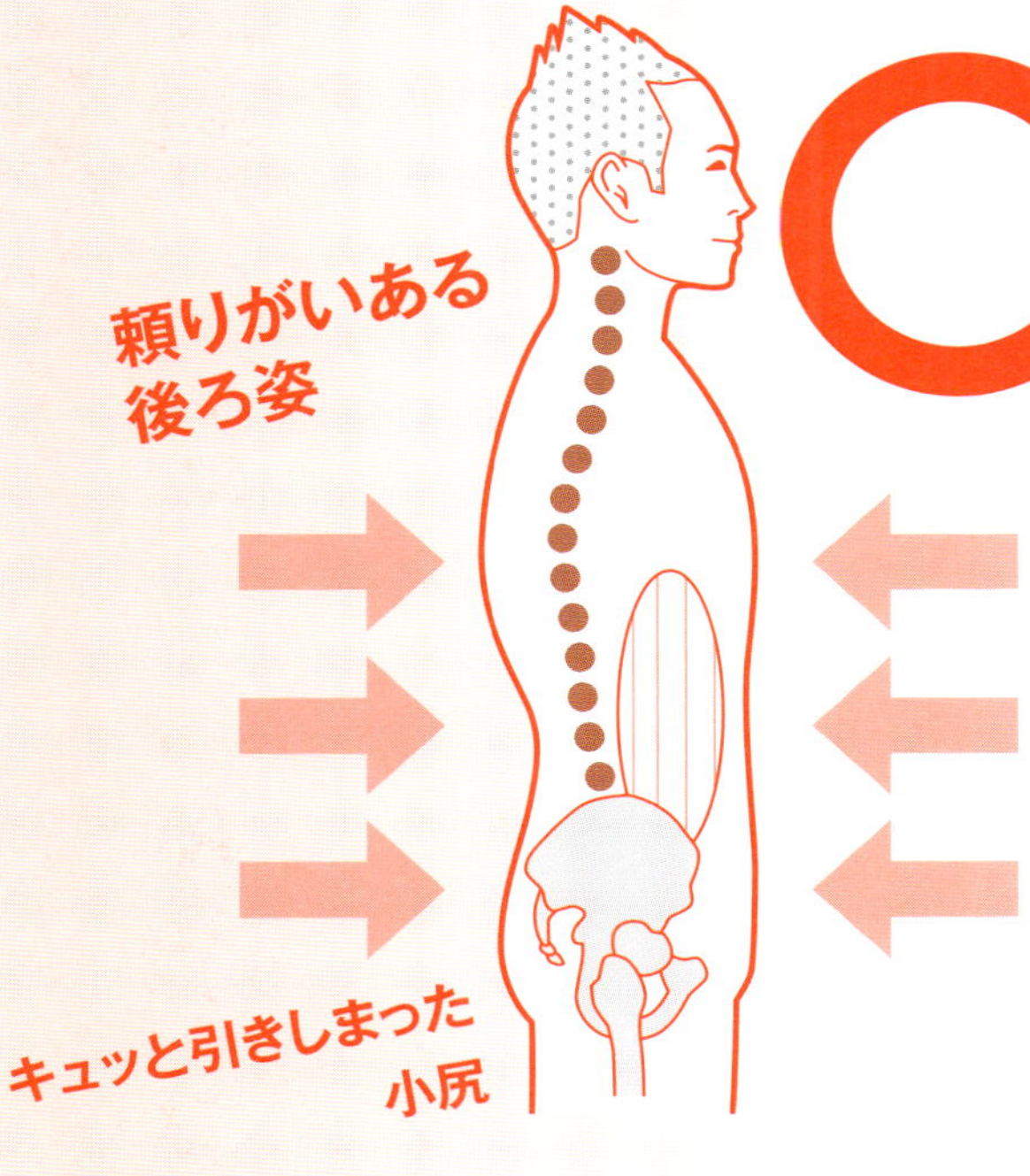

腹圧が強い

筋肉のガードルにつつまれて
背筋が伸び、下腹が凹む

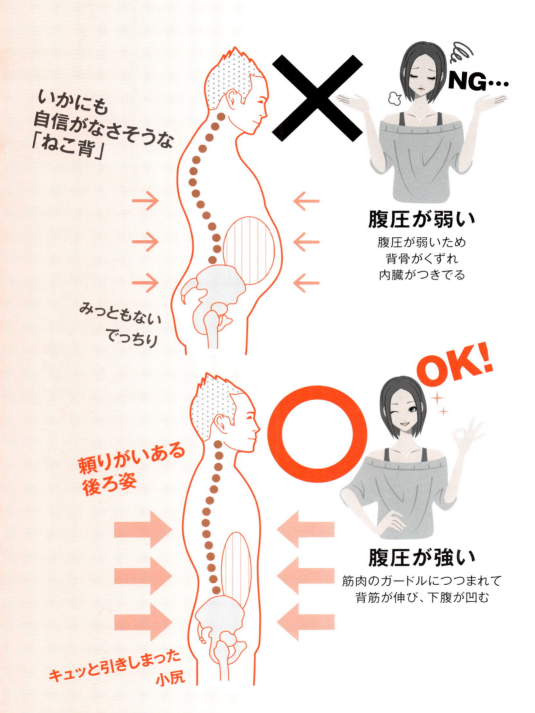

インナーマッスル

03

Inner Muscle

これが体幹をつくる筋肉だ！知れば効き方も変わってくる！

インナーマッスルからアウターマッスルまで、体幹をつくる主要な筋肉名とその性質を、カンタンに見ておこう。知れば意識できるので、効き方も違ってくる。

十数種もの筋肉の中でも重要なのが、背骨にそってついている脊柱起立筋《せきちゅうきりつきん》、そして、おなかを囲む腹《ふく》横筋《おうきん》、腹斜筋《ふくしゃきん》、腹直筋《ふくちょくきん》などの腹筋、背中を広範囲にカバーする広背筋《こうはいきん》などだ。

体の表面付近にあるアウターマッスルは、腹部が割れ、腕に力こぶができる――という具合に、鍛えればどんどん盛りあがる。見た目が面白いくらい変わるから、**９割の人は、それがうれしくてアウターマッスルばかり鍛えてしまう。**

だが実は、あなたの奥底に秘められた潜在力を目覚めさせてくれるのは、インナーマッスルだ。深奥に筋肉がたっぷりバランスよくついていれば、骨格がコルセットにささえられた状態になり、真に安定した幹になる。鍛えあげられたインナーマッスルに包まれた体幹は、空気が十分に入ったボールのように「ピン！」とハリがある。**投げる、蹴る、跳ぶ……どんな動きも、弾むボールのように速く、力強くなる。**野球のピッチャーなら、コントロールがよくなり速い球を投げられる。ゴルフならスイングが鋭くなる。ランナーも疲れず速く走れるようになる。

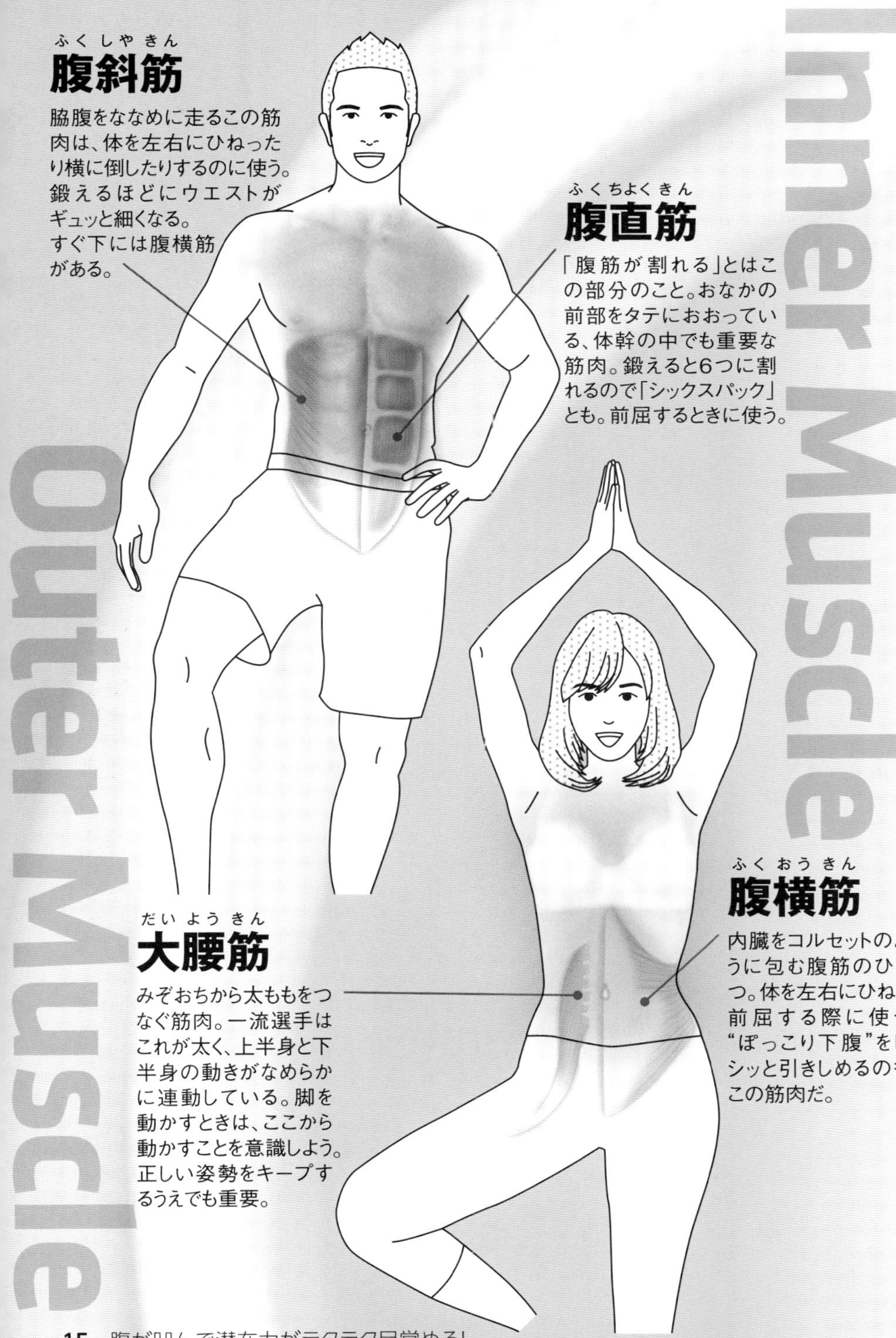

腹斜筋《ふくしやきん》

脇腹をななめに走るこの筋肉は、体を左右にひねったり横に倒したりするのに使う。鍛えるほどにウエストがギュッと細くなる。

すぐ下には腹横筋がある。

腹直筋《ふくちよくきん》

「腹筋が割れる」とはこの部分のこと。おなかの前部をタテにおおっている、体幹の中でも重要な筋肉。鍛えると6つに割れるので「シックスパック」とも。前屈するときに使う。

腹横筋《ふくおうきん》

内臓をコルセットのようにに包む腹筋のひとつ。体を左右にひねり、前屈する際に使う。“ぽっこり下腹”をビシッと引きしめるのも、この筋肉だ。

大腰筋《だいようきん》

みぞおちから太ももをつなぐ筋肉。一流選手はこれが太く、上半身と下半身の動きがなめらかに連動している。脚を動かすときは、ここから動かすことを意識しよう。正しい姿勢をキープするうえでも重要。

Inner Muscle

インナーマッスル

04

〝勝てる体〟の共通点。中と外のバランスがいい！

左ページのMRI画像に注目。これは「木場式・体幹トレーニング」で肉体改造をした世界レベルのトップアスリートのもの。つまり、ほうっておいても体脂肪がよく燃える、基礎代謝量が多い「やせやすい体」のお手本だ。**決め手は、なんといっても「筋肉のつき方」と「筋肉量」のバランスのよさ。**

一流選手の一番の共通項は、インナーマッスルの大腰筋（❷）がよく発達していることだ。ここが発達していると、背筋がスーッと伸びて、軸を固定しやすくなる。キックやターン、スイングなど体をひねる動作にキレがでる。アウターマッスルだけではだせないキレだ。さらに、軸の安定に深くかかわる脊柱起立筋《せきちゅうきりつきん》、おなかをコルセットのように包む腹横筋、おなかの前面にある腹直筋などのバランスもよければ、**〝使える体幹〟**としての条件がそろう。

肥満ぎみの人の体をMRI画像で見ると、内臓脂肪がとても多く、腹直筋がフニャフニャの状態。そのため、軸がブレて姿勢も悪くなる。腰に負担がかかりすぎ、椎間板《ついかんばん》ヘルニアや疲労骨折などの故障を抱えてしまう。

大相撲《おおずもう》の力士の場合、皮下脂肪は多くても、内臓脂肪は多くはない。見た目は太っていても、中身はしっかりしまっているから、土俵際のしんどい姿勢でも安定した状態をキープできるのだ。

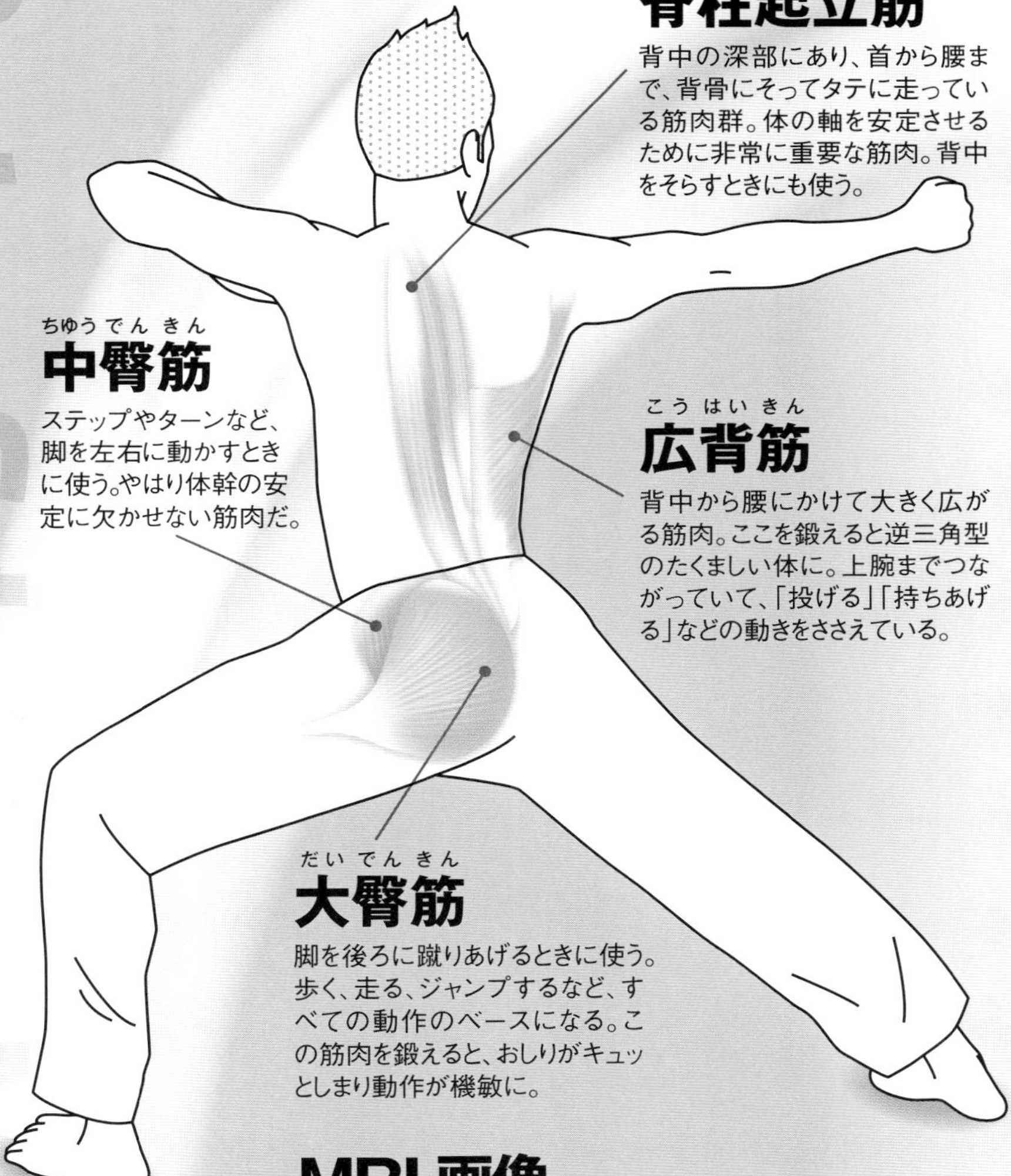

脊柱起立筋《せきちゅうきりつきん》

背中の深部にあり、首から腰まで、背骨にそってタテに走っている筋肉群。体の軸を安定させるために非常に重要な筋肉。背中をそらすときにも使う。

中臀筋《ちゅうでんきん》

ステップやターンなど、脚を左右に動かすときに使う。やはり体幹の安定に欠かせない筋肉だ。

広背筋《こうはいきん》

背中から腰にかけて大きく広がる筋肉。ここを鍛えると逆三角型のたくましい体に。上腕までつながっていて、「投げる」「持ちあげる」などの動きをささえている。

大臀筋《だいでんきん》

脚を後ろに蹴りあげるときに使う。歩く、走る、ジャンプするなど、すべての動作のベースになる。この筋肉を鍛えると、おしりがキュッとしまり動作が機敏に。

MRI 画像

某トップアスリートのリアル筋肉画像

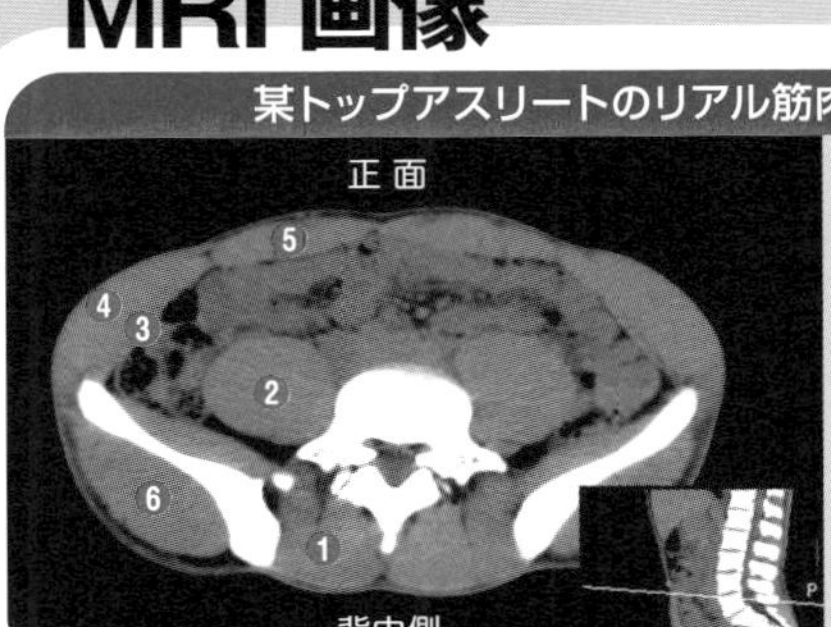

❶脊柱起立筋
❷大腰筋
❸腹横筋
❹腹斜筋
❺腹直筋
❻大臀筋

インナーマッスル

05

Inner Muscle

体幹にスイッチを入れるために！

体幹を構成する筋肉は、体の前にも横にも、背中にもある。**前後左右、一周グルリと刺激することで、はじめてスイッチが入る。**たとえば、10年後の体を若々しく保つには、全身のストレッチと、最低2、3種類の体幹トレをするといい。

“体が勝手に進化する”トレーニング順

①ストレッチで「柔軟性を高める」。

②インナーマッスルを刺激する「腹を凹ますプログラム」（54ページ）で「軸をかためる」。

③「全身引きしめ」「ねこ背を治す」「下半身強化」「腰痛改善」などの各プログラムでアウターマッスルを刺激して、おなかの中心から外側へと刺激を入れる。

④仕上げに、アスリート級プログラム（106ページ参照）でインナーマッスルとアウターマッスルを同時に刺激しながら鍛え、筋肉全体のつながり（連動性）をよくしていく。

体は、必ず応えてくれる。1カ月も続けていると、体に太い樹木のような安定感としなやかさが備わる。キック、ジャンプ、スイング……何をしても面白いほどハッキリと違いを実感できるだろう。

また、一流の人間は、あえて高い目標を設定し、それをはっきりと公言する。ぜひ「来月までにウエストを5㎝細くする」などと具体的に示そう。

Chapter 2

2分でわかる体幹力チェック&超重要ドローイン

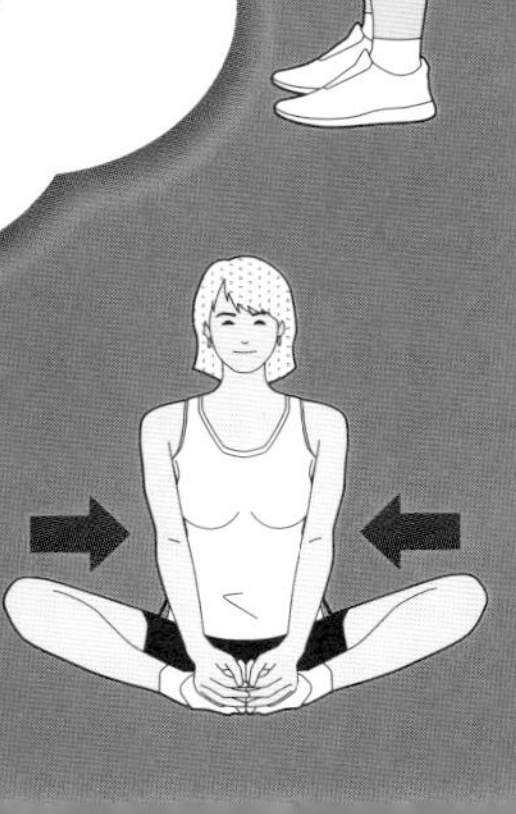

チェック

パッと見でわかる！あなたの今の「体幹力」は？

同じ40歳のビジネスパーソンでも、体幹を鍛えてきた人とこなかった人では、筋肉と骨格の年齢差が驚くほど開いてしまっている。しかも、脅かすつもりはないが、**年を重ねるほど、その差はますます拡大していく。**

たいして動かない生活に甘んじていたら、やがて筋肉や関節が弱り、体の軸がブレていくことは必然だ。そして、以下のような残念な現象がではじめる。

このほか、「体幹力」が弱ると、くしゃみをした瞬間、ぎっくり腰になったり、メンタル面が弱くなって心が折れやすくなったりするなど、**体も心も、さえないオヤジになっていく。**

「体幹力のおとろえ」は、日常生活の中のちょっとした動作や感覚から、大まかに知ることができる。

体幹力が弱って「でっちり」になる

“姿勢の悪さ”は、ずばり「体幹力のおとろえ」をあらわすサイン。スーッと伸びた背筋を維持する「脊柱起立筋《せきちゅうきりつきん》」や、股関節の屈曲をささえる「腸腰筋《ちょうようきん》」が、かなり弱っている。

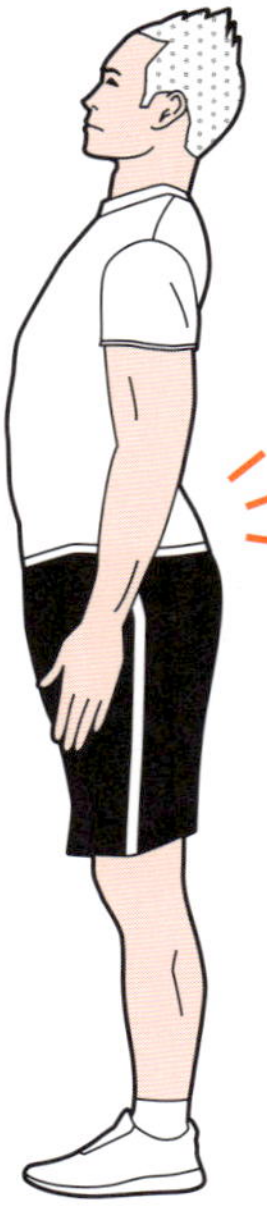

「でっちり」タイプは背中から腰につながる筋肉が

かたくなり、骨盤が前に傾いて背中が丸まった状態。

「ねこ背」タイプも腰まわりやおなかのインナーマッスルがかたくなり、体が前方に引っぱられた状態。

「でっちり」タイプも、「ねこ背」タイプも、体の要《かなめ》の骨盤が傾いているから、ドミノ倒しのように全体のバランスがくずれ、ふくらはぎの後ろ、そして、ひざの前面に大きな負担がかかってしまう。

体幹力が弱って「下腹」がでる

これぞ、「体幹力のおとろえ」現象！　おなか周辺の筋肉のベルトがゆるんでいるから、太っているわけじゃないのに、下腹がぽっこりでてしまうのだ。

そうなれば周辺の動脈が圧迫されて、血行不良に陥っていく。すると、腸の働きが悪くなって便秘しやすくなる、冷え症になる、代謝が悪くなって太りやすくなるなど、悪循環が止まらなくなってしまう。

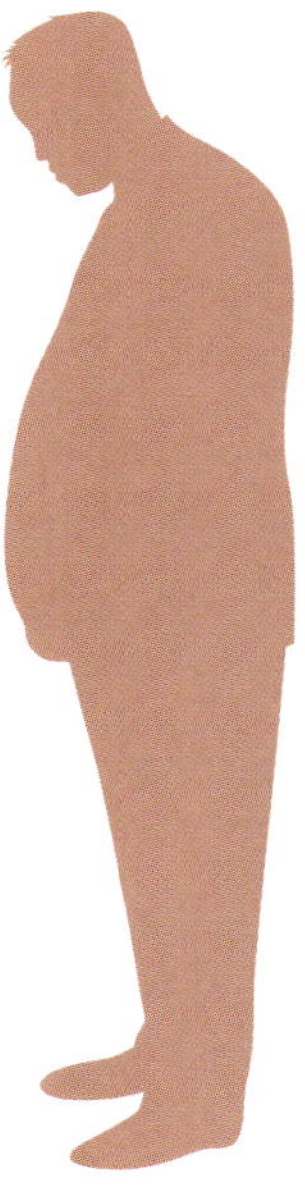

さっそく、自分の「体幹力」がどのくらい弱っているのか、それともまだ十分に維持できているのか、自己診断してみよう。22ページの該当する項目にチェックを入れれば、結果はすぐわかる。

そして次に、23ページからのカンタンな7つの「2分間テスト」で実際に体を動かしながら、体のどの部分の「体幹」が弱っているのか、その状態を診断してみよう。

ザックリ

日常生活で「体幹力のおとろえ」をチェック

- □ なんだか、疲れやすくなった。疲れがぬけなくなった
- □ 階段よりエスカレーターをよく使う
- □ 最近、太りやすくなり、おなかもでてきた
- □ 階段をかけあがると、すぐ息があがってしまう
- □ 車に乗る動作が窮屈に感じる。スムーズにできない
- □ 電車で急ブレーキがかかると、すぐよろける。発車しただけで体がグラつく
- □ 雪道ですべりやすい
- □ （映画を観《み》ているときなど）長時間座り続けるのがつらく、何度も姿勢を変える
- □ その場にしゃがむのがつらい
- □ 自分の姿勢の悪さに気づいて、ギョッとしたことがある
- □ くしゃみをしたとき、腰がズキンとすることがある
- □ 腰をそらすと、なんとなく重く、違和感を覚える
- □ 肩のまわりがいつも重い
- □ 立って靴下を履《は》くときに、よろけたことがある
- □ おしりやおなかなど、体が全体にタレてきた感じ

これら15のチェック項目のうち、該当するものが9つ以上あれば、すでに赤信号点灯。あなたの「体幹力」は間違いなくおとろえている。2～8つの項目にチェックが入った人も、要注意。おとろえはじめており、油断はできない。

2分間テスト

01

2 minutes Test

背中～腰の柔軟性がわかる

前屈したとき、指先が床につくか、つかないか?

前屈は、立っても座ってもできる。まずは「立ち姿勢」でカンタンにチェックしてみよう。

前屈して指先が床につけば、まずまずの柔らかさ。

手のひら全体がペタッと床につけば理想的。

スムーズにできない人、指先がまったく床につかない人は体がかたく、柔軟性がおとろえている。今は大丈夫でも、将来、腰痛になりやすい。

腰を痛めている人、立ち姿勢だとやりづらい人には、下図のように「床に座ってやる前屈」がおすすめだ。

ひざを伸ばして座り、指先を前におしだしながら上体を倒していくと、腰への負担が軽くなる。この場合、手のひらで足の裏がタッチできたら、柔軟性は十分と判断できる。

1 ひざを伸ばして、まっすぐ立つ。

両足のかかとはつけ、足先は少し開きぎみに。

2 両手を前に伸ばし、上体をゆっくり前に倒しながら指先をさげていく。どこまでさげられるか?

1 ひざを伸ばして床に座る。

2 指先を前におしだすようにして上体を前にゆっくり倒していく。

ひざが曲がらないよう注意しながら、指先がどれくらい前にいくかチェック。

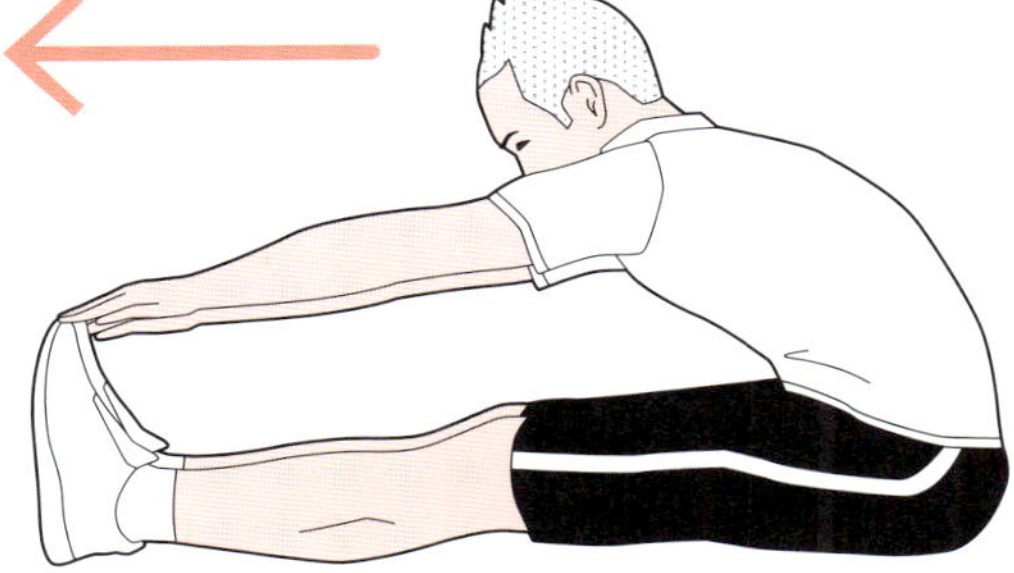

2分間テスト

02

2 minutes Test

股関節のかたさ、腹筋の強度がわかる

足裏を合わせて、つま先を持てるか、やりづらいか?

このテストは、7割の人は、アッサリこなせるだろう。「上体をまっすぐ伸ばしたまま、キープできるかどうか」が、見極めのポイントだ。

1 背筋をまっすぐ伸ばしひざを伸ばして座る。

2 両ひざを曲げ、両足裏をピッタリ合わせる。

3 両足のつま先を両手で抱えるように持ち、そのまま上体に近づける。

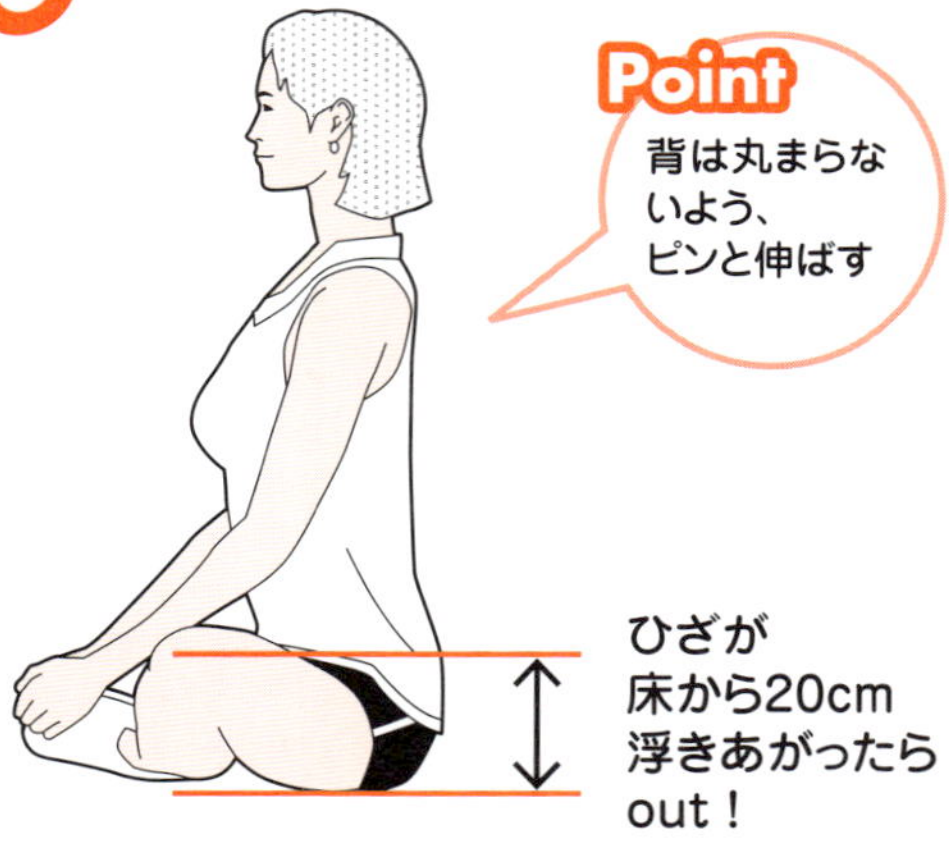
Point
背は丸まらないよう、ピンと伸ばす
ひざが床から20cm浮きあがったらout!

グラついて、「上体をまっすぐキープしたまま**3**の姿勢がとりづらい人」や、「つま先をラクに持てない人」「ひざが床から20㎝以上浮きあがってしまう人」は、股関節と内ももの内転筋がかたく、腹筋も弱っている。また、「後ろに倒れそうになる人」は、将来的に腰痛になりやすいタイプだ。

2分間テスト

03

2 minutes Test

内転筋・股関節のかたさがわかる

開脚で、どれくらい広げられるか？

「開脚」のポーズで、両足が左右にどれだけ開くか、角度をチェック。

1 **背筋と脚をまっすぐ伸ばして座る。**

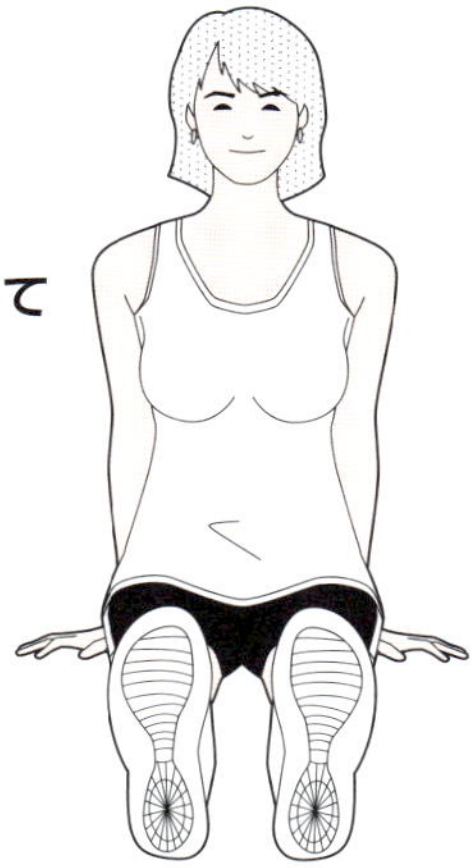

2 **背筋を伸ばしたまま、脚をできるところまで大きく開いていく。**

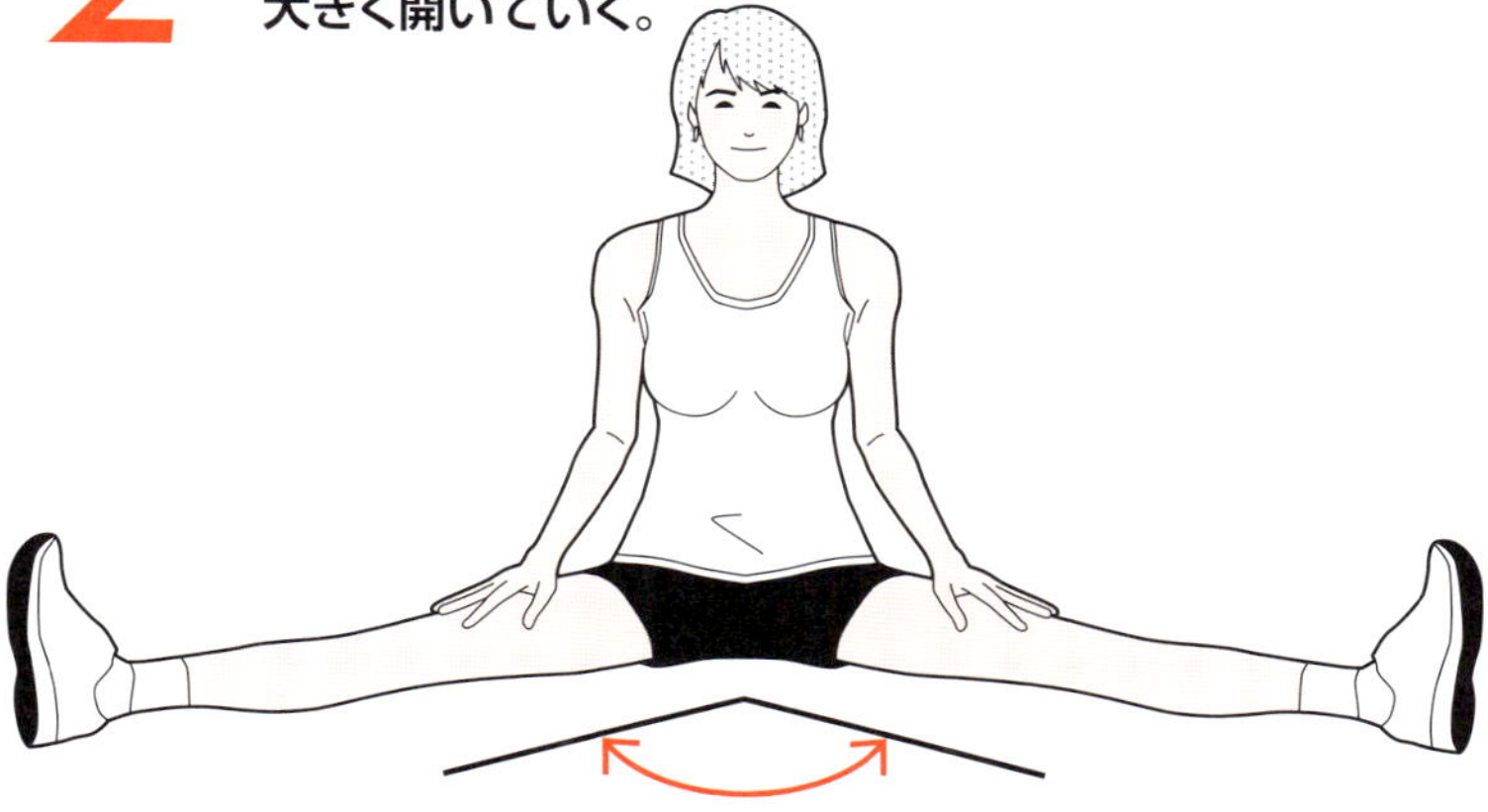

ここの角度をはかる

開く角度が90度以下なら、危険ゾーン。ももの内転筋や股関節が、かなりかたくなっている。

90〜１００度なら普通レベル。

１００度以上開けば、柔軟性は良好のレベル。

１６０度まで開けばベスト！

危険ゾーンの人は、ただ走るだけでも、ケガをしやすいので注意。子供の運動会ではりきって走りだしたものの、よろけて転倒……なんてことになりかねない。スポーツをするには、最低限90度以上は開くようにしておきたい。

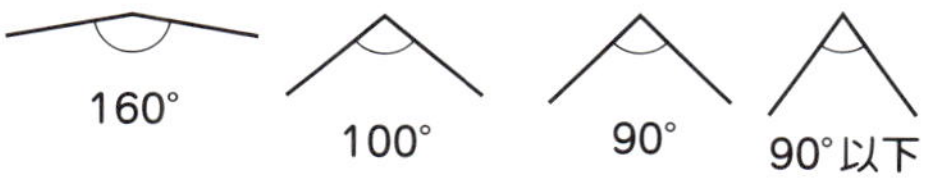

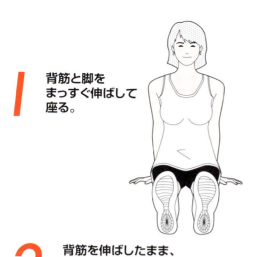

2分間テスト

04

2 minutes Test

股関節周辺のかたさがわかる

ひざの引き寄せがラクにできるか、できないか?

次は、股関節の「前後の柔軟性」をチェックしよう。

1 **仰向けに寝て、頭、背中、腰、骨盤を、床にピッタリおしつける。**

2 **片ほうのひざを両手で抱えるようにして、胸にできるだけ近づけていく。**
もう一方の脚のつま先は、ピンと伸ばしておく。

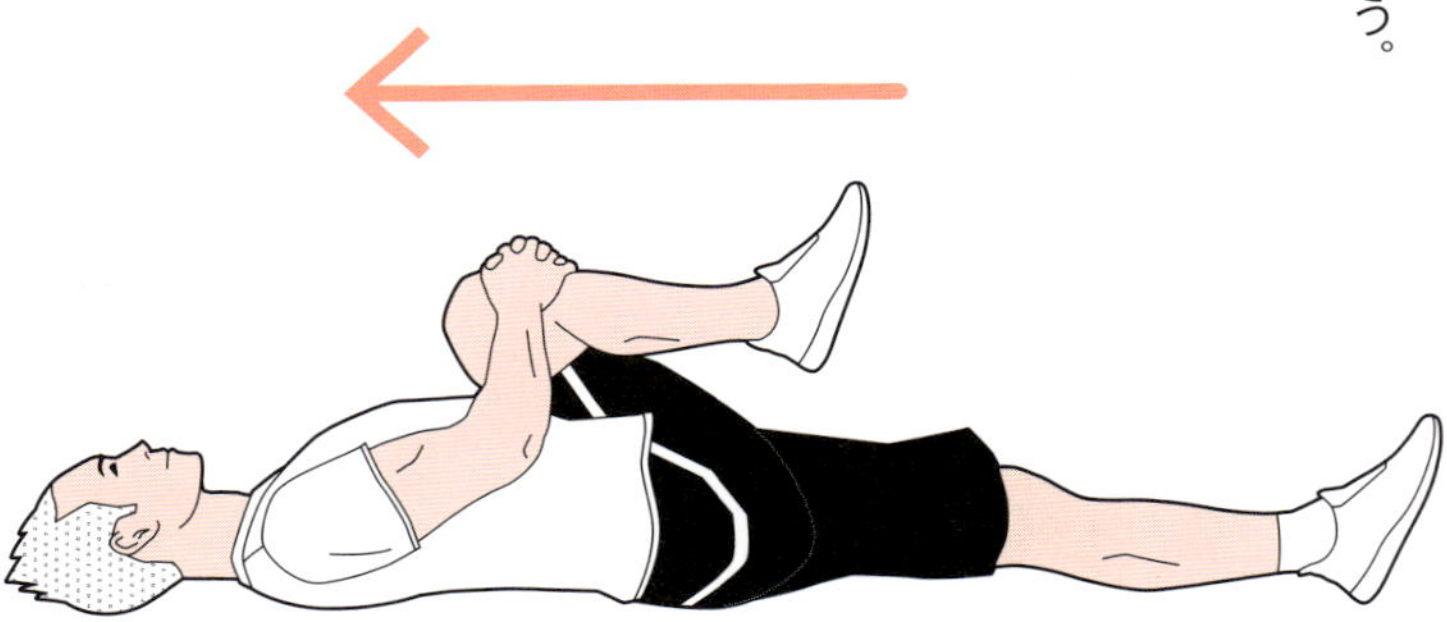

チェックポイントは2つ。
①ひざが胸につくかどうか?
②ふくらはぎと内ももがくっつくまで曲げられるかどうか?

両方できたら、柔軟性は高いほう。

「引き寄せようとしてもひざが胸につかない人」や、「ふくらはぎと内ももの間が開いてしまう人」は、股関節周辺がかたくなっていると判断できる。

2分間テスト

05

2 minutes Test

腹筋の持久力がわかる

ひざに腕をのせて30秒キープできるか？

ひざにのせた腕をまっすぐ伸ばしたまま、上半身がブレないようにキープするテスト。ここで必要なのが腹筋の持久力だ。腹筋が弱っていると、途中で疲れてしまい、やりづらさを感じる。姿勢をくずさずに30秒持ちこたえられたら、次のステップ「ひざ上で手を前後にすべらせる動作」を、30秒連続してやってみよう。

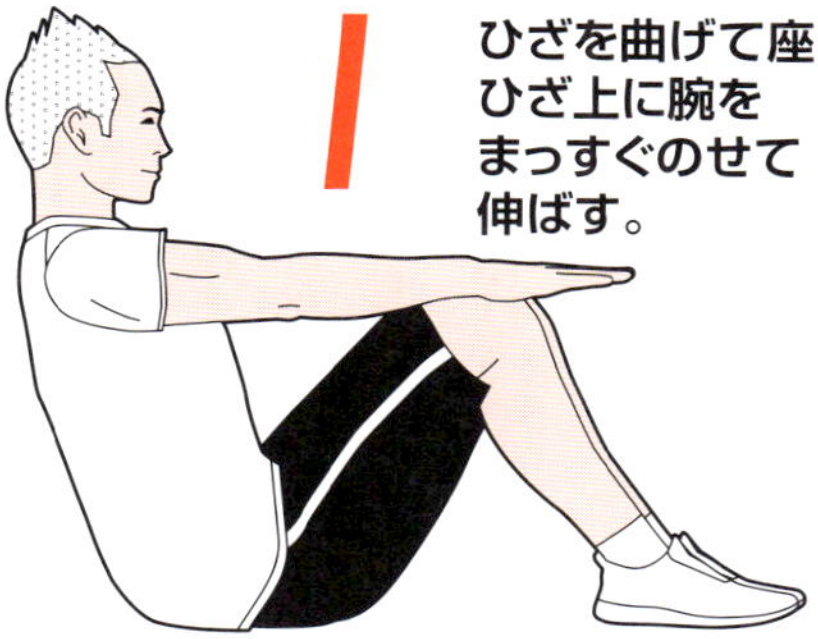

1 ひざを曲げて座り、ひざ上に腕をまっすぐのせて伸ばす。

2 腕をまっすぐ伸ばしたまま、30秒キープ。

上半身がブレないように注意。

3 2がクリアできた人は、手のひらをひざ上で30秒間連続して、前後にすべらせてみる。

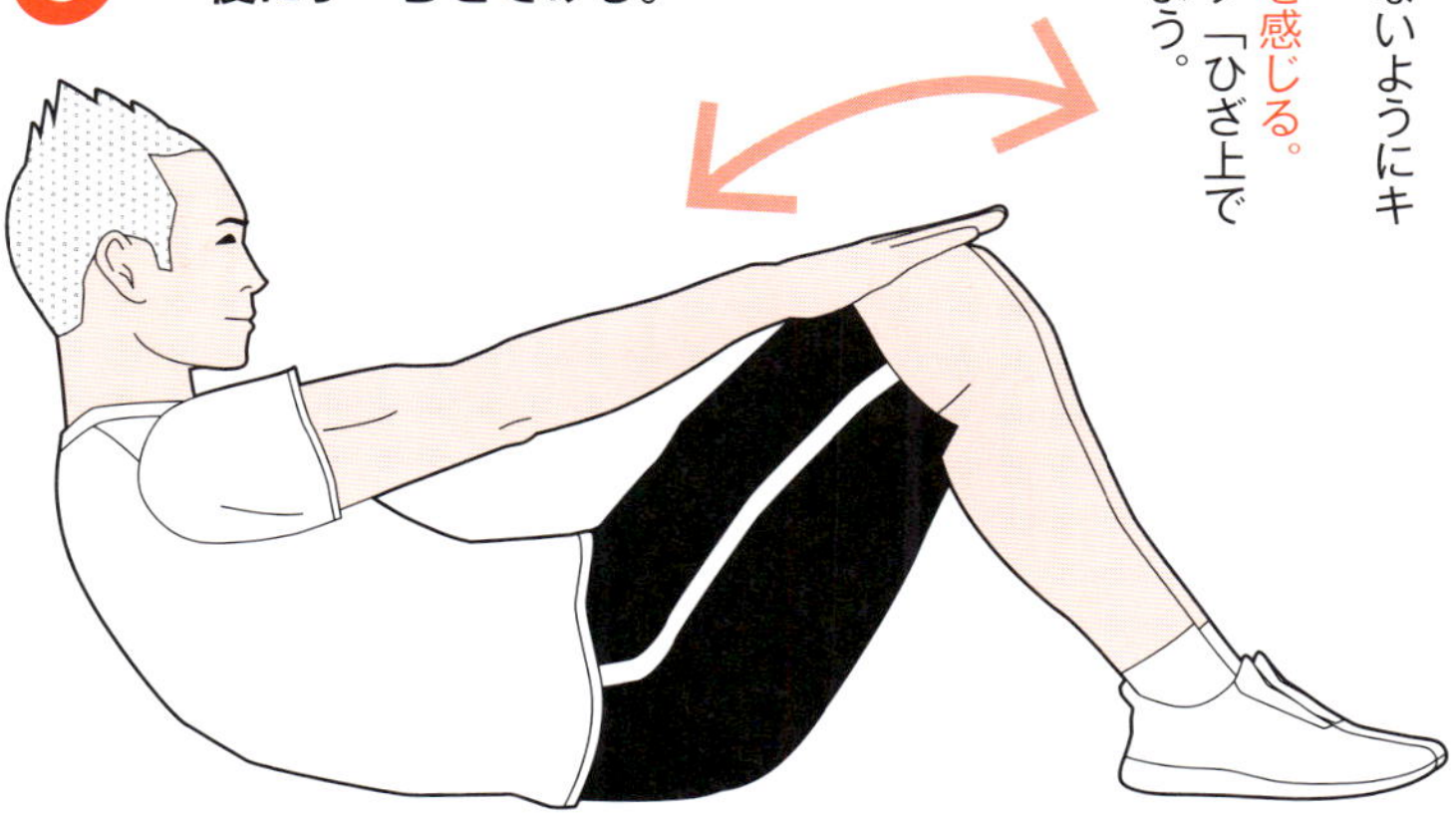

「2と3、両方の動作がカンタンにできた人」は、腹筋の持久力は強いほう。

「2の動作（ひざ上に腕をのせて30秒キープ）はできたが、3のひざ上で手のひらを30秒連続ですべらせるのがきつい人」は、もう少し腹筋力がほしい。

「2がきつくて3には進めなかった人」あるいは、「おなかの脂肪が邪魔だった人」は、腹筋がかなり弱っていて、腰痛などの故障にみまわれるリスクが高い。

おなかが凹めば、ラクにできるようになる。

2分間テスト 06

2 minutes Test

背中（肩甲骨）の柔軟性がわかる

肩甲骨まわりの動きを、2つの方法でチェック。

バランスのいい姿勢を保つうえでも、肩甲骨の柔軟性は重要なポイント。肩を柔らかくして、肩甲骨まわりにある「褐色脂肪細胞」を刺激すると、脂肪を燃焼しやすい体に変わる。

チェック① 腕をどこまで後ろに持っていけるか

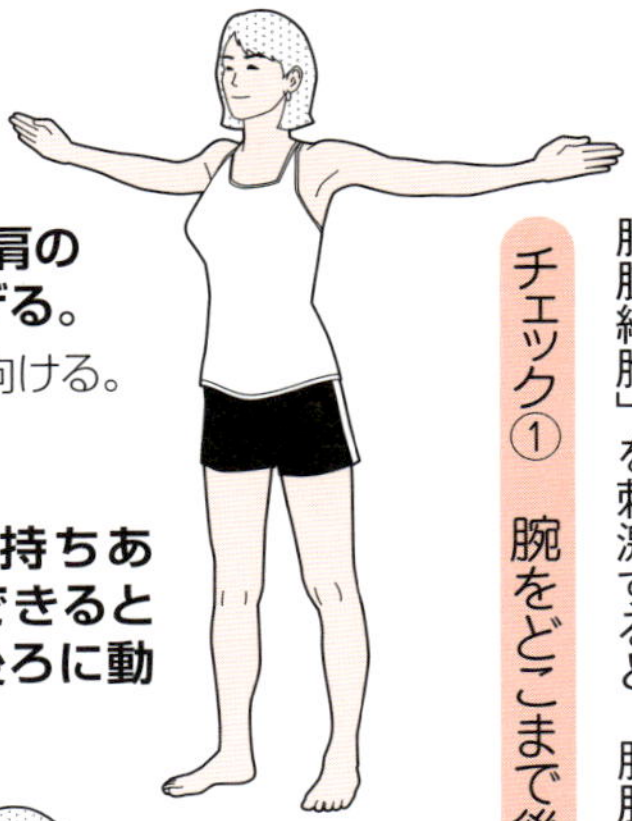

1 直立して、両腕を肩の高さで真横に広げる。
手のひらは正面に向ける。

2 腕を真横に持ちあげたまま、できるところまで、後ろに動かしてみる。

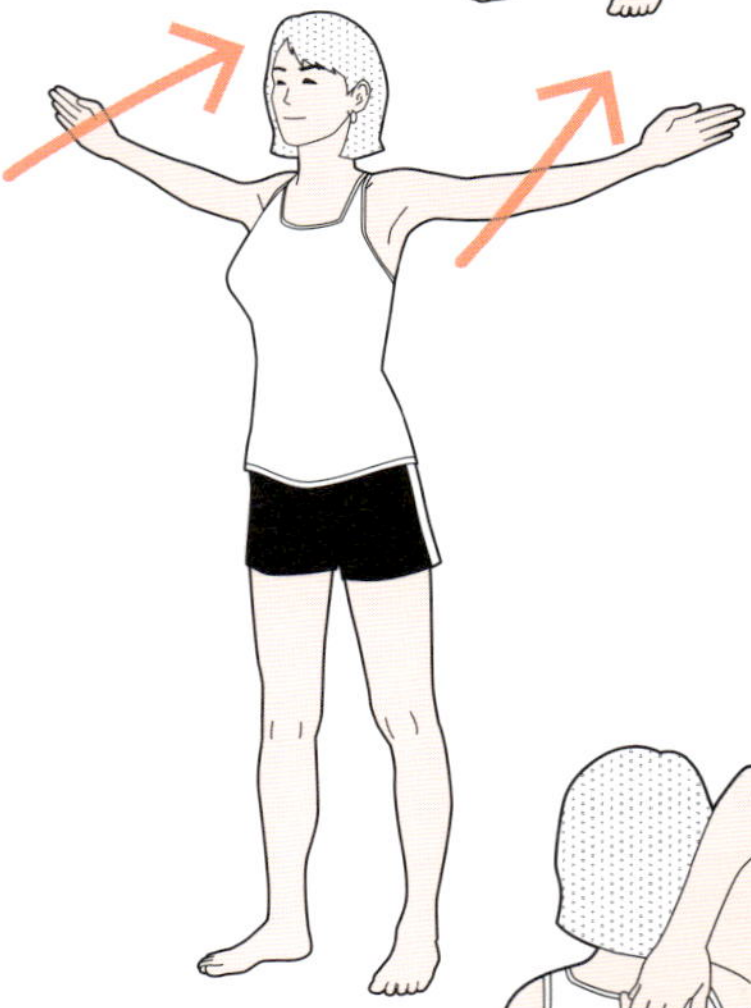

腕が後ろにいけばいくほど、肩甲骨まわりの柔軟性が高い。真横よりも30㎝以上後方に動かせたら、理想的。水泳選手などは、50～60㎝動かせるケースも珍しくない。

チェック② 背中で手をラクに組めるか

無理なく手を組めれば合格ライン。手が届かなくて組めなければ、肩甲骨まわりがかたくなっている証拠。

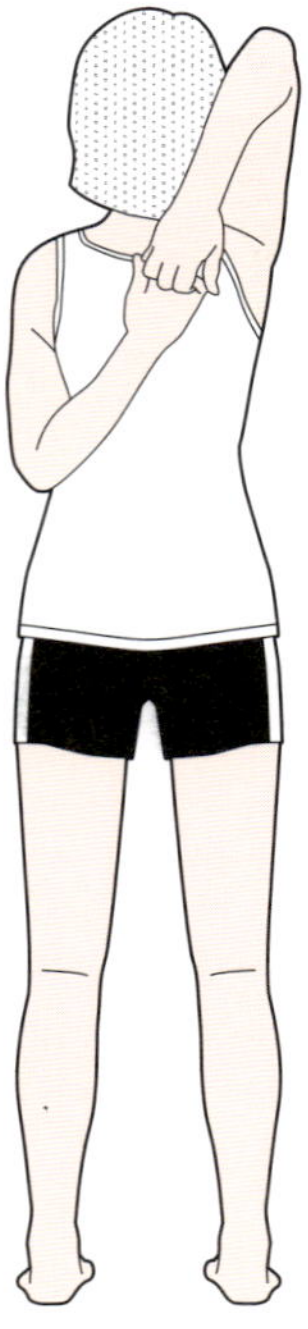

1 背中の上と下から手をまわし、両手を組んでみる。

2 手を逆にして、反対側のかたさもチェック。

2分間テスト

07

2 minutes Test

姿勢のバランスがわかる

ひざを抱えて、10秒ブレずに立っていられるか?

「美しい姿勢」の維持に欠かせないのが、「1頭・首・肩をささえる筋肉」「2胸のまわりの筋肉」「3背中から腰につながる筋肉」「4骨盤から股関節のまわりの筋肉」の4カ所。このテストで、4カ所のバランスがわかる。

1 まっすぐ立って片ほうの脚を持ちあげ、両手でひざを抱える。

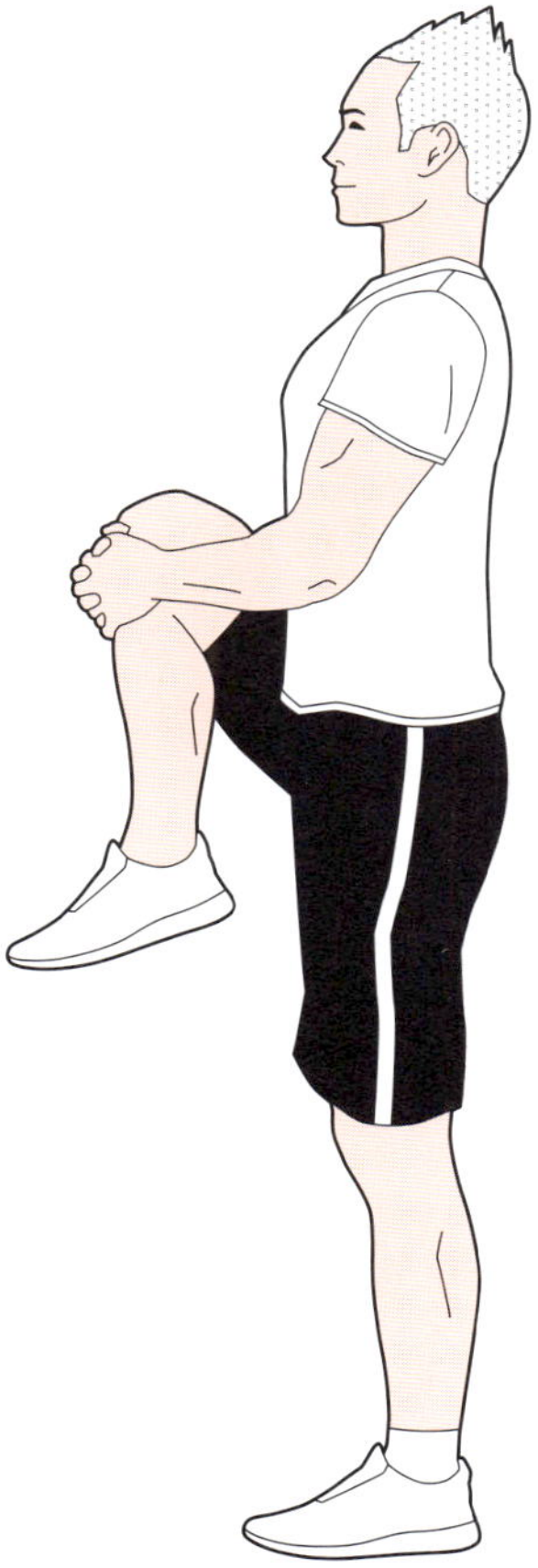

2 そのまま10秒間キープ。

超重要！すべては「ドローイン」のマスターから！

「ドローイン」とは、一言でいうと「呼吸をしながら、おなかを凹ませる」だけのごくカンタンなエクササイズだ。だが、これが**すべての体幹トレの基本**となる。

ドローインのメリットは、こんなにたくさん！

- 腹横筋《ふくおうきん》、横隔膜《おうかくまく》、骨盤基底筋群《こつばんきていきんぐん》など、腹圧を高める筋肉を一度に活性化できる。
- ウエストが細くなる、くびれができる。
- 腸の動きが活発化して便秘も解消。
- 腰痛が改善される（背骨のゆがみ改善され、血行がよくなるため）。
- あらゆる動作が、ブレなくなる。
- おなかの内側から、脂肪が燃えやすい体に変わる。
- 血流がよくなり、冷え症、肩こりなどが改善。

ドローインをうまく行うポイント

- 「おへそを内側に引きこむ」イメージで、おなかの筋肉を中心に集める。
- おなかと背中をくっつけるような感覚で凹ませる。
- 息を吸ったときにゆるめ、吐くときに力を入れる。
- はじめのうちは、両手をおなかにのせてやれば、腹筋の動きがさらによくわかる。

ドローイン

01

Draw-in

ドローイン1

立ったままおなかを凹ませる。

1

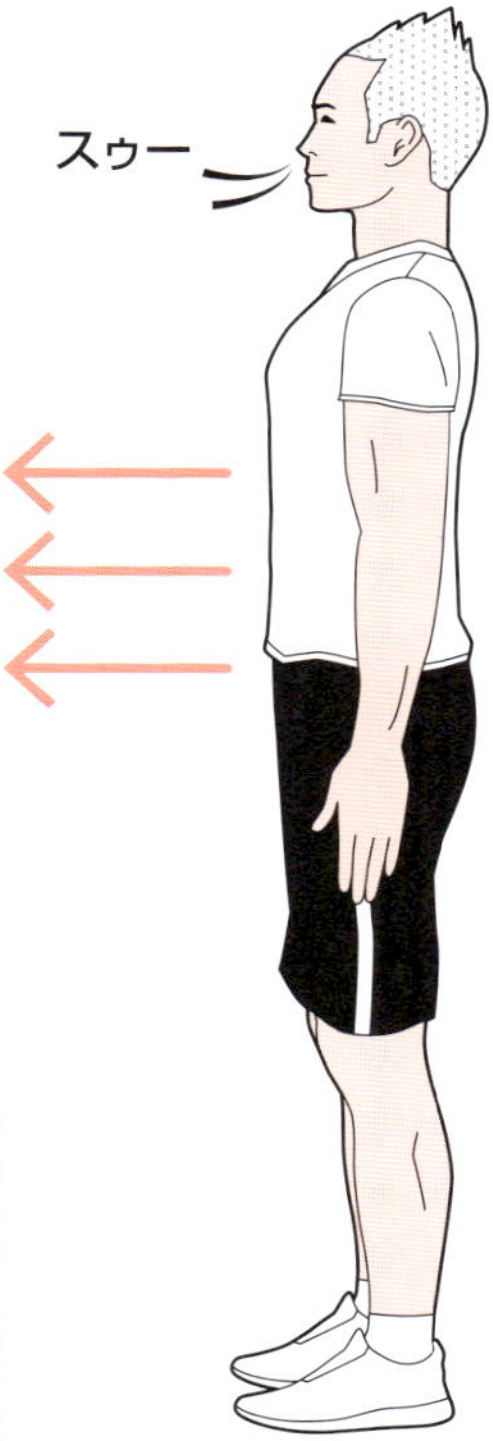

背筋を伸ばして立ち、おしりの穴を内側にギュッとしめる。足は腰幅に開く。そのまま鼻からゆっくり息を吸い、おなかをグーッとふくらませる。

Point

うまくできたかどうかを判断する決め手は、おなかを凹ませたときの「横腹の筋肉のかたさ」。おなかの横をかためることができれば、前と後ろの筋肉までかためられるのだ

2

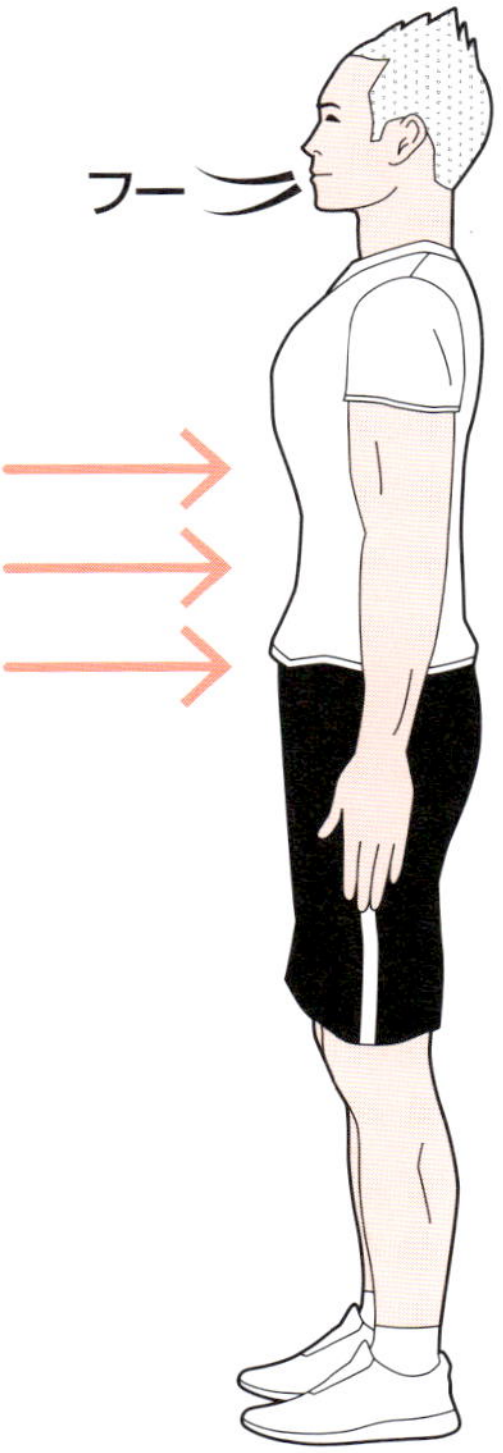

口で細く息を吐きながら、おへそを中心におなかを凹ませていく。

おなかの中の空気をすべて、だしきるイメージで。

呼吸の目安

5秒で吸って
5秒で吐く

ここに効く!

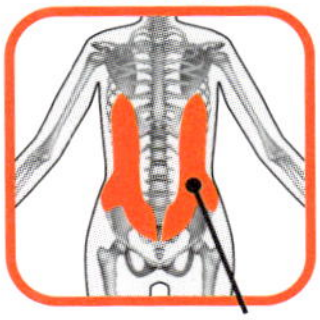

ここに効く!

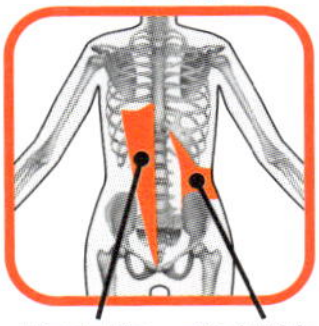

ドローイン2

仰向けで腹筋の動きを確かめながら。

1

仰向けに寝て脚を腰幅に開き、
ひざを立てる。そのまま、
鼻からゆっくり息を吸って、
おなかをグーッとふくらませる。

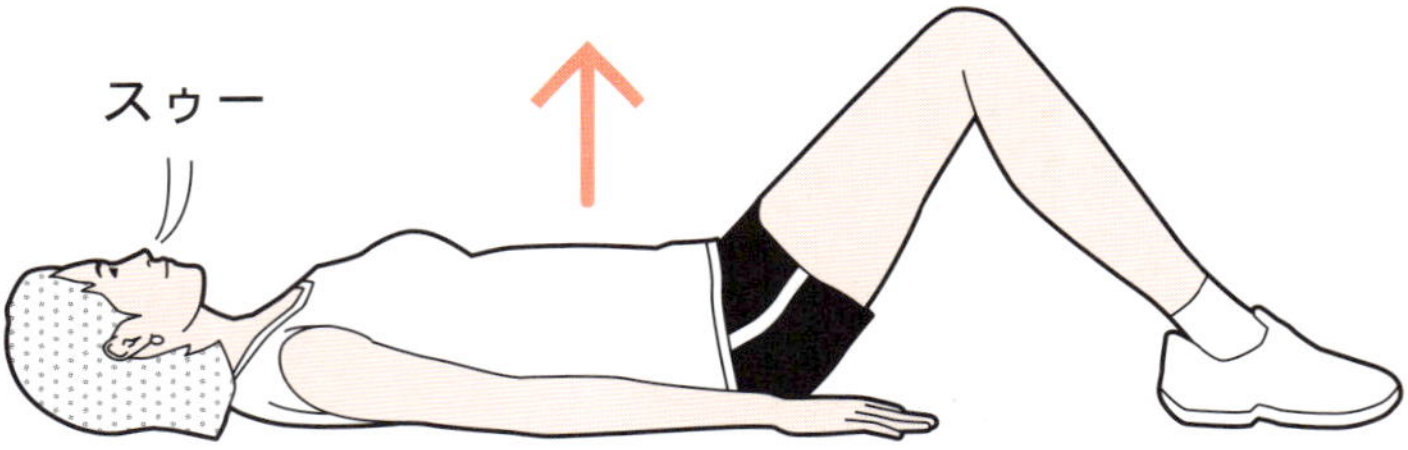

2

口で細く息を吐きながら、おへそを
中心に、おなかを凹ませていく。
おなかの中の空気をすべて、
だしきるイメージで。

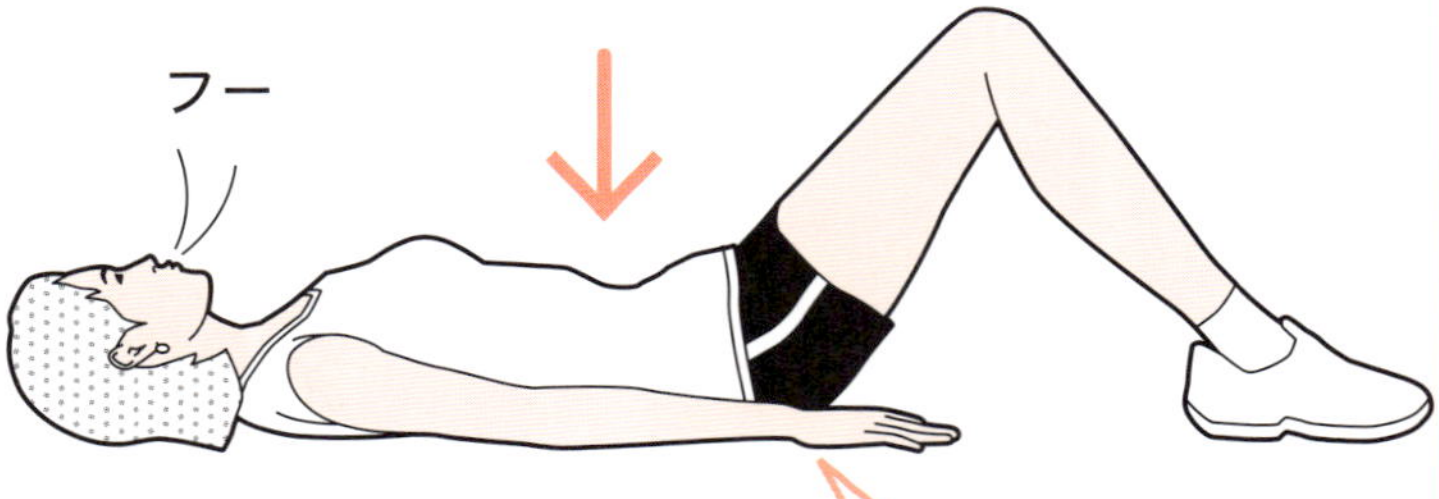

Point

おなかを凹ませながら骨盤を床におしつけると、腰骨がまっすぐになり、横腹がかたまる感じをつかみやすい

呼吸の目安

5秒で吸って5秒で吐く

Chapter 3

実践！全員共通12のストレッチ

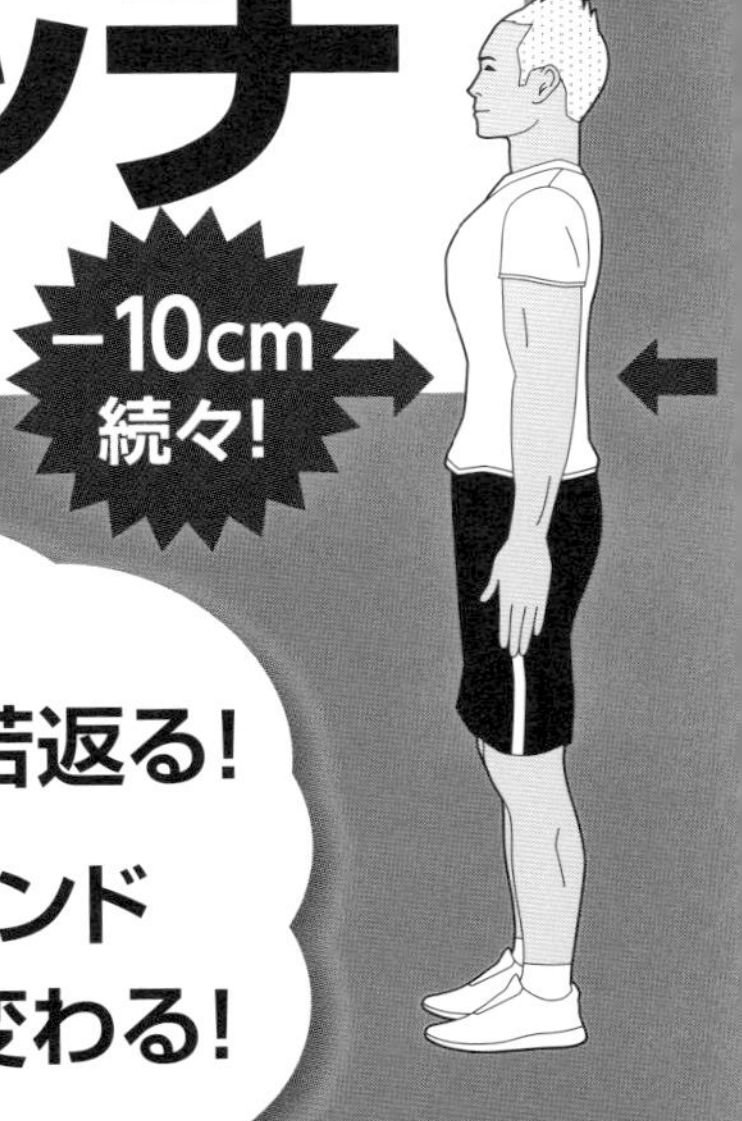
−10cm
続々！

KOBA
血管・筋肉が若返る！
一生リバウンドしない体に変わる！
体幹
TAIKAN

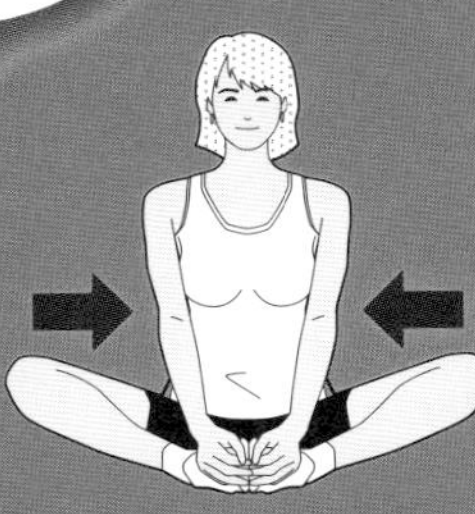

成功のコツ

Tips for Success

1週間で確実に変わる！長友選手も重視した成功のコツ

「木場式・体幹トレーニング」は、いつも**「全員共通12のストレッチ」からはじめることが原則。**

長友佑都選手の再生プロセスでも、まず重きを置いたのが「ストレッチ」だった。血行をよくしてから行うことで柔らかくバランスのいい体幹をつくることができる。ストレッチをやらなければ、ケガをしやすくなるので注意。

まずは、首、肩、背中、腰、股関節、太もも、ふくらはぎまで、全身くまなく伸ばせる12のストレッチをしっかり覚えて実践しよう。

ストレッチの注意点は、次のとおり。

- はじめのうちは、**イラストをよく見て、正しい姿勢をとることを心がける。**
- 動作はゆっくり。故障の原因になるので、決して勢いをつけない。無理をせず、**痛みがでたらストップする。**
- 呼吸も大事。ストレッチは、**普通に呼吸をしながらリラックスした状態で行うこと。**コツとしては、「伸ばす」ときに息を「フーッ」と吐きながら行うと、筋肉と関節がよくゆるみ、効果が高まる。途中で呼吸を止めないこと。
- **おなかは、常に「ドローイン」の状態をキープ。どのストレッチも、それぞれ1、2セット行うといい。**

効果を高める7つのポイント

① 体幹トレーニングの前に、ストレッチを入念に行う

ストレッチの数を減らしたり、やらなかったりすれば、筋肉がこわばったままのため、疲労が蓄積しやすく、ケガもしやすくなるので注意。

② 鍛えている筋肉を意識しながら動く

今、どの部分の筋肉を鍛えているかを意識しながらやることでトレーニング効果が確実に高まる。

③ 正確なフォームで行う

はじめのうちは、1つひとつ、鏡の前でフォームをチェックしたり、誰かに見てもらったりして、ていねいに形をつくろう。

④ 動作はゆっくりと

ゆっくり動かすことで、筋肉の深層部にまで十分な刺激が届く。勢いをつけると、思わぬ故障の原因になる。

⑤ 入浴後など、血行がよくなったタイミングで行う

ただし、夏場は汗がたっぷりでるので入浴前がいい。朝の小さな習慣として、ウォーキング後、「ストレッチ」と「ドローイン」をセットで行うと効果的だ。

⑥ 絨毯《じゅうたん》やマットの上で行う

フローリング上でじかに行うと、すべったり、ひじをついたときに痛めたりすることがあるので注意。

⑦ ゴールを明確にして継続する

体幹力を高める絶対の条件は「継続」。コツコツ続ければ、必ず体は応えてくれる。継続の秘訣は、当面の細かい目標をつくることだ。

12 Stretches

全員共通 12のストレッチ・リスト

1 首の後ろ

2 首の横

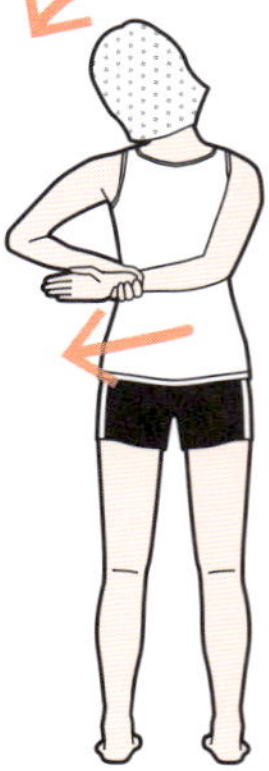

3 首の後ろ～背中

4 脇腹

5 おなか

6 おしり

7 ももの裏

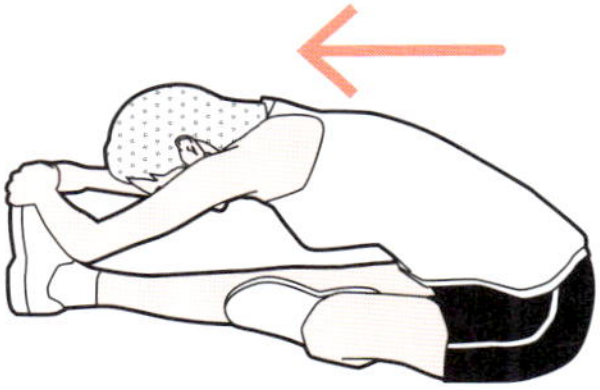

8 ももの内側

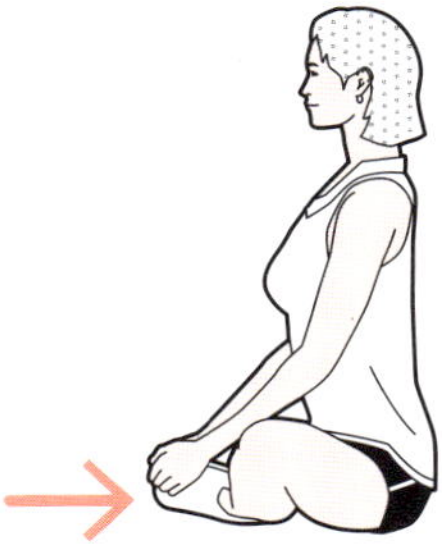

9 背中と脇腹

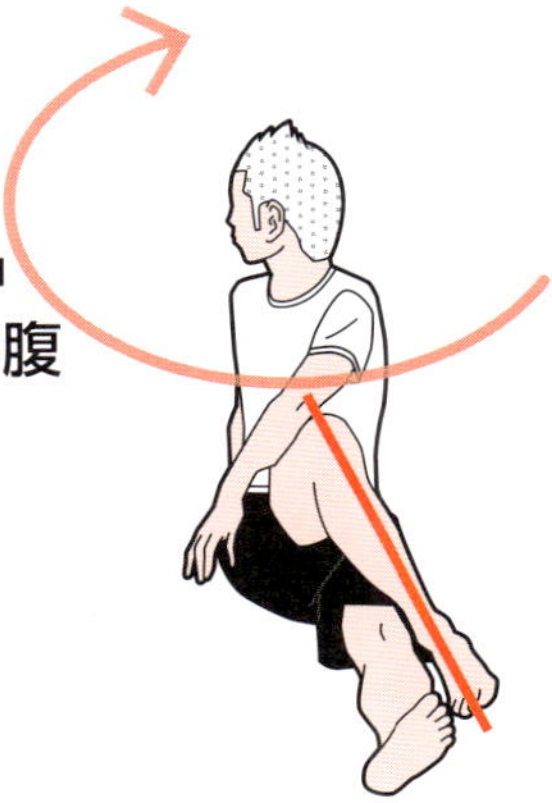

10 ももの前～おなか

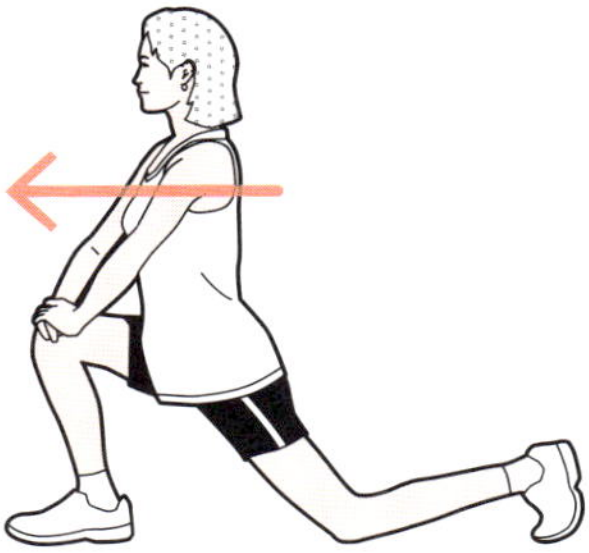

11 ふくらはぎ

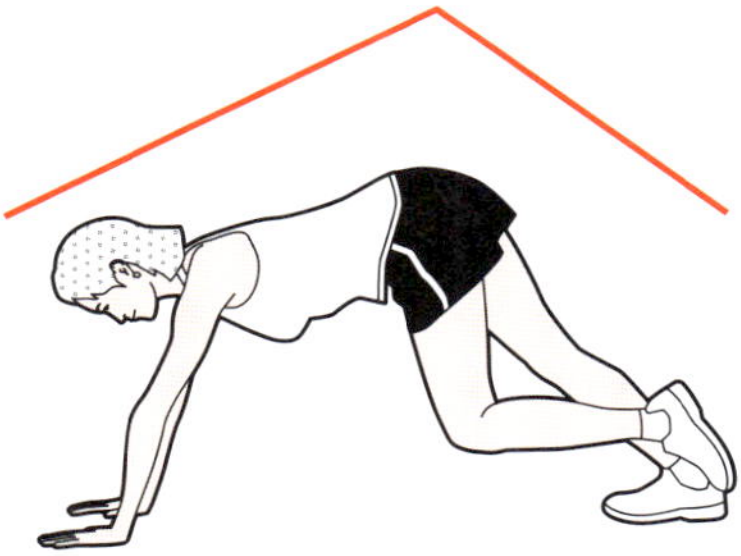

12 股関節

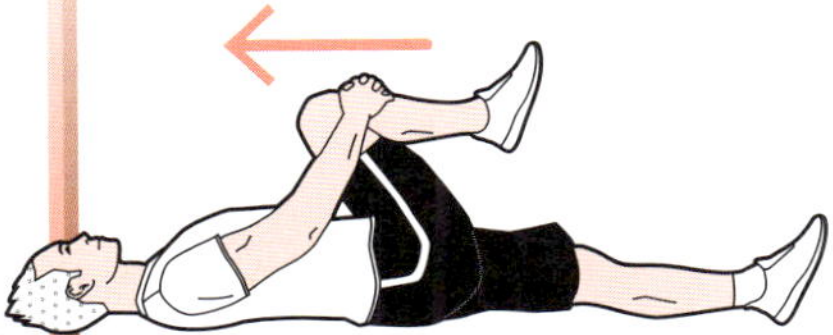

12のストレッチ

01

12 Stretches

「首の後ろ」を伸ばす

頭の上げ下げでこりもとれる。

重い頭をささえている首は、いつも重労働を強《し》いられ疲れぎみ。首の後ろをよく伸ばすと、緊張がゆるんでラクになり頭もスッキリする。肩こりや眼精疲労の予防にも。

1

胸をはって姿勢を正し、おなかはドローインで凹ませる。

Point

・反動はつけない
・首を傾けすぎない

2

頭の後ろで手を組み、息を吐きながら頭をさげて、5秒キープ。

5秒たったら、そのまま力をゆるめてゆっくり頭をあげる。

12のストレッチ

02

12 Stretches

「首の横」を伸ばす

背中側で腕を引っぱりながら。

首を倒す動作だけでも、筋肉の緊張がゆるみ、肩こりも気持ちもラクになる。

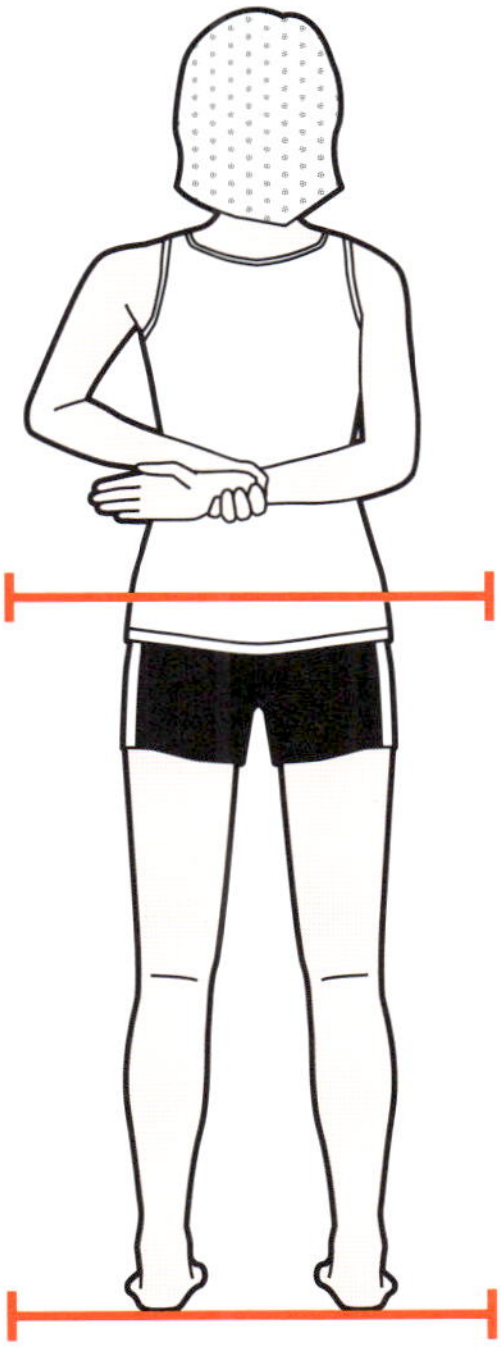

1

姿勢を正して胸をはり、おなかをドローイン。**背中側で右腕のひじを曲げ、左手で右手首をつかむ。**

Point
骨盤を、床と水平に保つ

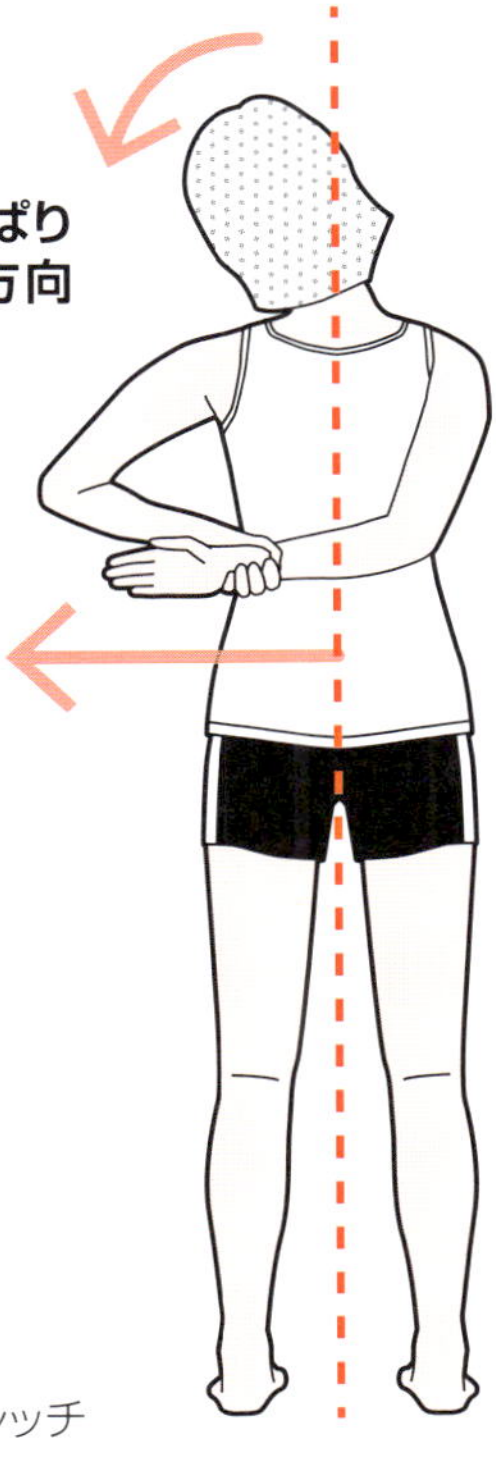

2

左手で右腕を引っぱりながら、腕を引く方向に首を傾ける。
そのまま5秒キープ。反対側の首も同じようにストレッチ。

Point
背中は動かさずに、首だけを真横に倒す

左右5秒ずつ

03

「首の後ろ～背中」を伸ばす

両手で輪をつくって。

長時間のデスクワークで、背中や肩がコリコリという人に有効。両腕でつくった輪の中に顔を沈めると、背中が伸びて気持ちいい！

1

姿勢を正して胸をはる。

両腕を伸ばして肩の高さで指を組み、輪をつくる。

Point
左右の肩甲骨の間を広げるイメージで

2

ひざを軽く曲げ、両腕の輪の中に顔を伏せる。

背中の筋肉が上下左右に伸びるのを感じながら5秒間キープ。

Point
ひざを曲げて下半身をゆるめると、上半身のストレッチ効果アップ

12のストレッチ

04

12 Stretches

「脇腹」を伸ばす

ひざ立ちポーズで。

背筋をピンと伸ばしたまま、上体を真横に倒そう。前かがみになると、脇が伸びずに効果が半減。両腕でうまくバランスをとると、軸がブレにくくなる。

1

ひざ立ちで背筋を伸ばし、一方の腕をまっすぐあげる。もう一方の手は腰にそえる。

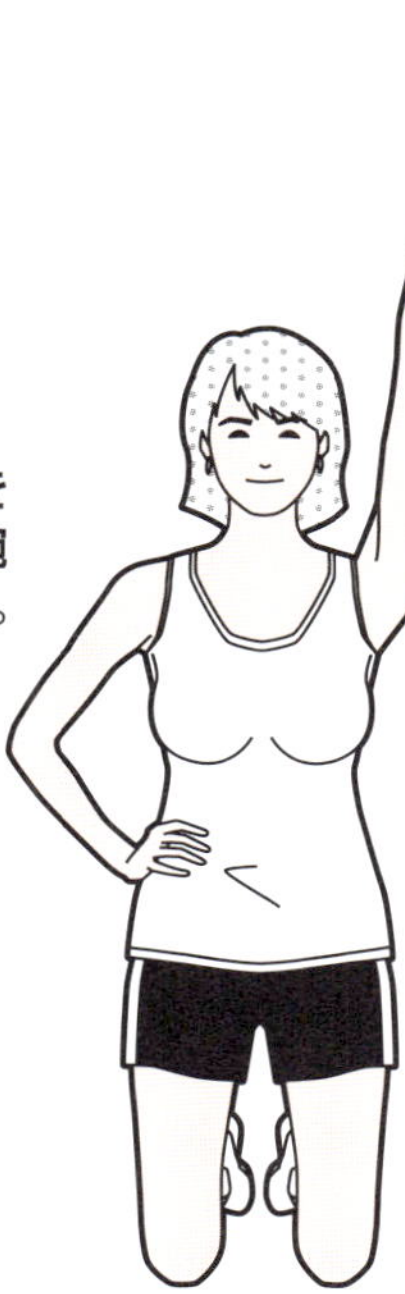

2

腰に手をそえた側へ、ゆっくり上体を横に倒していく。
そのまま10秒キープ。

Point

- 背筋はまっすぐ
- 骨盤は傾けない
- 上にあげた腕は、耳にそわせる

左右10秒ずつ

12のストレッチ

05

12 Stretches

「おなか」を伸ばす

うつ伏せから上体を起こして。

おなかの中心にあるこの部分を柔らかくしておくと、スーッと伸びた美しい姿勢をキープできるようになる。腰痛がある人は、無理せず、ひじを床につけた状態からスタートするとラク。

1　うつ伏せになり、ひじを曲げて手のひらを床につけ、胸の横に置く。足はつま先だけ床につけ、かかとをあげる。

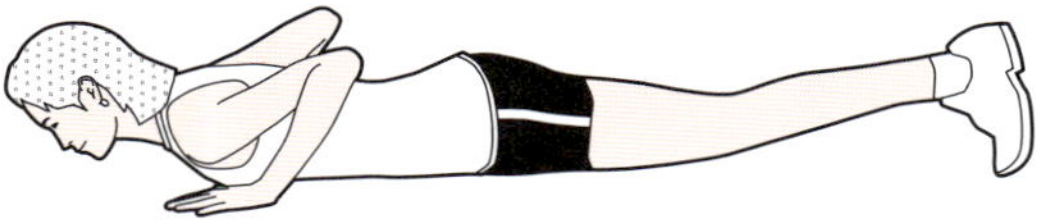

2　そのまま、腕の力を利用して上体をできるところまでゆっくり起こす。

そのまま10秒キープ。

10秒 × 2セット

腰痛がある人、基本パターンが、やりづらい人はコレ

1　うつ伏せになり、肩の真下にひじを置いて、ひじから先を床につける。

ひじから下を床につけると、腰への負担が軽くなる。

2　そのまま、腕の力を利用して上体をできるところまでゆっくり起こす。

10秒キープ。

Point

- 骨盤を床から浮かさない
- 顔は真正面に向ける

10秒 × 2セット

12のストレッチ

06

12 Stretches

「おしり」を伸ばす

座って胸を突きだす動作で。

歩く、しゃがむ、座るなど、日常生活のさまざまなシーンで使う、おしりの筋肉全体を伸ばしていく。背筋を伸ばしたまま胸を突きだすと、効果が高まる。

1 床に座って、足を肩幅に開き、両ひざを90度に曲げる。

手は肩幅に開いて後ろにつく。

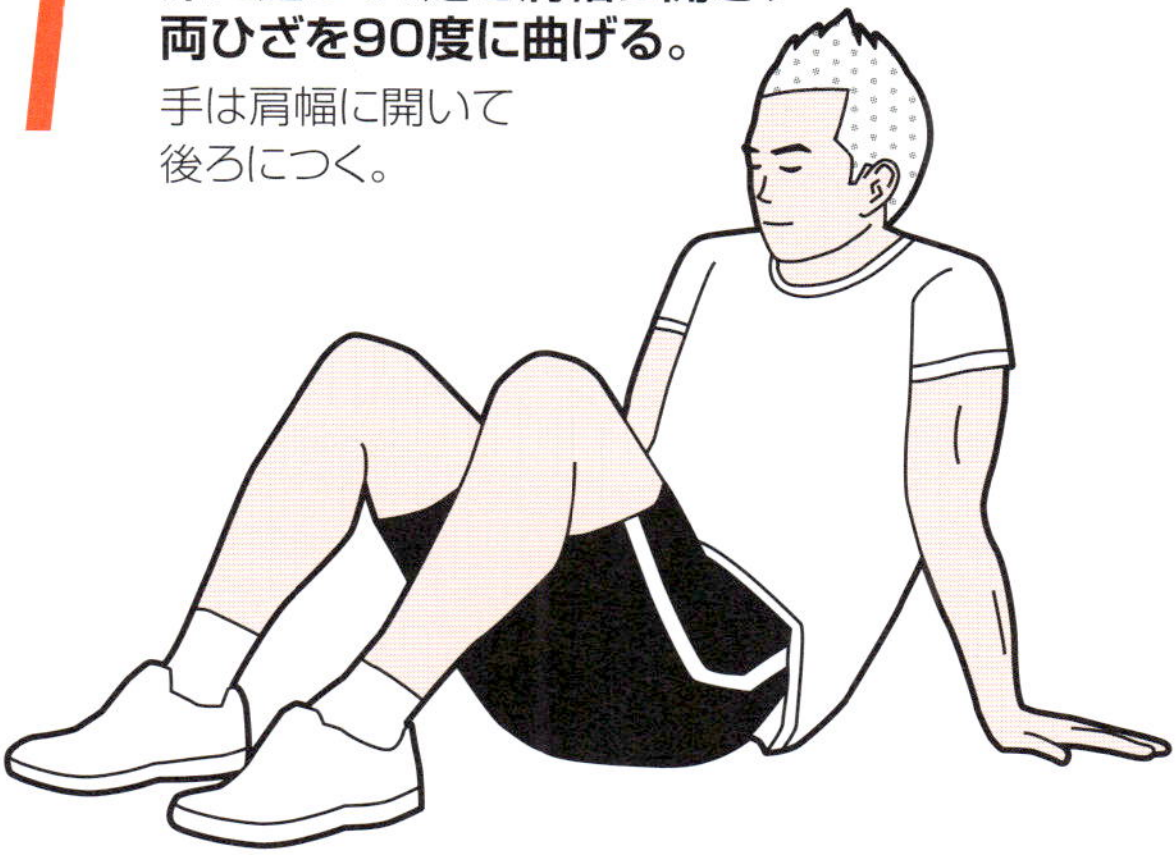

2 一方の足首を、もう片ほうのひざ上にのせ、のせた脚に近づけるように胸をグーッと前に突きだす。

そのまま10秒キープ。

Point

腕で上体をしっかりささえる

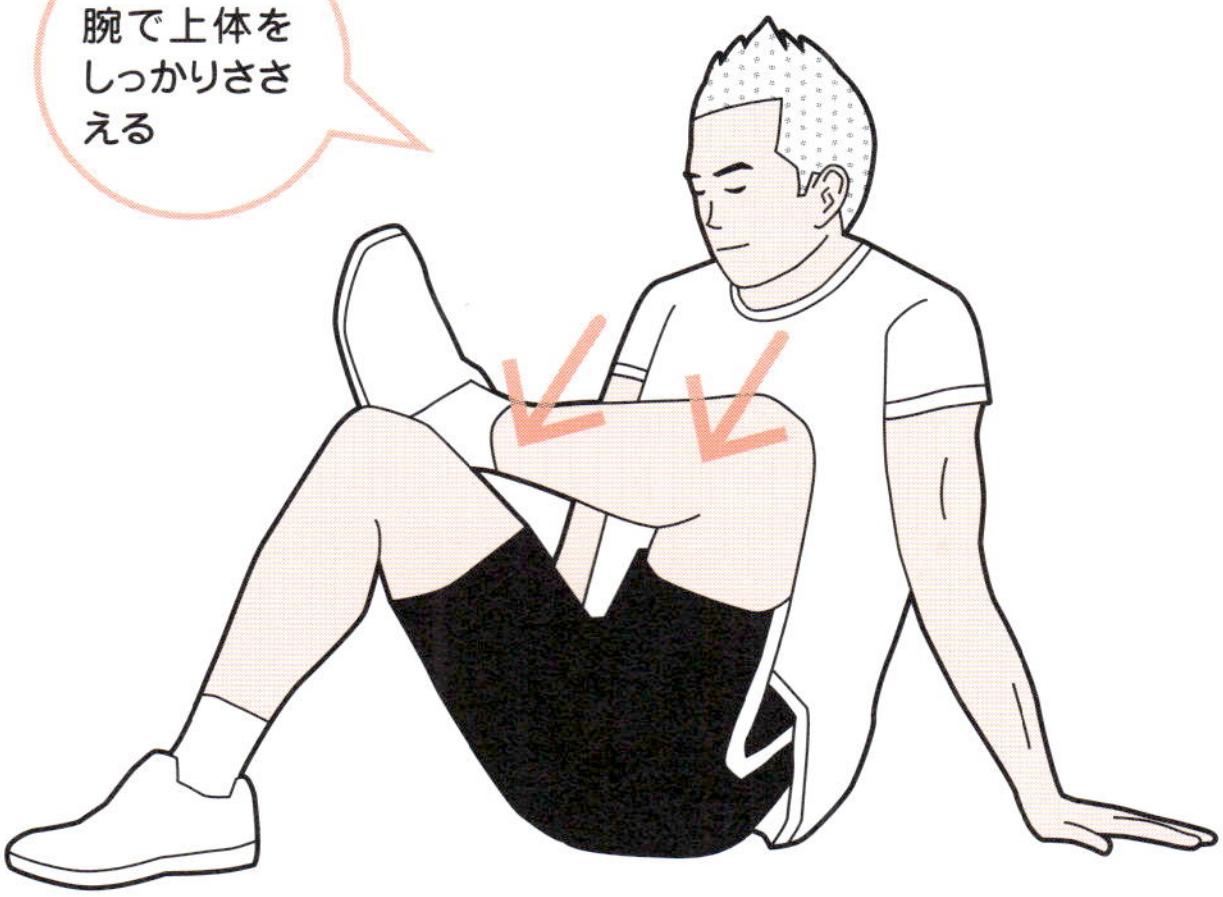

左右10秒ずつ

12のストレッチ

07

12 Stretches

「ももの裏」を伸ばす

片ほうのひざを曲げて前屈。

太ももの裏の「ハムストリングス」という筋肉を伸ばすストレッチ。ここがかたいと、肉離れなどの故障を起こしやすくなる。つま先に手が届かない人は、ひざを軽く曲げてもOK。

1

背筋と両脚を伸ばして座り、脚を肩幅に開く。片ほうのひざを曲げて、足裏をもう片ほうのひざの横に沿わせる。

伸ばしたほうの脚のつま先を、両手でしっかり持つ。

2

そのまま上体をゆっくり前へ倒していく。

曲げたほうの脚のひざに胸を引きつけた姿勢を10秒キープ。

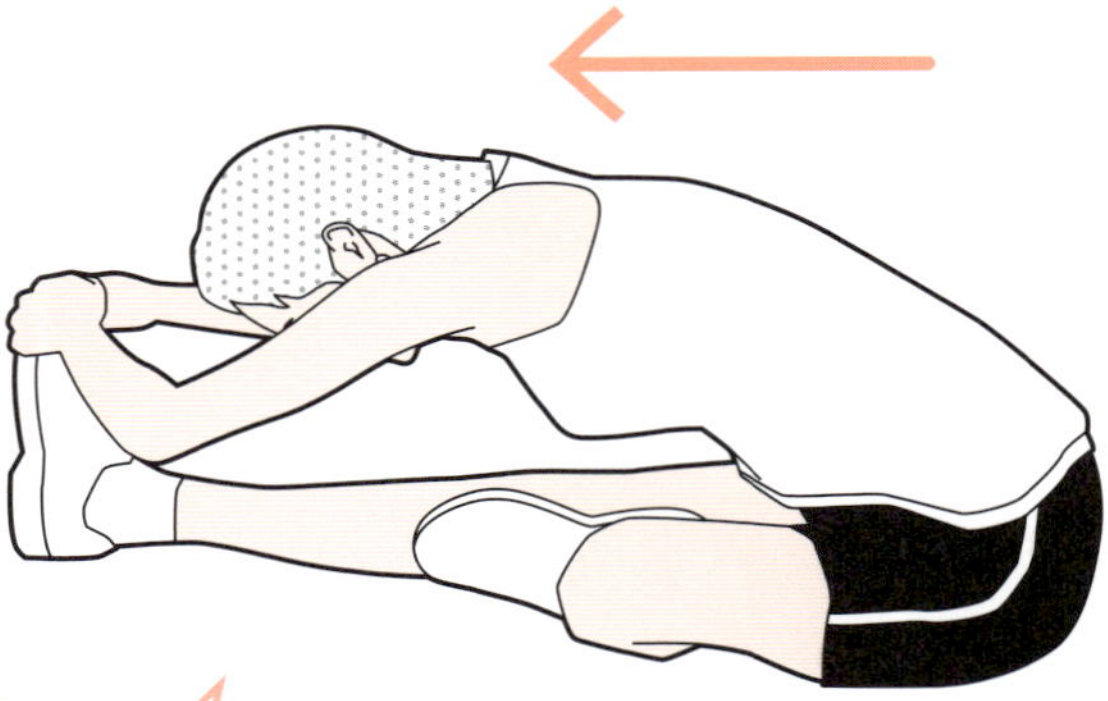

Point

- 背筋を伸ばす
- 顔は下向き
- できるだけ上体を深く倒す

左右10秒ずつ

12のストレッチ

08

12 Stretches

「ももの内側」を伸ばす

足裏を合わせて座って。

ももの内側を柔らかくすると、足の運びがなめらかになり、階段をラクにかけのぼれるようになる。背中が丸まらないように注意。

1 **背筋と両脚をしっかり伸ばして座る。**

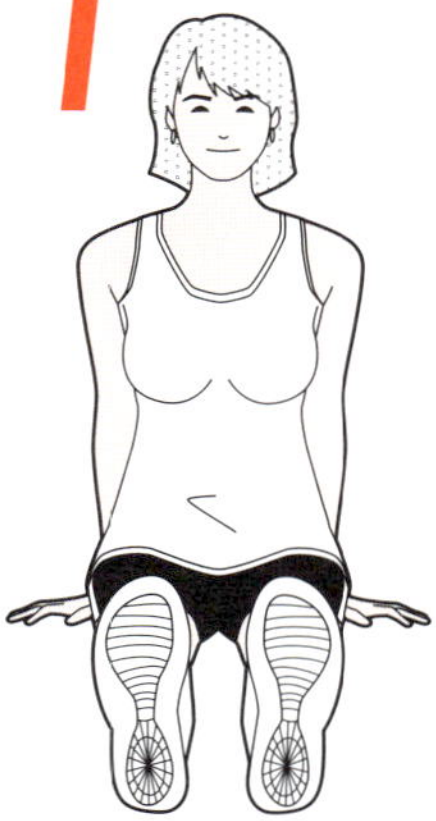

2 **両ひざを曲げ、左右の足裏をピッタリ合わせる。**

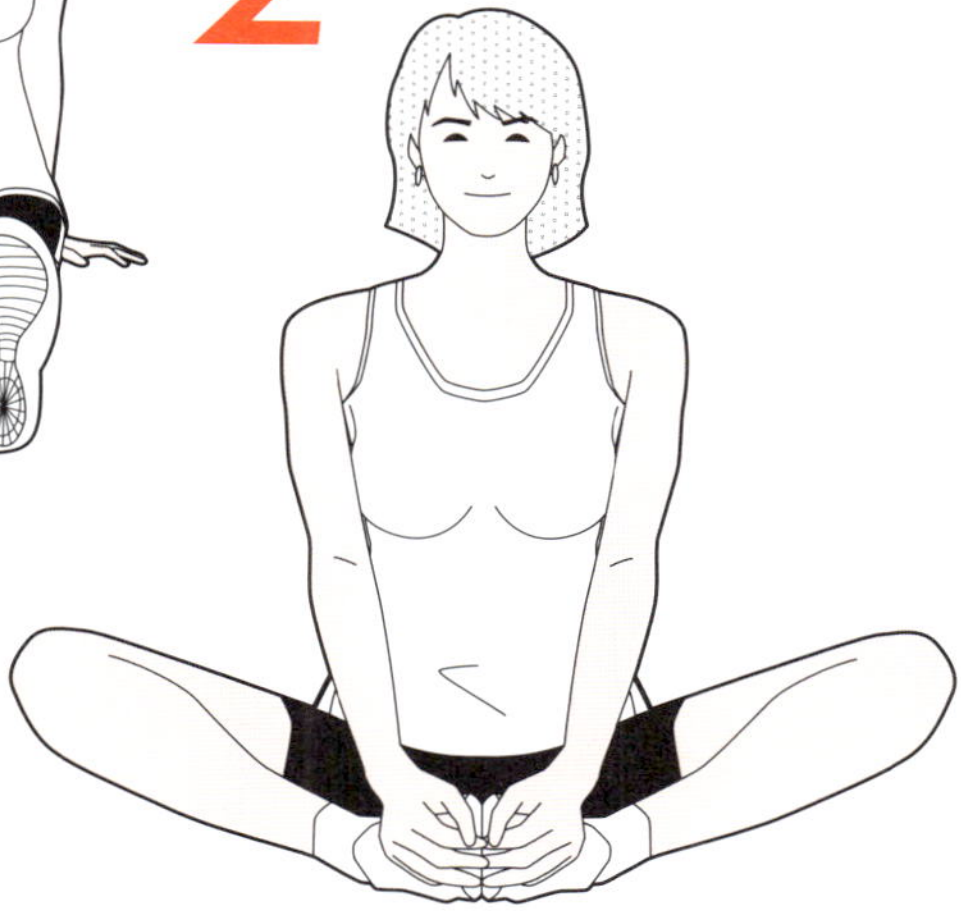

3 **両足のつま先を両手で持ち、上体へグーッと引きつける。**

そのまま10秒キープ。

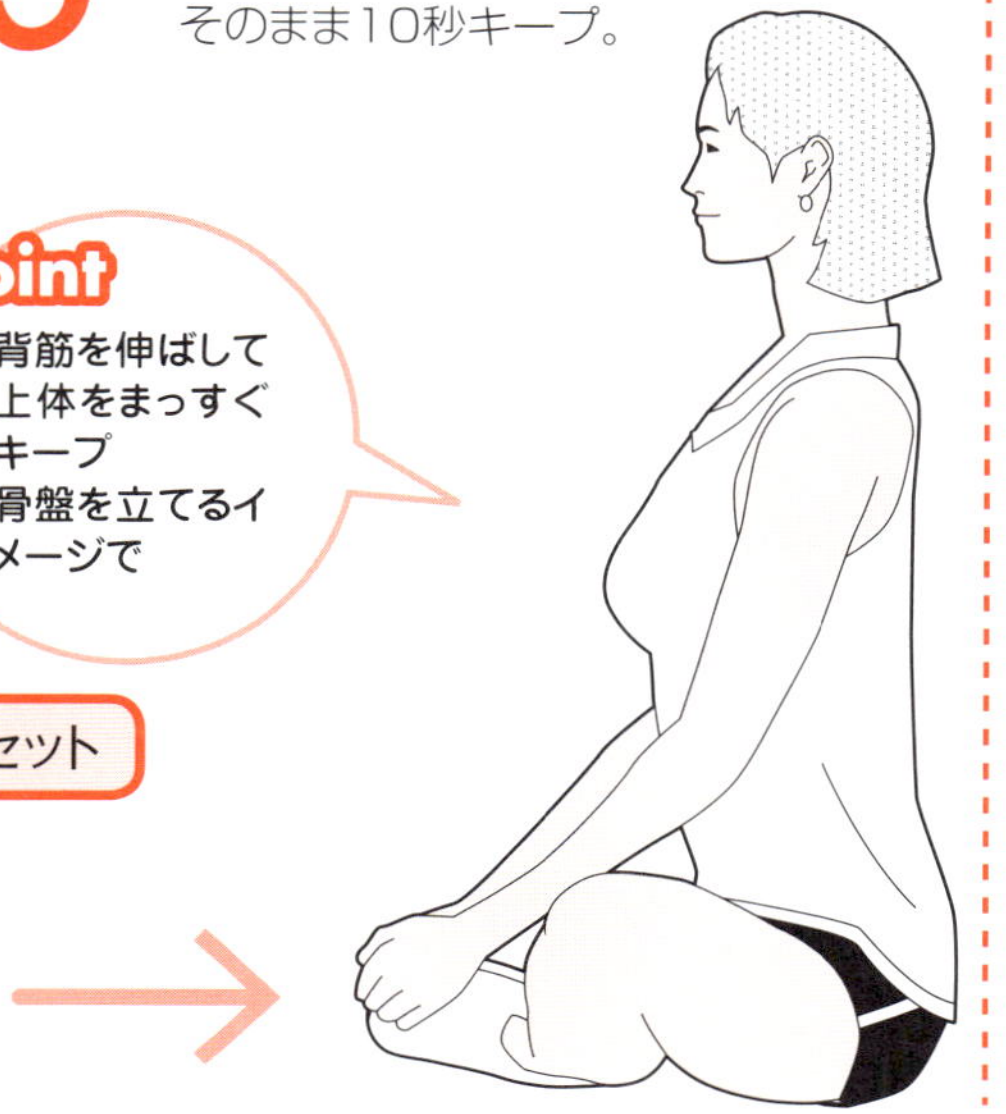

Point

- 背筋を伸ばして上体をまっすぐキープ
- 骨盤を立てるイメージで

10秒 × 1セット

12のストレッチ

09

12 Stretches

「背中と脇腹」を伸ばす

上体をひねる動作で。

体をひねるときに使う背中、腰、おしり、脇腹まで、一気に気持ちよく伸ばすストレッチ。継続すると、スポーツシーンで、腰をうまく回転させられるようになる。腰痛予防、姿勢矯正にも効果的。

1 **脚を伸ばして座り、一方のひざを曲げ、脚を組む。曲げた脚と反対側のひじを、曲げたひざにおし当てる。**

もう一方の手は、背後につく。

2 **腕でしっかりひざを固定しながら、上体をグーッとひねる。**

そのまま10秒キープ。

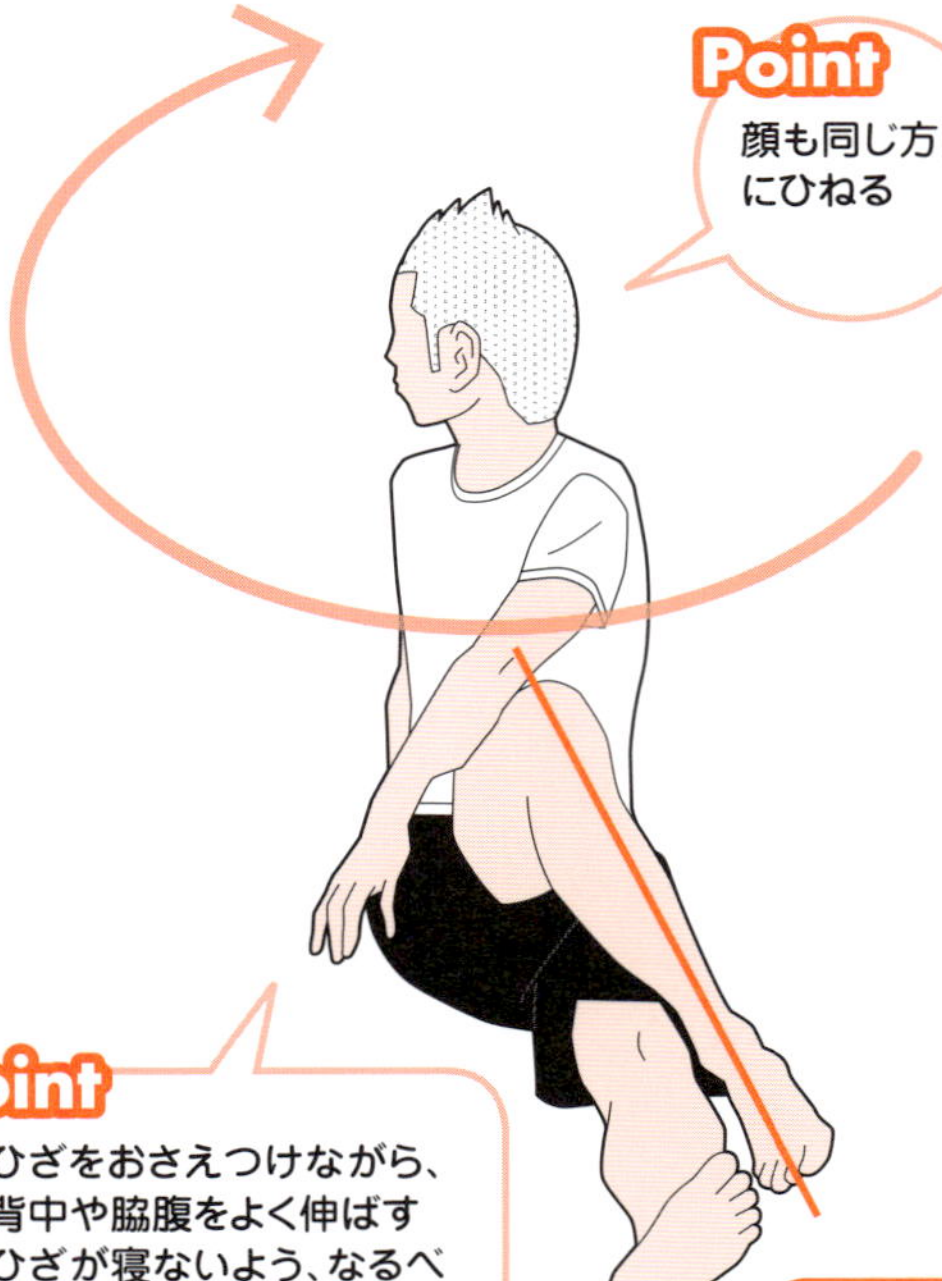

Point

顔も同じ方向にひねる

Point

・ひざをおさえつけながら、背中や脇腹をよく伸ばす

・ひざが寝ないよう、なるべく立てる

左右10秒ずつ

12のストレッチ

10

12 Stretches

「もも前〜おなか」を伸ばす

片ほうのひざだけで立ち 骨盤をおしだして。

もも前からおなかの奥にかけてのインナーマッスルを伸ばすストレッチ。続けてやっていると骨盤の安定感が増し、体軸がブレにくくなる。寝る前にやれば、足のむくみやだるさが解消される。また、歩く、走るといった動作もスムーズに。

1 **片ほうのひざで立ち、立てたほうの脚の太もも上に両手を置く。**

2 **後ろ脚を、できるだけ後方に引き、ひざを床につける。**

3 **体重を前方にかけ、手を置いたほうのひざを、極力、深く曲げる。**

そのまま10秒キープ。

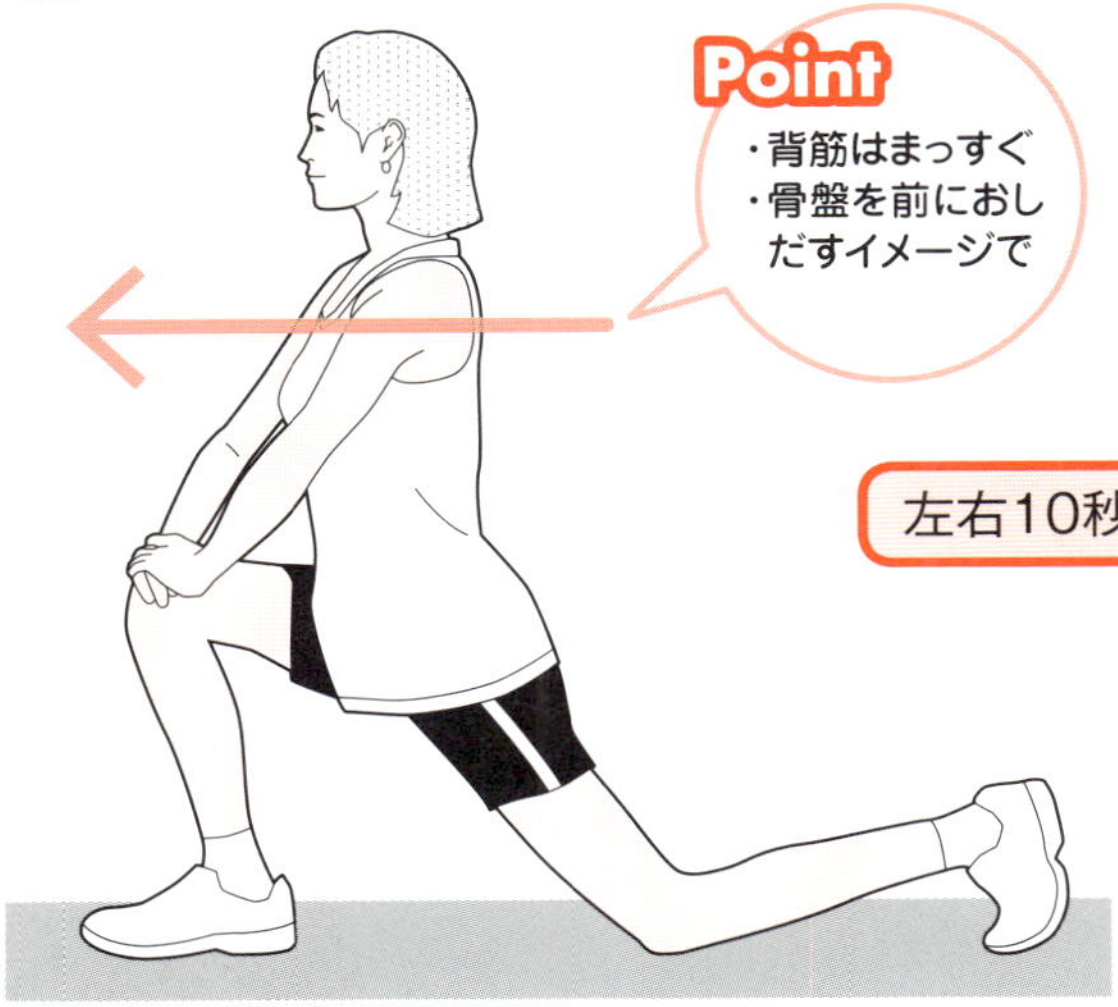
Point
・背筋はまっすぐ
・骨盤を前におしだすイメージで

左右10秒ずつ

12のストレッチ

11

12 Stretches

「ふくらはぎ」を伸ばす

体で「くの字」をつくって。

手足を床について行うカンタンなストレッチで、ひざ下の筋肉が気持ちよく伸びる。すべると危険なので、フローリングに靴下というスタイルは避けたい。絨毯やマットの上で、素足でやれば安心。

1 **両手、両足を床につけ、くの字の姿勢に。伸ばすほうの脚のかかとに反対の足をのせて、ふくらはぎとアキレス腱を伸ばす。**
10秒キープ。

左右10秒ずつ

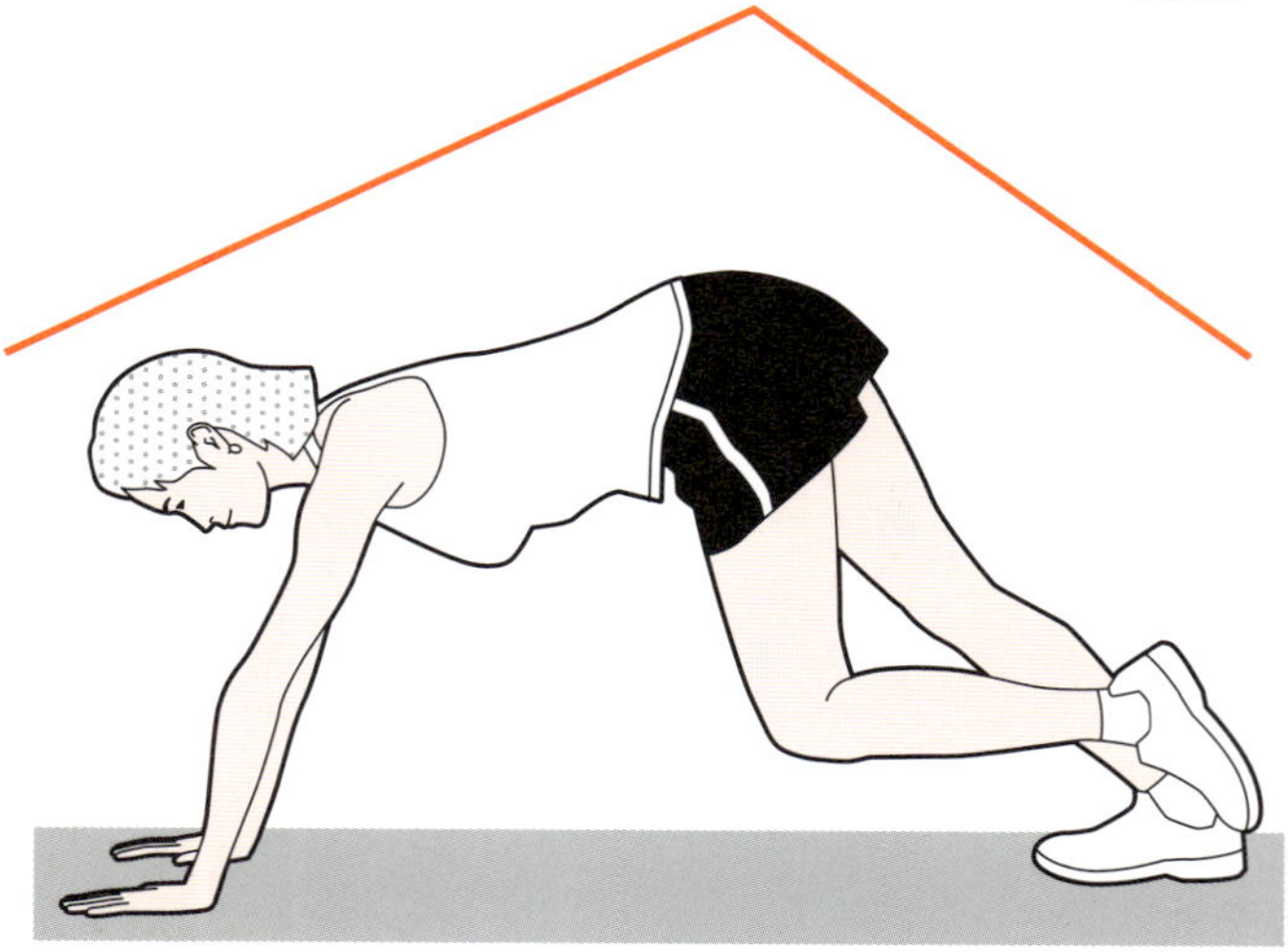

Point

- くの字姿勢をキープ
- 腰の角度を調節し、かかとと一方の足を重ねる

12のストレッチ

12

12 Stretches

「股関節」を伸ばす

仰向けでひざを抱えて。

仰向けの姿勢でひざを抱えるだけなので、寝る前にベッドに寝たままこれだけやってもいい。股関節が気持ちよく伸びることを意識してストレッチ。ただし、股関節の可動域は人によって異なるので、かたい人は無理に伸ばさないこと。

1

仰向けに寝て、片ほうのひざを曲げ、両手で抱える。そのまま少しずつ、ひざを胸に引きつけ、股関節と臀部の筋肉を伸ばす。

10秒キープ。

左右10秒ずつ

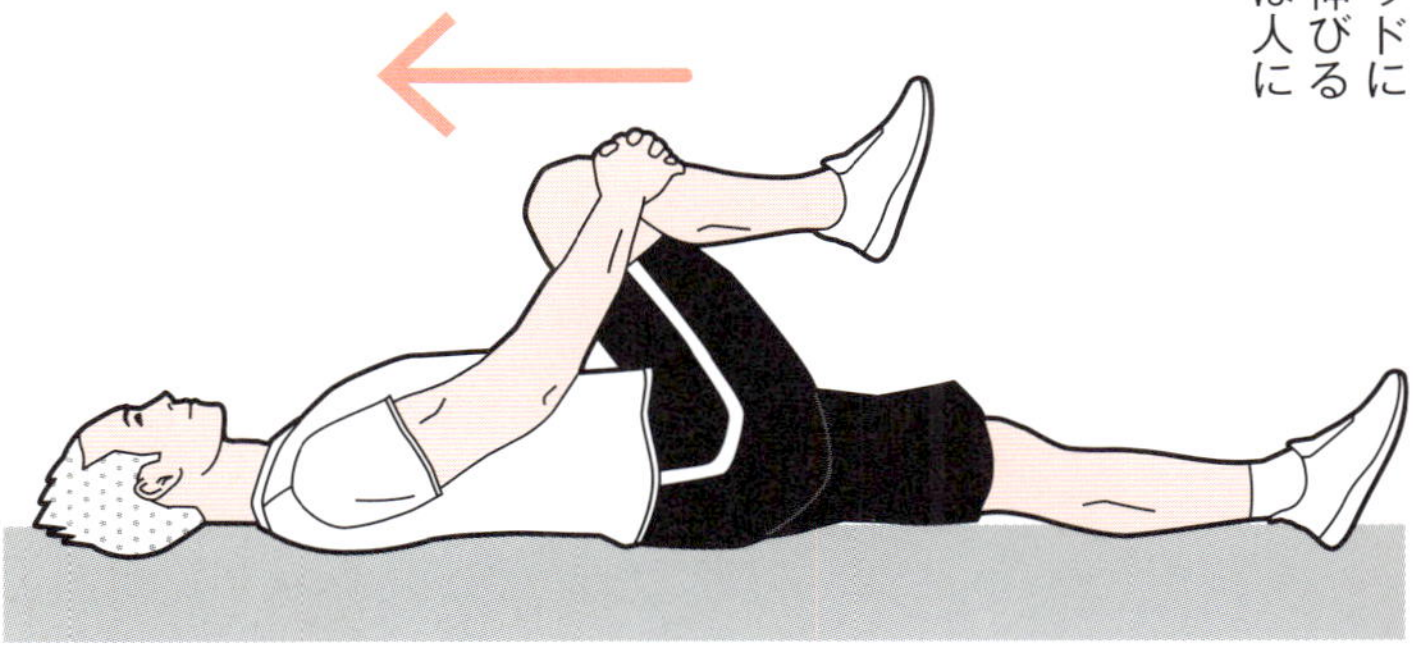

Point

無理せず、引きつけやすい方向にひざを動かす

メンタルの強化、ポジティブ化も！気持ちまで変わっていく

「木場式・体幹トレーニング」で結果をだすために、一番大切なこと、それは**「カンタンな動作を確実にやること」**。これさえ、おさえていれば、体は一段一段、階段をのぼるように着実に強化されていく。

初心者がいきなりアスリート級プログラムに挑戦しても、体の軸が弱いので動作がブレて危険だし、刺激が目的のところに十分に届かない。

軸を安定させるための原則は、**★カンタンな動作を ★正確なフォームで ★ターゲットの筋肉を意識しながら ★ゆっくりやる**。これはもう、声を大にして伝えたい。さらに、基本動作として**腹を凹ます「ドローイン」を常に意識してやると、結果が勝手についてくる**。ラクそうなポーズでもきちんとやると、ものすごく効く。「軸が強化された！」と実感すると、よりハイレベルなものに挑戦したくなり、どんどん強靭でしなやかな体が完成されていく。

継続の秘訣は、「細かい目標をつくる」こと

たとえば最初は**「腹を３㎝凹ます」**でいい。これが達成できたら**「さらに２㎝凹ます！」➡「モテまくって看板営業マンになる」➡「年収アップ！」**と高くしていく。体ができてくるにつれ、夢も自然と大きくなる。カンタンなことをコツコツ続ける効果のすごみを、ぜひ知っていただきたい。

Chapter 4

気分に合わせて自由にチョイス！ 目的別1週間プログラム

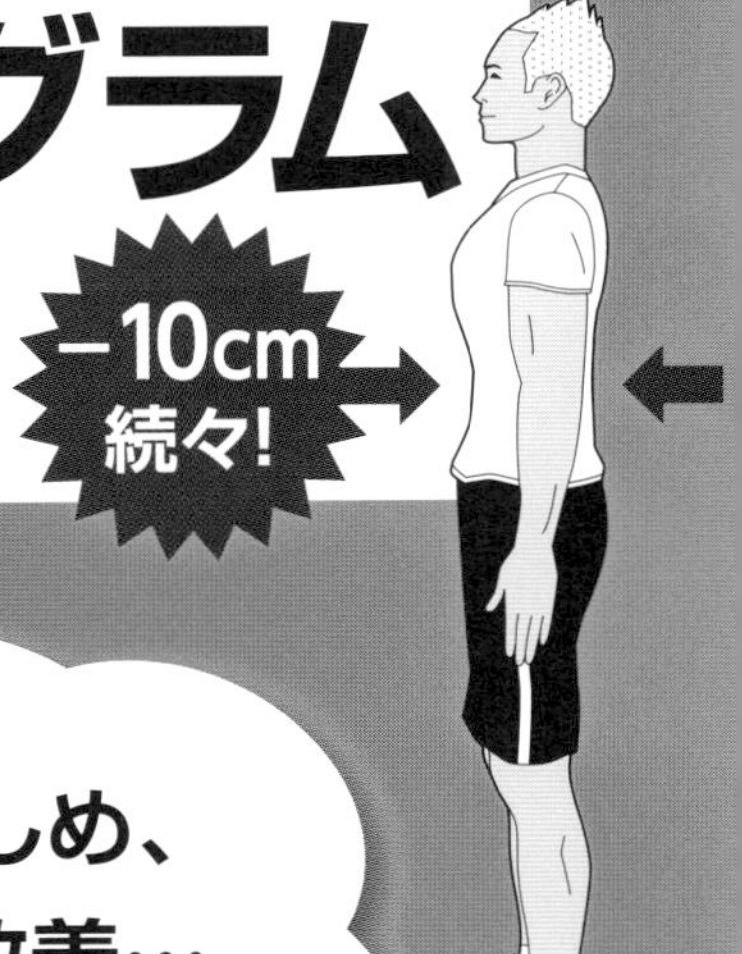

1週間プログラム

1 Week Program

これが「プログラムの進め方」だ！

いよいよ「1週間プログラム」の実践に移ろう。

一口に「体幹トレーニング」といっても、80種類以上のメニューがある。本書では、目的別に私がチョイスした6つのプログラムを解説している。

最初の1週間で、すべての方にやっていただきたいのが、「全員共通12のストレッチ」と「腹を凹ますプログラム」（54ページ参照）だ。

ふだんからスポーツをしている人も、**必ずこの「腹を凹ますプログラム」からはじめてほしい**。これをこなせば、1週間後には、あきらかに引きしまった腹に変わっている。**そのあとは、自分の好みに応じて楽しみながら他の好きなプログラムをプラスしていってもらいたい。**

たとえば、**2週めは「腹を凹ますプログラムから3種目」＋「全身引きしめプログラムから3種目」**のようにメニューを組み合わせていく。さらに、それもマスターしたら、3週めは「ねこ背を治すプログラム」など、他のプログラムも少しずつ加えていこう（詳しくは118ページ参照）。アスリート級プログラムは、はるか遠くの目標に見えるかもしれないが、毎日続けていればやがて挑戦できる体に変わる。本書では、目的のトレーニングページがサッと開けるよう、辞書のようなインデックスをつけている。上手に活用し、正しいやり方を身につけよう。

目的別プログラム

腹を凹ますプログラム（P.54～）

あまり運動をしない人や、とにかく腹を凹ませたい人向け。
体幹の基礎をつくる。

全身引きしめプログラム（P.64～）

インナーマッスルからアウターマッスルへ、さらに広範囲で鍛え、骨盤を安定させる。Tシャツなど薄着になったときのシルエットに自信が持てる。

ねこ背を治すプログラム（P.74～）

てっとり早く「見た目」を変え、自信を持ちたいのなら、このプログラムがおすすめだ。

下半身強化プログラム（P.84～）

もっとも大きな筋肉のある下半身の代謝を高め、太りにくい体に変える。引きしまった「しり」は仕事ができる印象を与えるし、意外と女性に見られている!

腰痛改善プログラム（P.98～）

ふだんデスクワークをしている時間の長い人におすすめ。
腰痛予防のためにもぜひやってほしい。

アスリート級プログラム（P.106～）

インナーマッスルとアウターマッスルの連動性を高めて、手足の動きにキレをだす。トレーニングの最終目標がここだ。

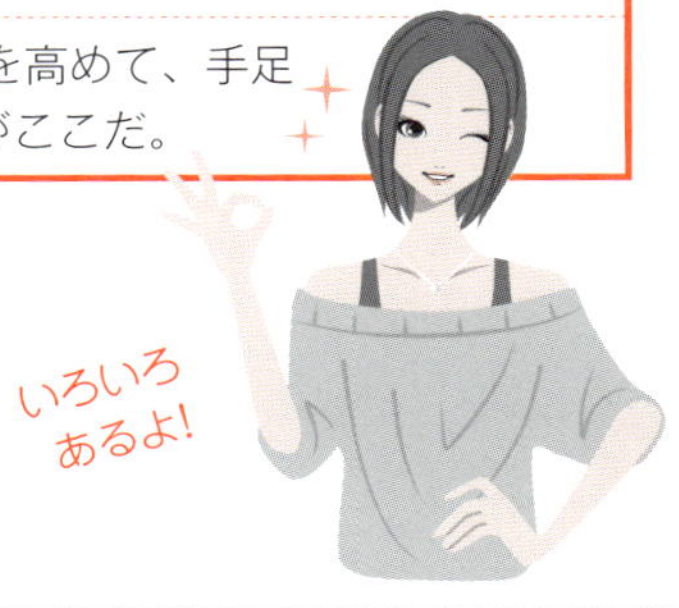

1 Week Program

腹を凹ます プログラム

あまり運動をしない人や、とにかく腹を凹ませたい人向け。体幹の基礎をつくる。

1 ドローイン 2

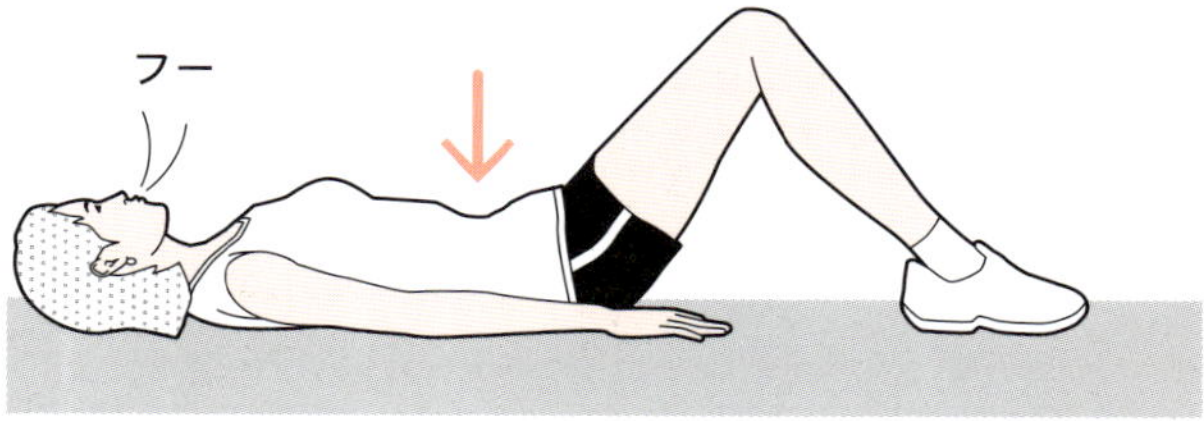

2 腕あげクランチ

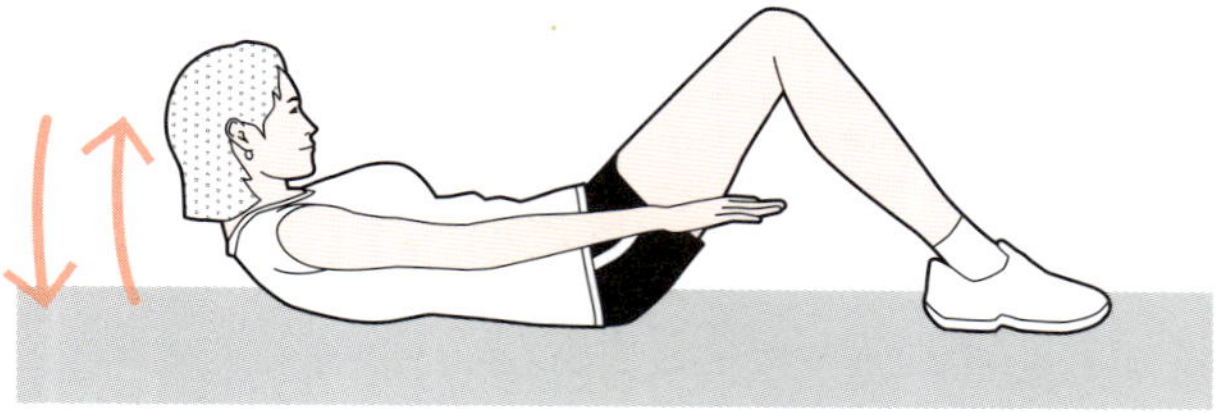

3 ダブルニー トゥーチェスト

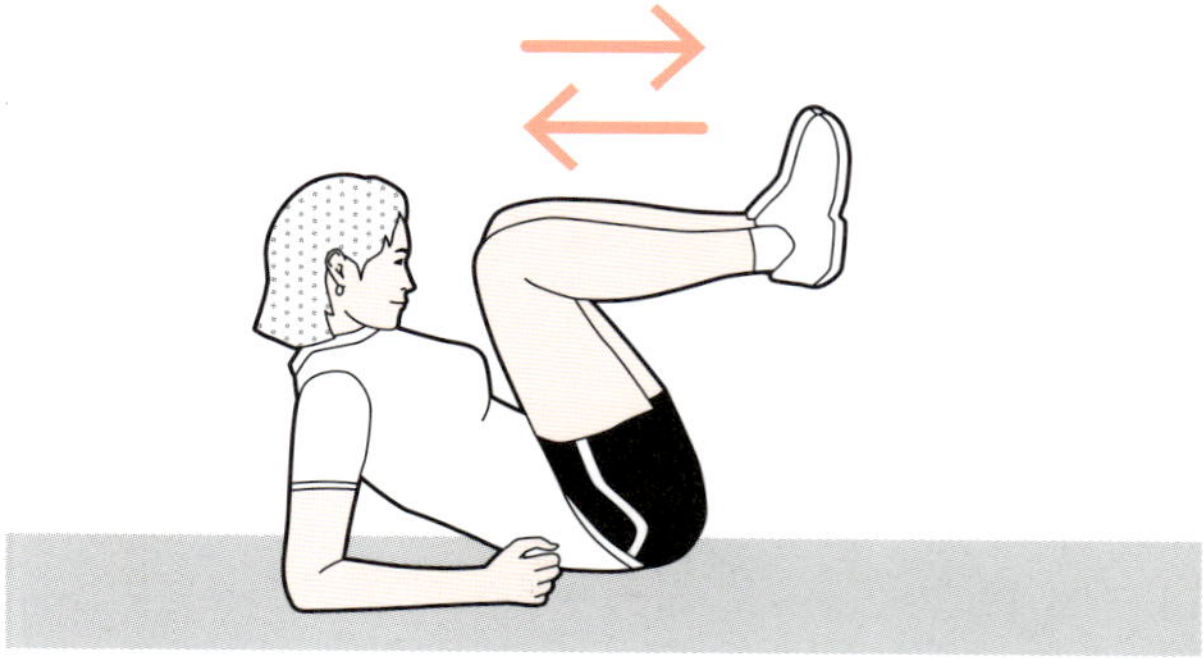

4 半身クランチ

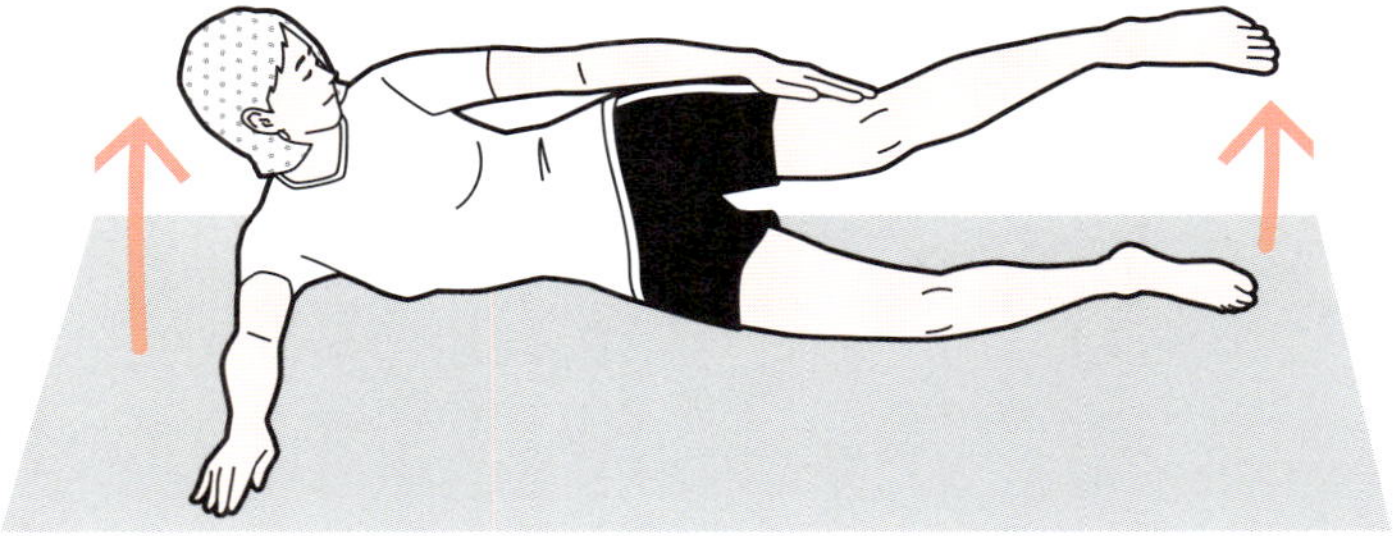

5 連続クランチ

6 クロスクランチ

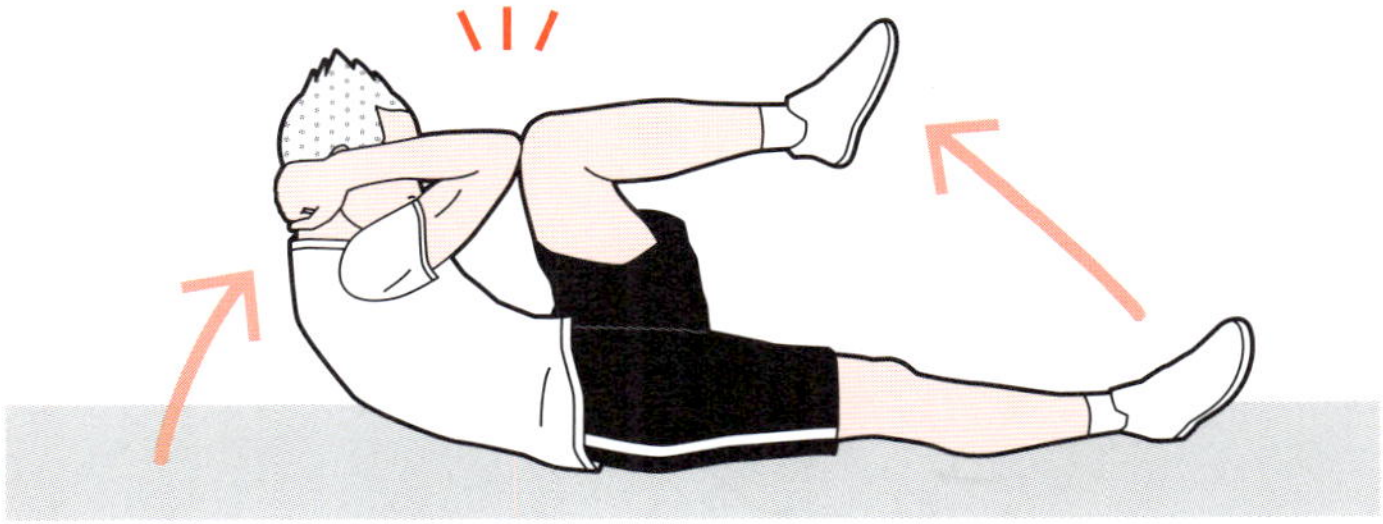

腹を凹ます

01

Dent the belly

ドローイン2

まずは、仰向けになって基礎がため。

メタボぎみの人、運動不足で筋力がおとろえている人は、すべてのトレーニングをする際に、〝ドローイン〟を意識すると、確実に効果をあげられる。そこで、まずは準備運動としてドローイン2の再確認からはじめよう。仰向けになって、おなかの筋肉をギュッと引きしめていく。

1 仰向けに寝て、脚を腰幅に開いてひざを立てる。そのまま、鼻からゆっくり息を吸って、おなかをグーッとふくらませる。

その際、骨盤を床におしつけるようにすると腰の骨がまっすぐになり、横腹がかたまる感じもつかみやすい。

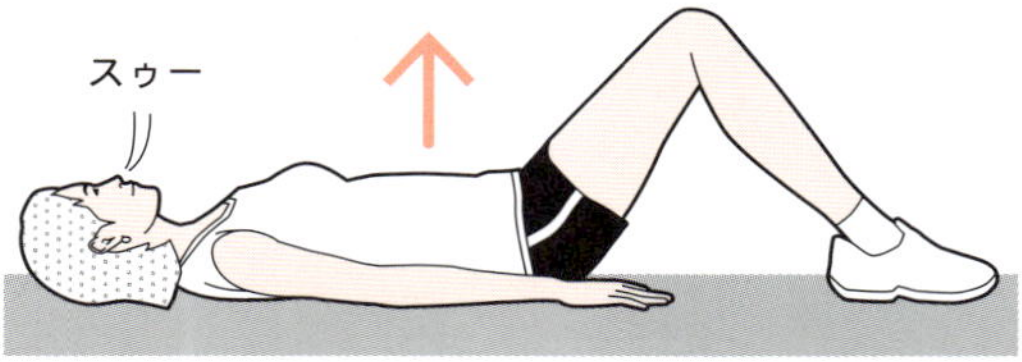

2 口で細く息を吐きながら、おへそを中心に、おなかを凹ませていく。

おなかの中の空気をすべてだしきるイメージで。「グーッとふくらませて、グーッと縮める」のメリハリが大事。

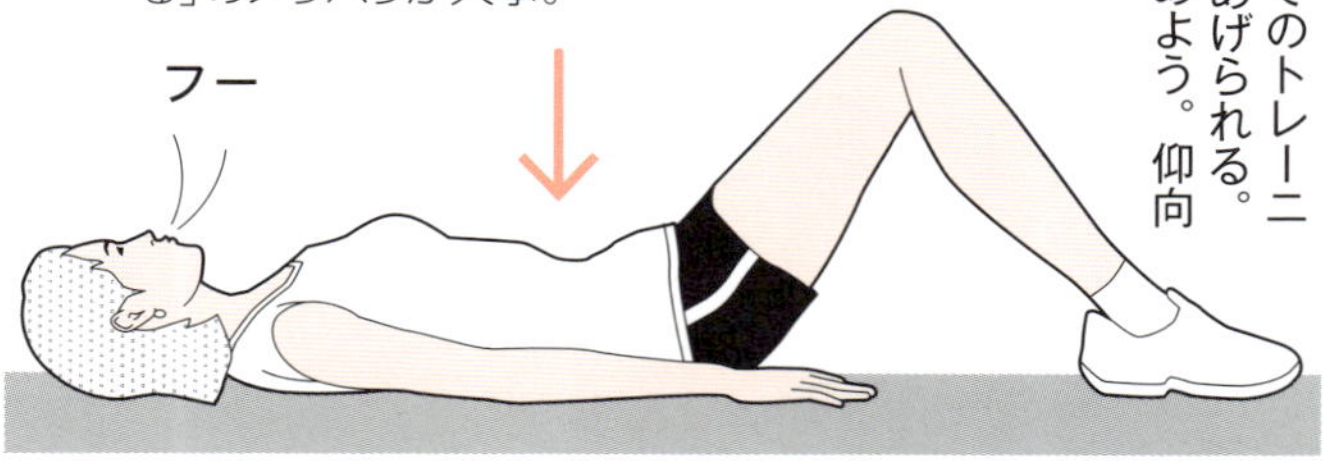

Point

- 呼吸はゆっくり
- 息を吐くとき、骨盤を床におし当て腹圧を高める

（＊はじめのうちは、両手をおなかにのせてやれば、腹筋の動きがよくわかる）

5秒で吸って
5秒で吐く
×
5セット

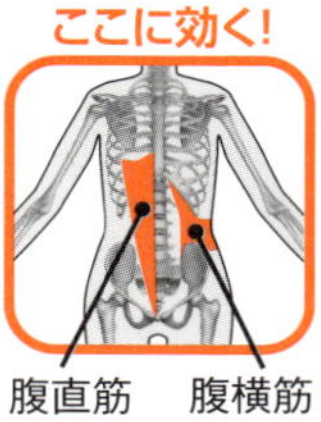

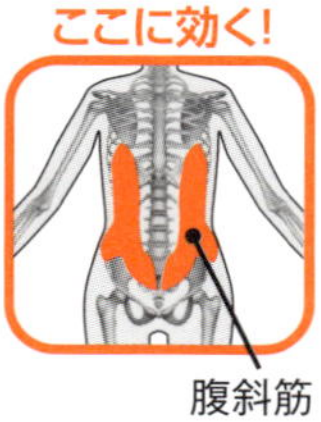

腹を凹ます

02

Dent the belly

腕あげクランチ

腕を浮かせ、さらに「おなかの中心」を鍛える！

腕を浮かせて上体を起こすと、おなかに力が入り、引きしめ効果が高まる。おなかの脂肪が多くてやりづらい人は、「通常のクランチ（101ページ参照）」で練習を積んでからチャレンジ。

1 ひざを立てて仰向けに寝る。

足裏は床にしっかりつけておく。

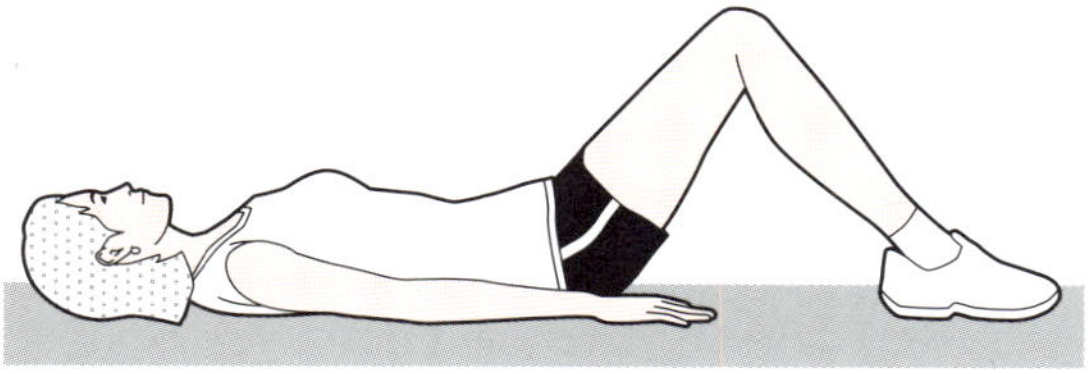

2 腕を浮かせて伸ばしたまま、頭から肩甲骨までの上体を起こして、おへそを見る。

息を吐きながら、3秒かけて頭を起こし、3秒かけて頭をおろす。

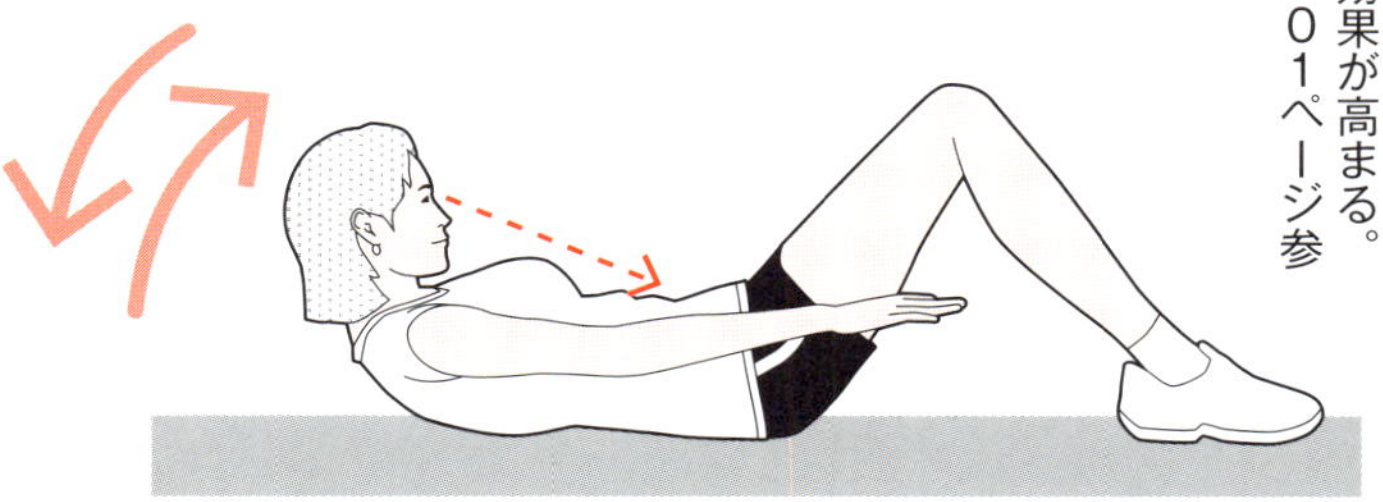

Point

- 少しテンポを速める
- 腕を浮かせて、おへそまわりに負荷をかける

3セット

ここに効く！

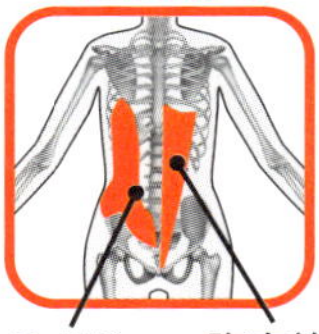

腹を凹ます

03

Dent the belly

ダブルニートゥーチェスト

90度のひざから脚を引き寄せ「下腹部」を強くする。

下腹部を鍛えるこのトレーニングは、姿勢がとても大切。ひじをつき、両脚を浮かせるポーズが基本だが、必ずひざを90度に曲げたところからスタート。90度以上だと、腰がそって浮きやすくなり、効果が半減してしまう。腰を床につけ、骨盤を安定させた状態で行うとブレにくくなる。腰痛予防にも最適。

1 仰向けになって上体を起こし、両肩の真下で両ひじをつく。両脚をピタッと合わせつけたまま浮かせる。

その際、足首、ひざ、股関節がすべて90度になるように。あごは引く。

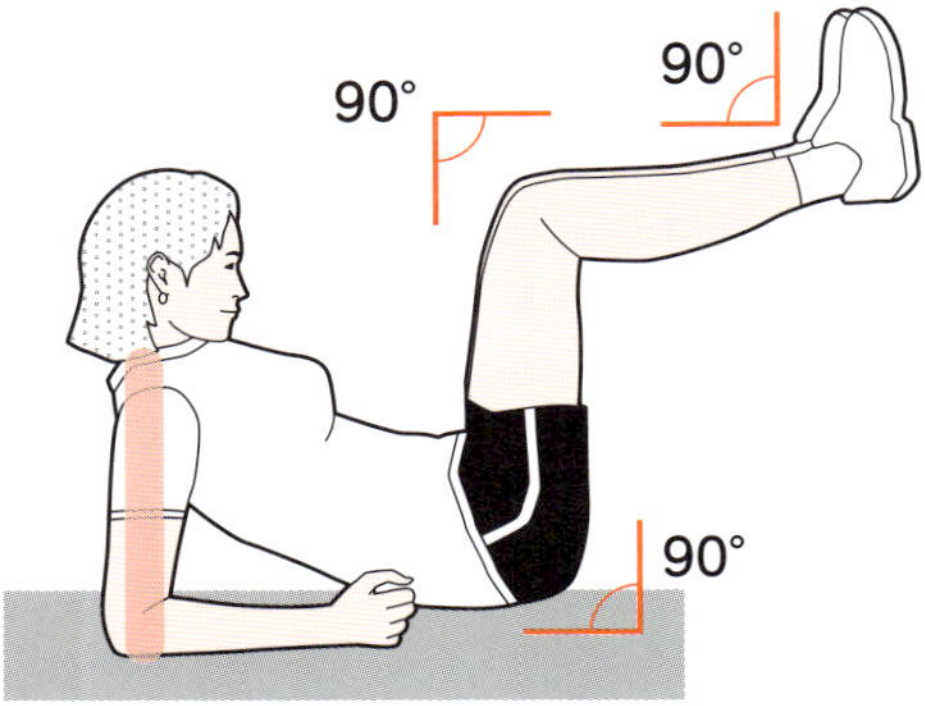

2 ひざを上体に引き寄せ、そのあと 1 の姿勢に戻す。

腰は浮かさないほうが下腹に負荷がかかって効果アップ。

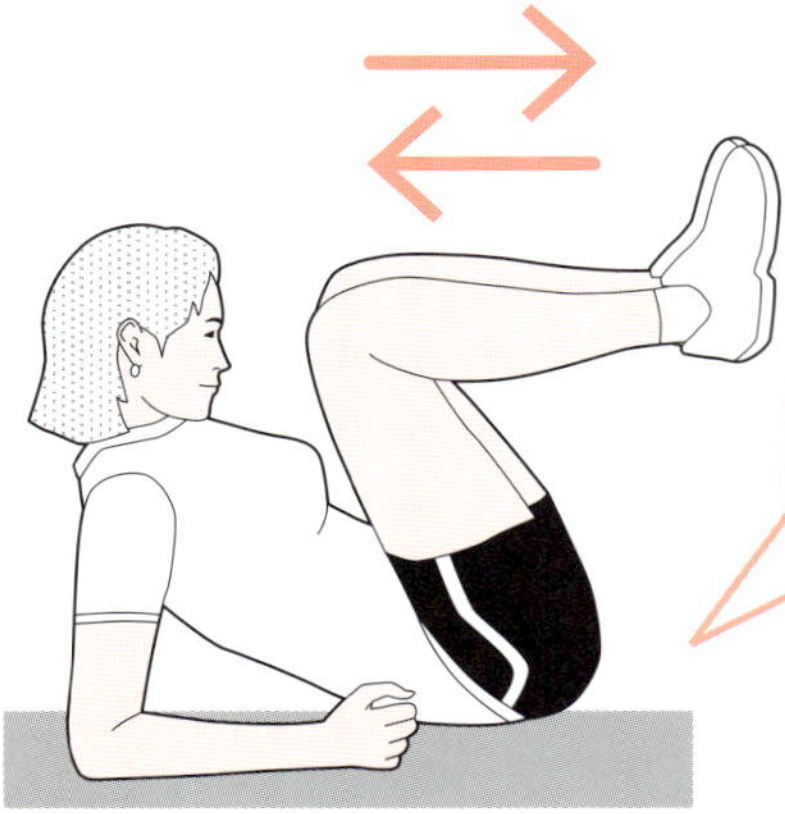

Point

- 骨盤を床におしつけながら、ひざを引き寄せる
- 動作はゆっくりと

脚を引き寄せて戻す動作を
10回 × 3セット

ここに効く!

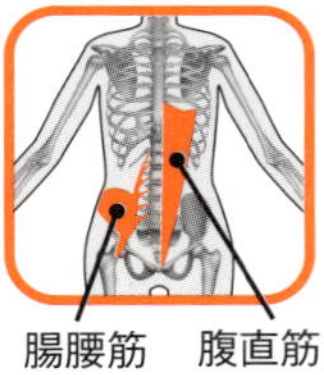

ここに効く!

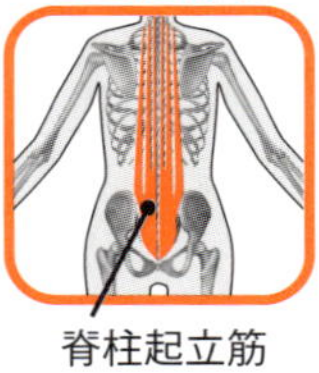

腹を凹ます

04

Dent the belly

半身クランチ

体を一直線にして「おなかの側面」に効かせる。

頭、腕、脚を同時に浮かせたままキープ。床と平行に脚も浮かせることで、体幹の側面がさらに強くなり、骨盤も安定する。

1 横向きに寝て腕を前に伸ばす。

手のひらは床に向けて。

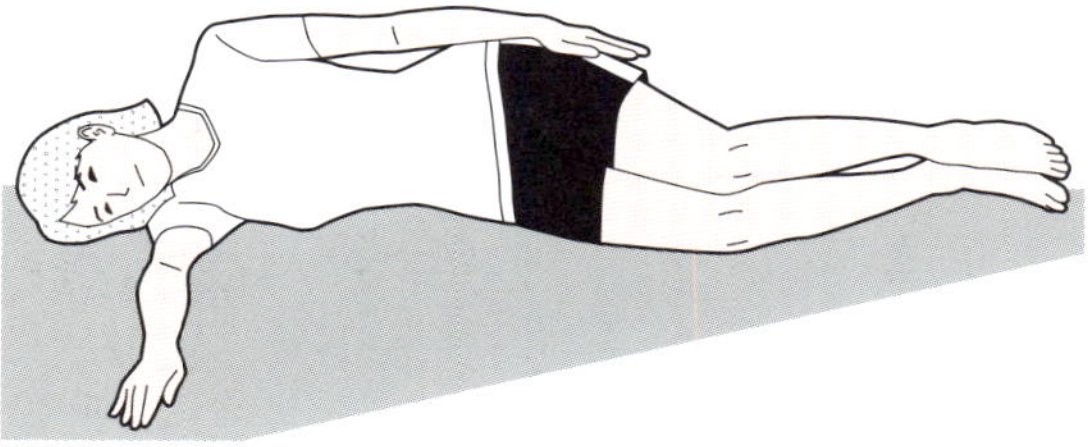

2 頭、腕、脚が一直線になるように浮かせる。

すべて同時に引きあげるのがポイント。骨盤が前後にブレて倒れないように注意しながら、5秒キープ。

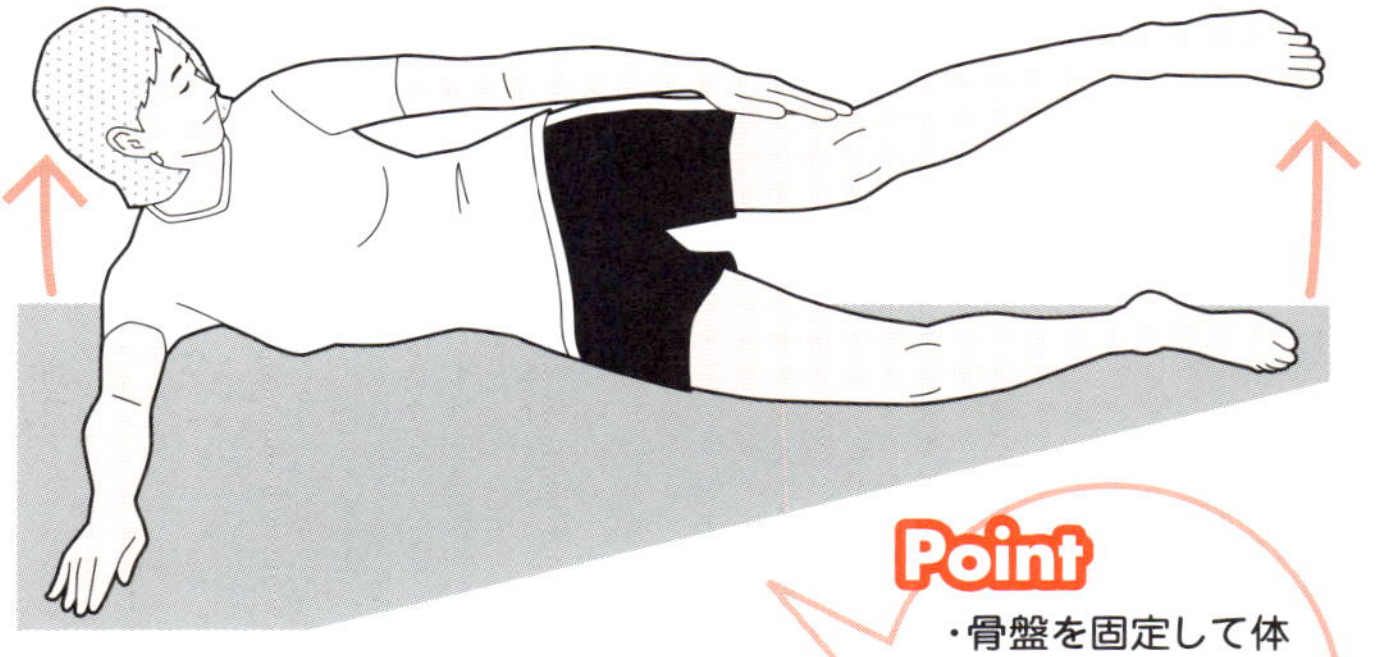

Point

- 骨盤を固定して体がブレないように注意
- 脇腹がかたくなるのを意識する

5秒キープ
×
左右3セット

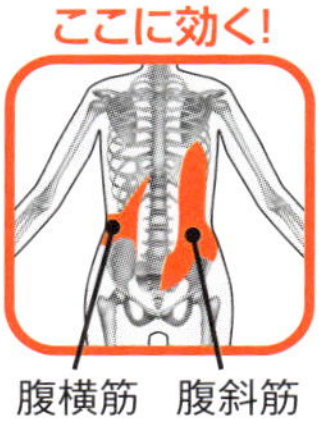

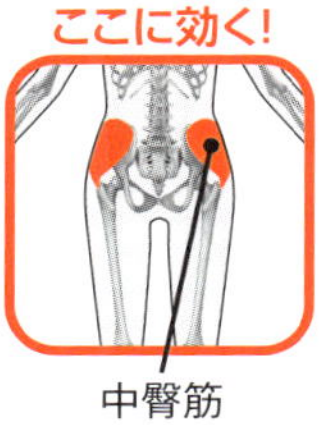

腹を凹ます

05

Dent the belly

連続クランチ

ちょっとハードな腹筋で「おなかの前面」を強化。

1

仰向けに寝て胸の上で両腕を交差させて組み、ひざを立てる。

脚は骨盤の幅に開き、足裏はピッタリと床につける。

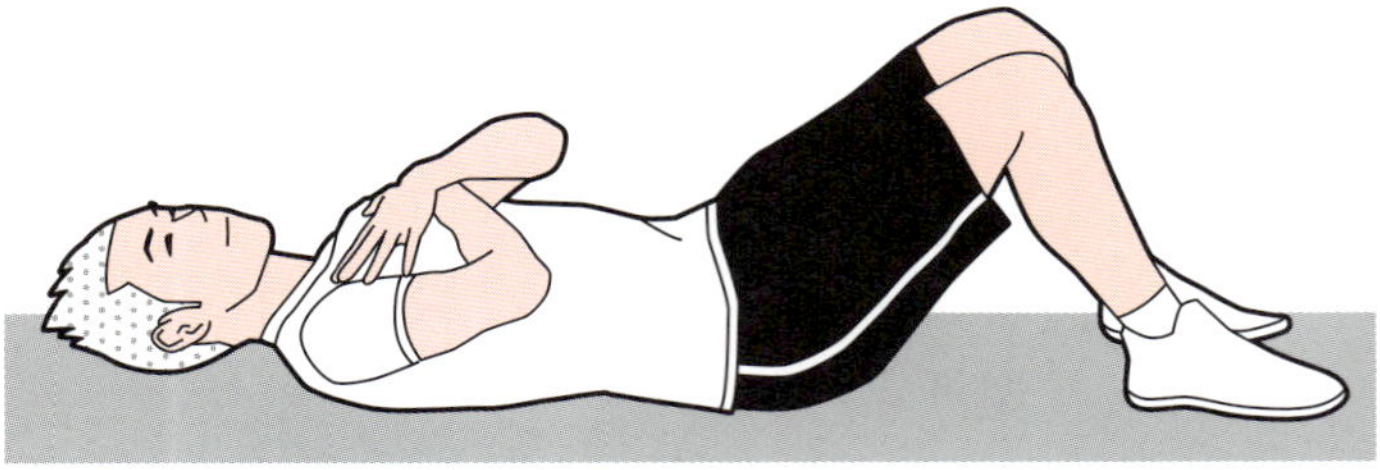

両腕を組んで行う腹筋運動で、おなか前面のアウターマッスルを連続的に刺激する。姿勢が悪いと効果が半減してしまうので、まずはカタチをきちんと覚えよう。骨盤と足裏を床から浮かさないようにすると、腹斜筋や腹直筋が効果的に鍛えられる。

2

背中を丸めながら、
ゆっくり上体を起こしていく。

顔をおへそに近づけるイメージで。
ただし骨盤まで浮かさないように注意。
（*やりづらければ、手を伸ばしたままでもOK）

上体を元に戻す。

10〜15回繰り返す。

Point

・足裏が浮かないように
・おなか前面の筋肉に意識を向ける

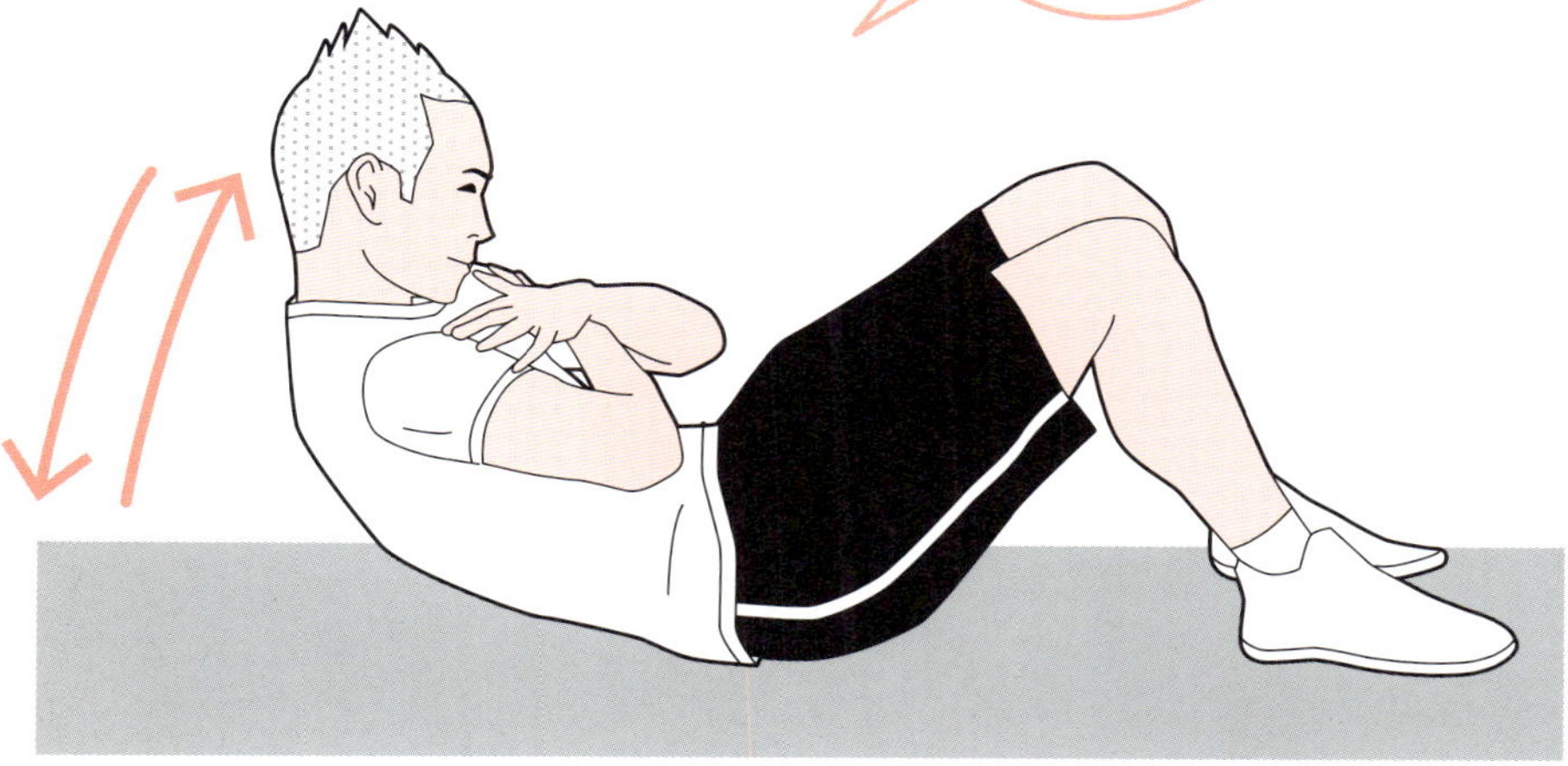

10〜15回
×
2、3セット

ここに効く！

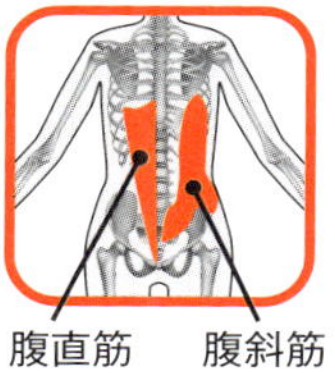

腹を凹ます

06

Dent the belly

クロスクランチ

ひざとひじをくっつける動作で「脇腹」を鍛える。

野球のピッチャーの投球動作を鍛えるトップアスリート向けメニューだが、カンタンな動きなので、一般の人の腹筋トレーニングとしても有効。軸がブレないように脇腹をひねり、ひざとひじをタッチさせる。この大きな動作で、インナーの大臀筋と、おなかまわりにテキメンの効果が。

1 仰向けに寝て片ほうのひざを立てる。

ひざを立てた脚と反対側の手を頭の下に置く。手のひらは頭側に向けて。もう一方の手は、手のひらを下にして床につけたまま真横に伸ばす。

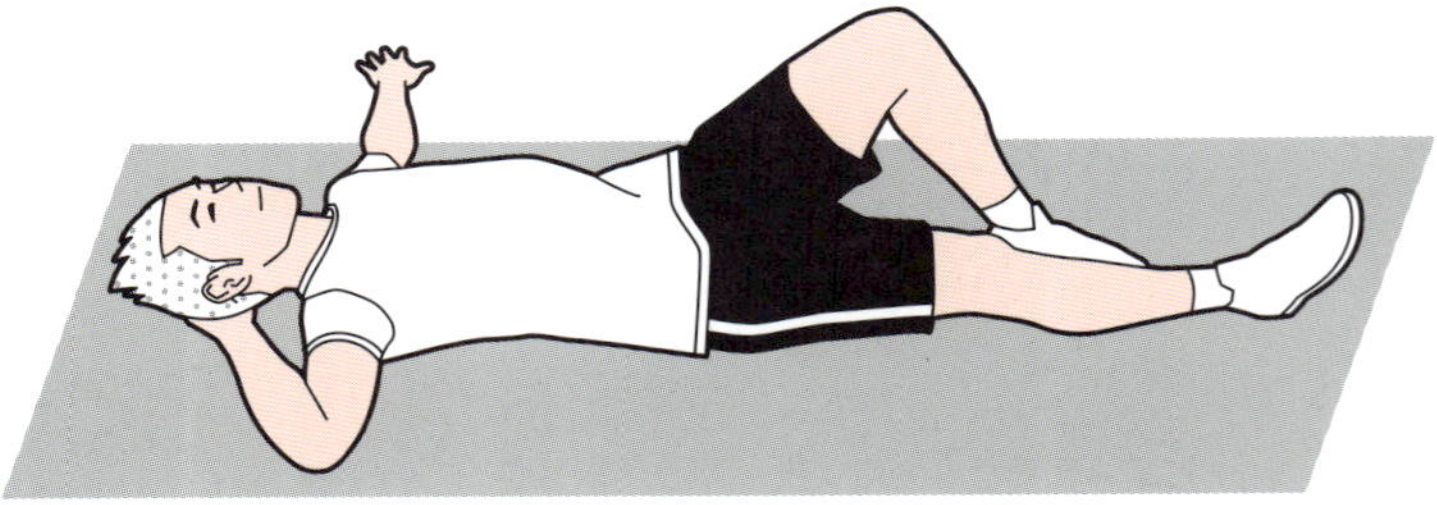

2

**ひざを立てた脚をおへその上まで引きあげ、
上体をひねりながら起こして、
ひざと反対側のひじを寄せてタッチさせる。**

Point

・腰と骨盤が浮かないように注意
・スローな動作でさらに負荷があがる

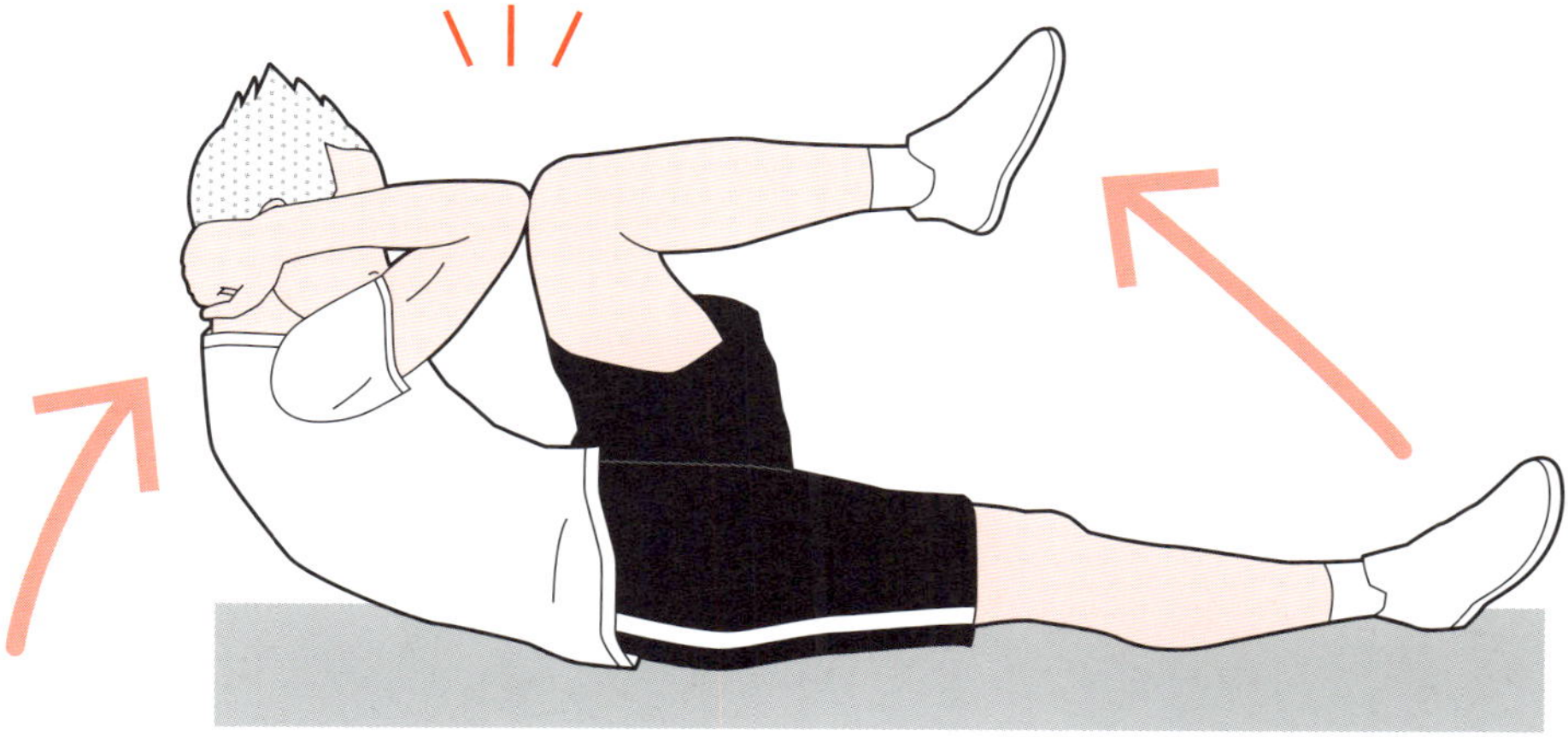

5回繰り返し
×
左右2セット

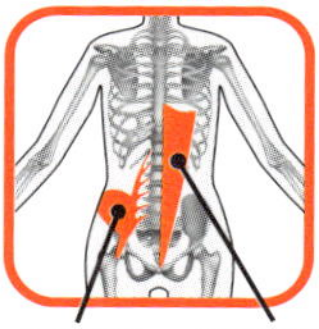

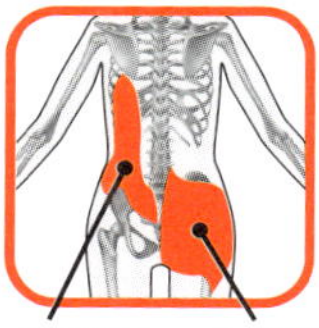

1 Week Program

全身引きしめプログラム

インナーマッスルからアウターマッスルへ、さらに広範囲で鍛え、骨盤を安定させる。薄着になったときのシルエットにも自信が持てる。

1 バックブリッジ

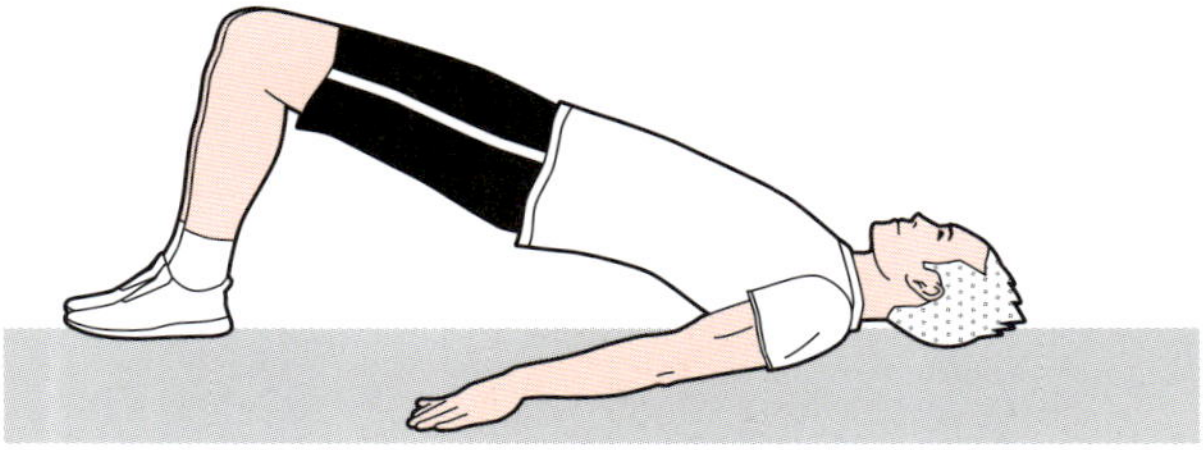

2 サイドアップ

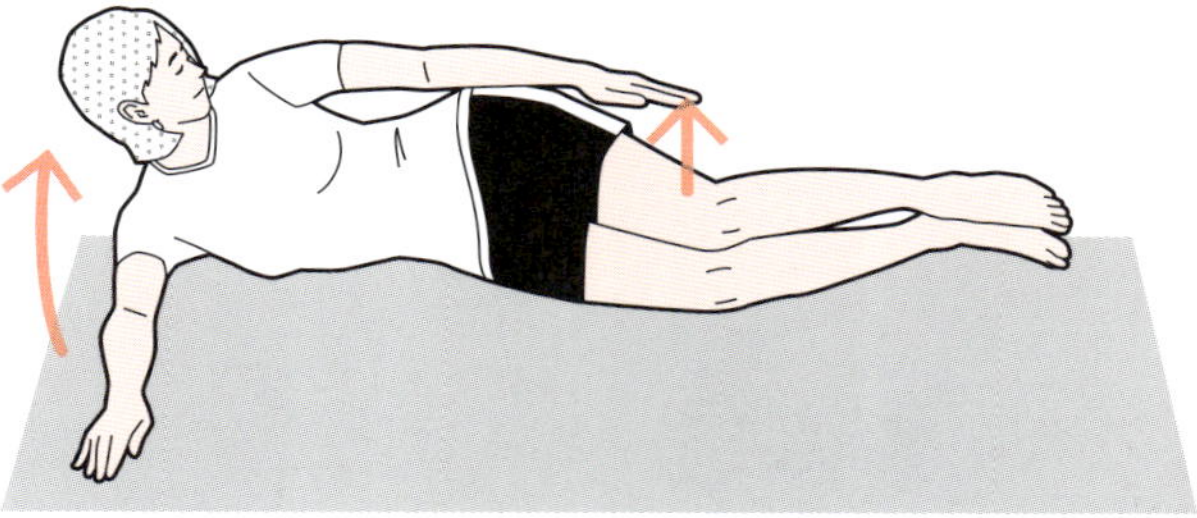

3 ももあげクランチ

4 ニートゥーチェスト

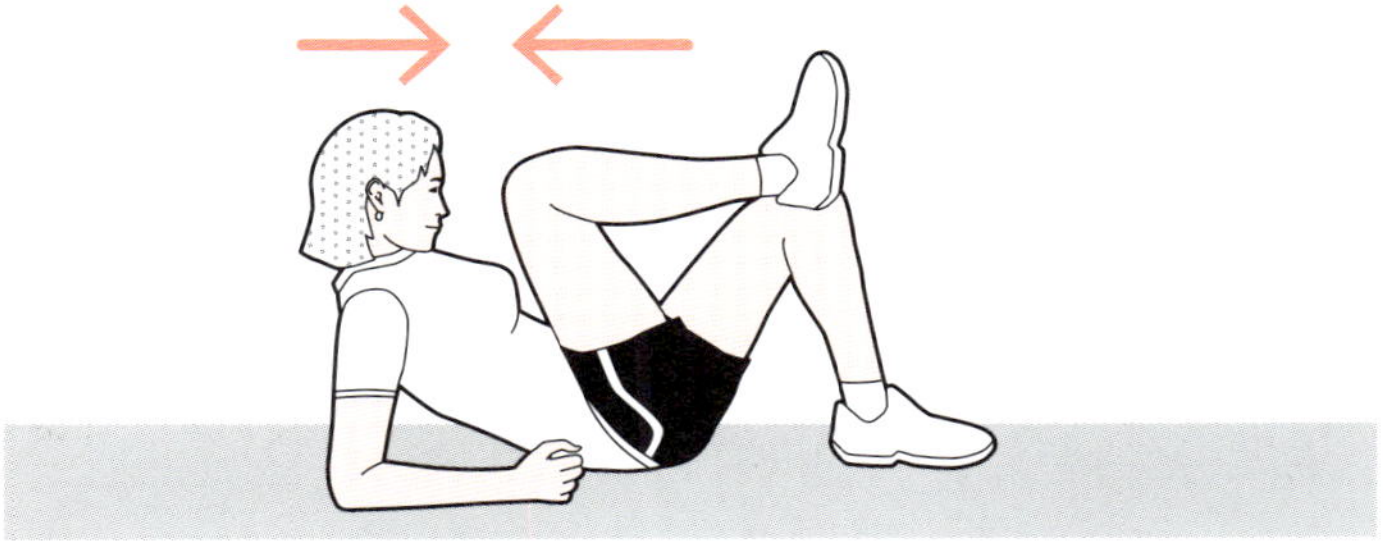

5 ダイアゴナル

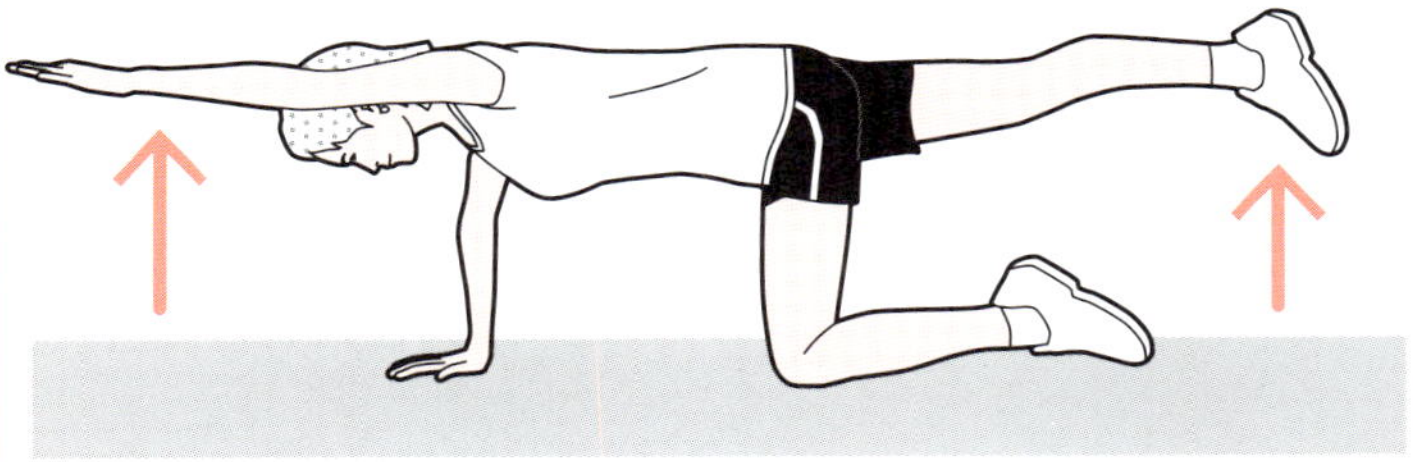

6 ニーアップフロントブリッジ

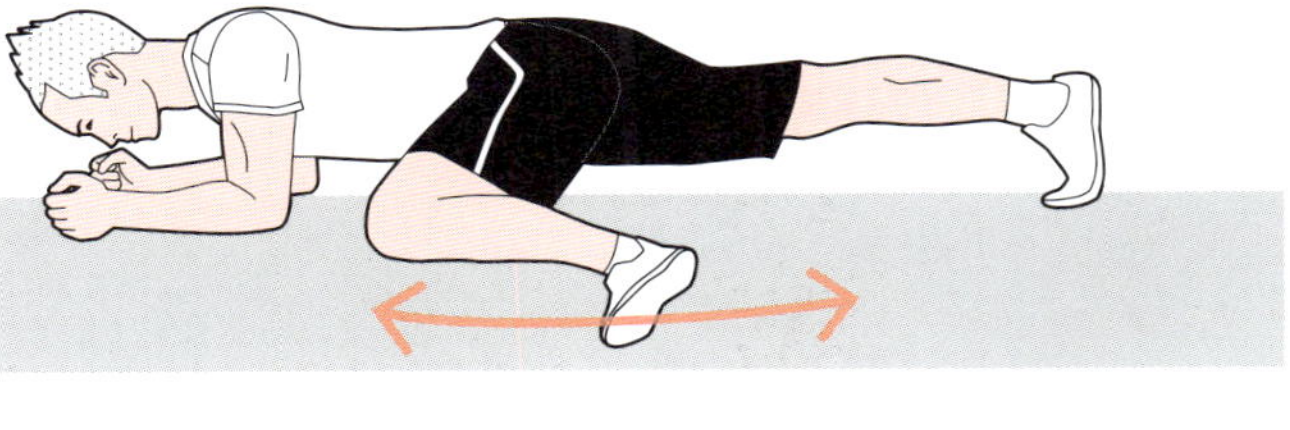

全身引きしめ

01

Systemic tightening

バックブリッジ

「おしり」を持ちあげ、太ももの筋肉まで一度に引きしめる。

おしり、背中、おなか、太ももの前まで、一気に鍛えられるトレーニング。腰がかたい人は、筋肉中に疲労物質「乳酸」がたまりやすいので、このトレーニングで柔軟性を高めておこう。続けていると、疲れにくいタフな体に変わる。

1 仰向けに寝てひざを立て、腕はななめ45度に開く。

手のひらは下に向けて、頭も足裏も床にピタッとつける。

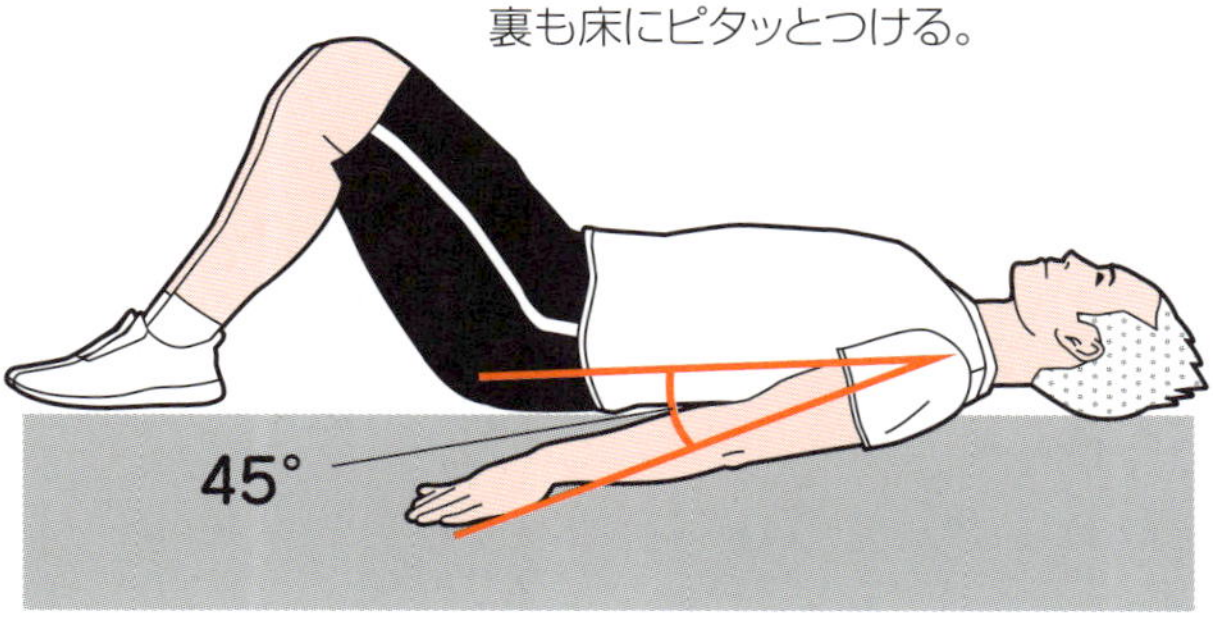

2 そのままおしりを持ちあげ、背中からひざまで一直線になったところで5〜10秒キープ。

Point

・骨盤を引きあげる感覚で、おしりを持ちあげる
・腰をそらせたり、さがりすぎたりしないよう、位置を安定させる

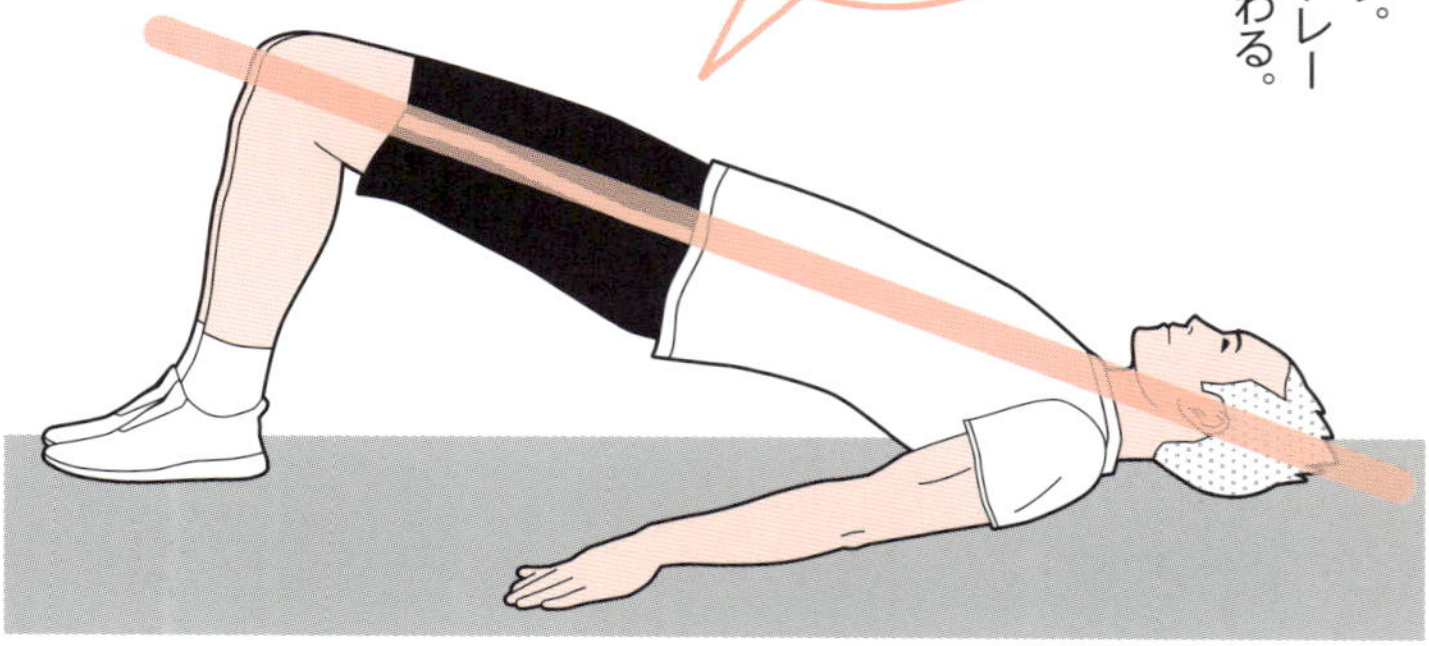

ここに効く!

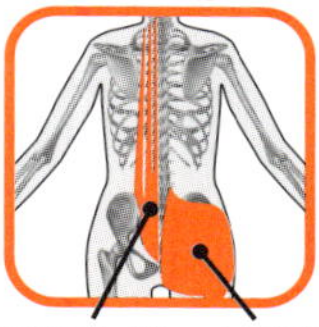

ここに効く!

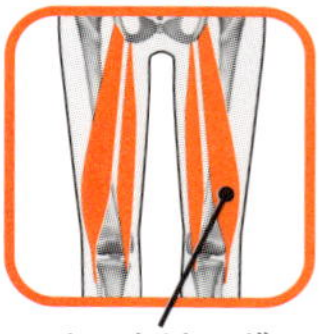

3セット

全身引きしめ

02

Systemic tightening

サイドアップ

横向きに寝て、ゆるんだ「脇腹」を鍛える。

体幹の側面に効かせるトレーニング。床に横向きに寝て、頭と腕を浮かせたポーズのままキープ。この動作で、ふだんなかなか鍛えられない脇腹がキュッとしまる。ターゲットの筋肉を意識すると効果があがる。

1 横向きに寝て腕を前に伸ばす。

手のひらは床に向けて。

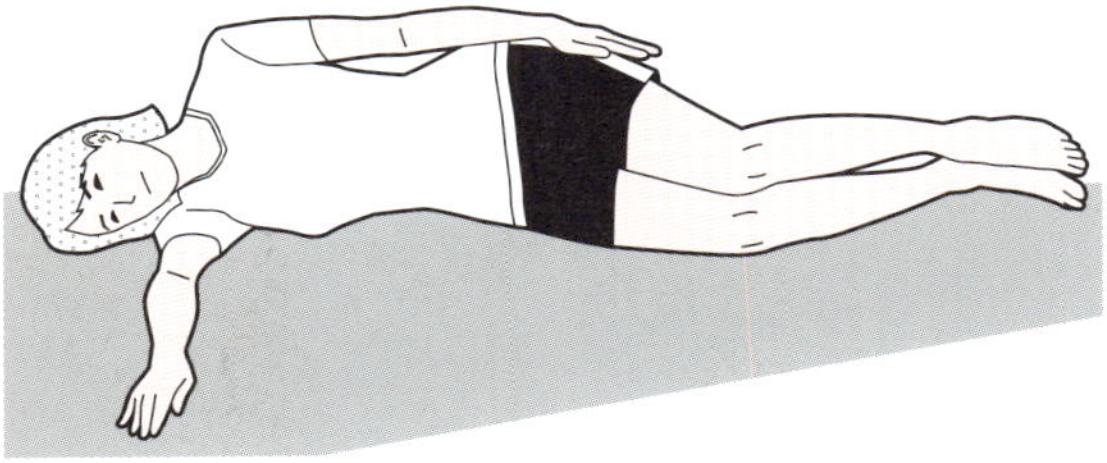

2 頭と腕を同時に持ちあげ、同じ高さで5秒キープ。

骨盤が前後に傾かないように注意。

Point

・骨盤を固定し、体がブレないように注意
・脇腹が、かたくなるのを意識する

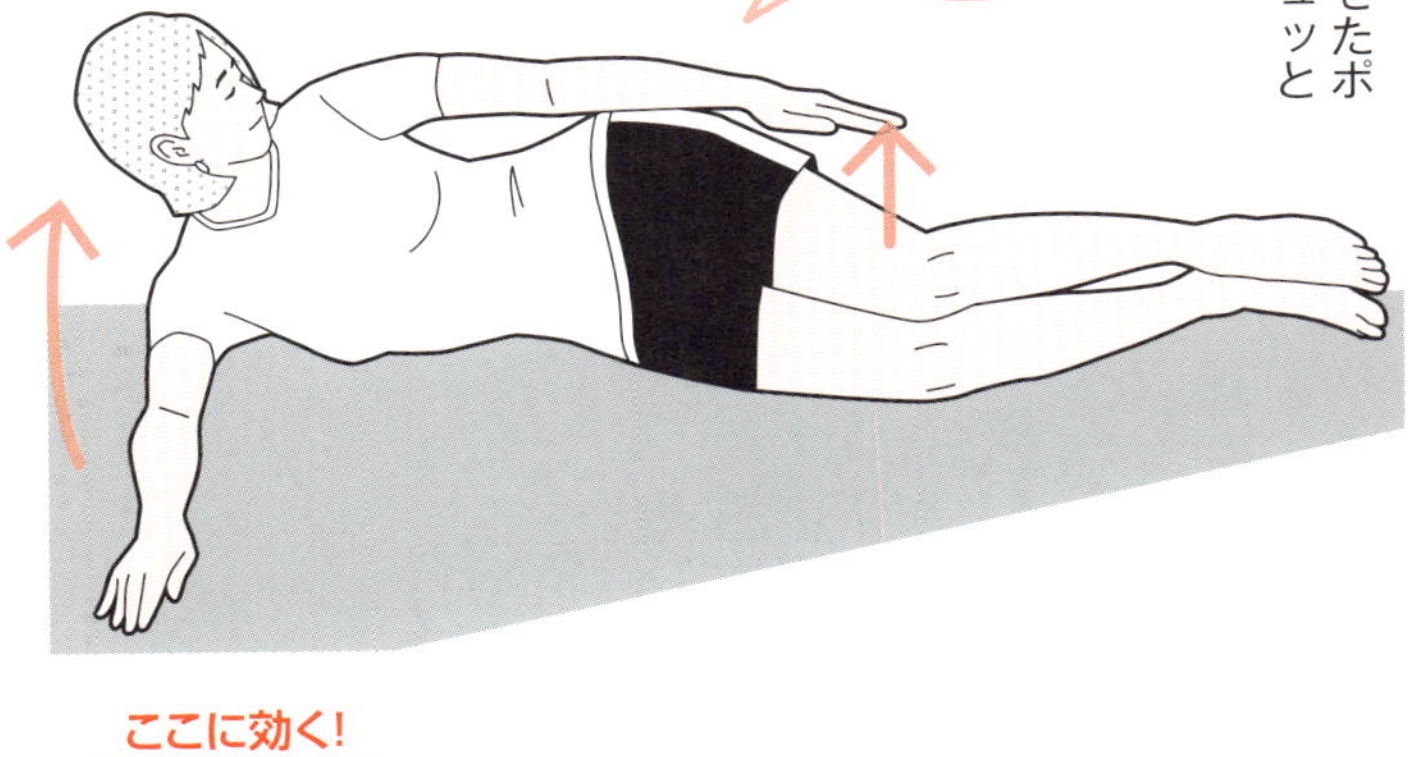

ここに効く！

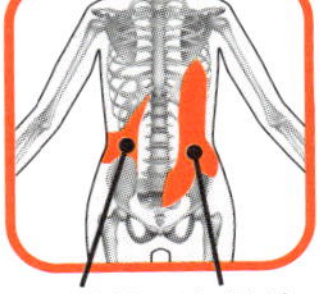

左右3セット

全身引きしめ

03

Systemic tightening

ももあげクランチ

おへそを中心に「おなか」の筋肉をかためる！

この体幹トレーニングは、おなかの前面によく効く。腹筋の前部は太ももとのつながりが深く、鍛えると、ももの引きあげもスムーズに。骨盤を床におしつけながら腕・肩甲骨を浮かせると、おなかがキュッとしまる感じがわかる。

1 **仰向けに寝て、両脚を閉じたまま、ひざを立てて軽く曲げる。手のひらは下に向けて床につける。**

2 **脚を浮かせ、股関節、ひざ、足首がすべて90度になるように保つ。**

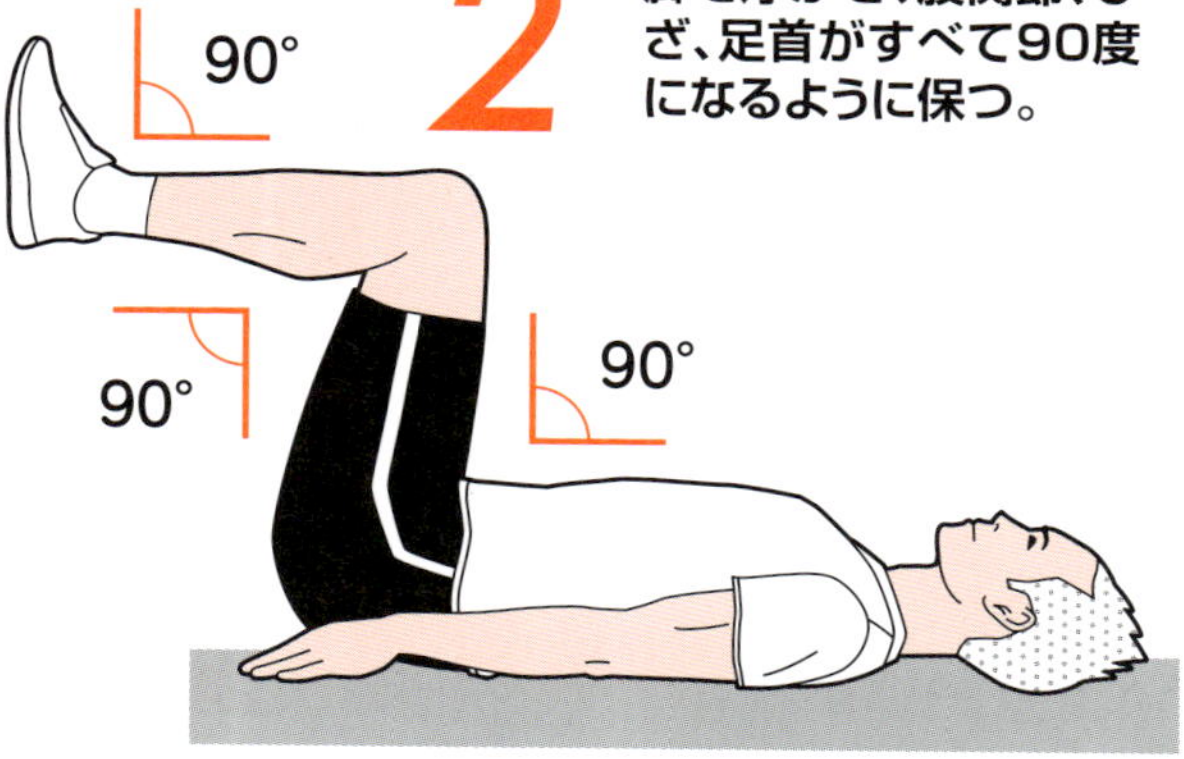

3 **そのまま腕と肩甲骨を床から浮かせる。**

目線はおへそのあたりへ。3秒かけて浮かせ、3秒かけておろすという動作を5回繰り返す。

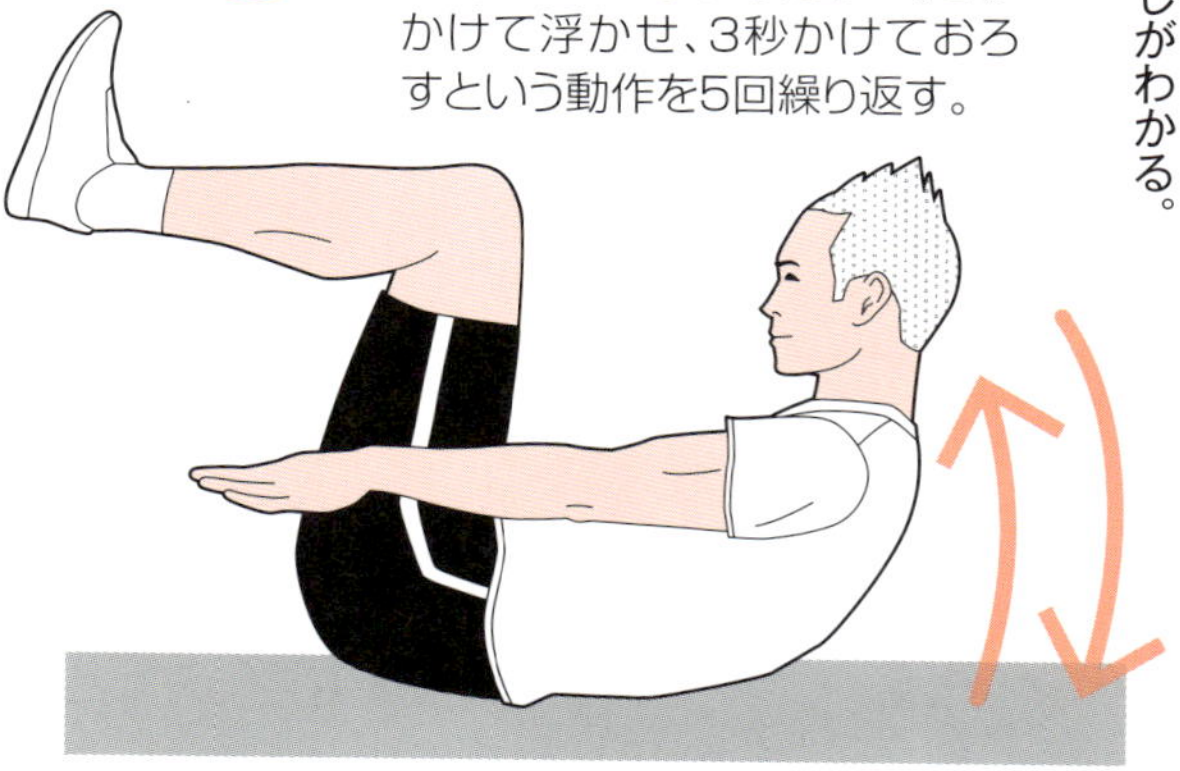

Point

- 骨盤は浮かせない
- おへそ周辺の筋肉をかためるイメージで

ここに効く！

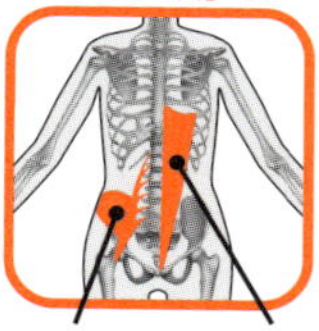

3秒かけてあげる、3秒かけておろすを5回×3セット

全身引きしめ

04

Systemic tightening

ニートゥーチェスト

片ほうの脚をそれぞれ上体に引き寄せて「おなかの前面」をしめる。

ひじをついた姿勢で片ほうの脚だけを上体に引き寄せる。顔をいっしょに動かすと、股関節周辺の筋肉とともに、腹斜筋、腹横筋にも効かせることができる。腰を浮かさず、骨盤の安定性を高めることが大切。

1

仰向けになって上体を起こし、両肩の真下で両ひじをつく。ひざを曲げ、片ほうの脚を床と平行になるように持ちあげる。

あごは引いて視線は前方に。

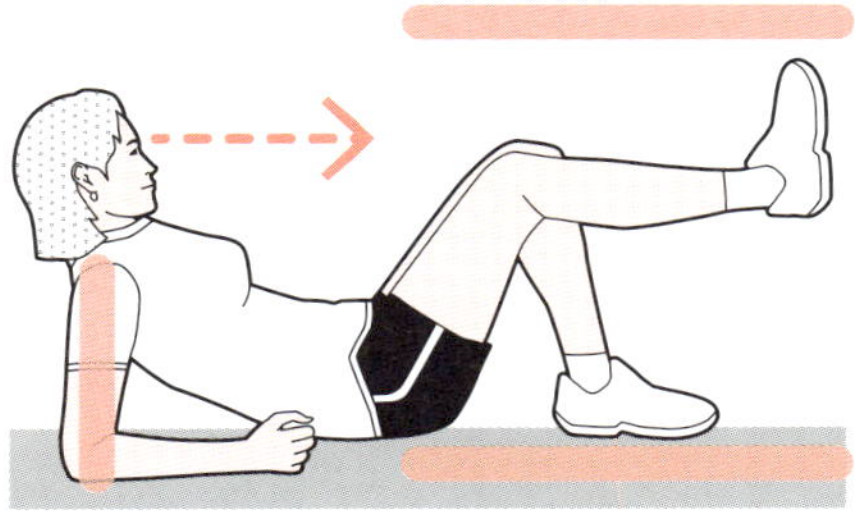

2

顔とひざを同時に引き寄せて、おなかをギュッと縮めてかためる。

2秒かけてゆっくり引き寄せる。

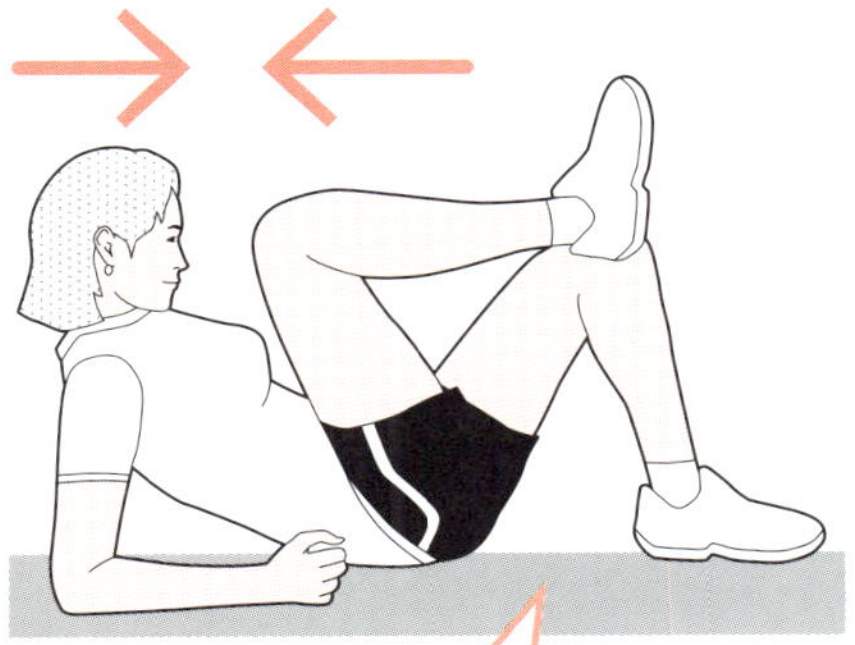

Point

- 顔とひざをゆっくり引き寄せる
- おへそを中心に縮める
- 骨盤を床におしつけて安定性を高める
- 背中は反らせない

左右10回
×
2、3セット

ここに効く!

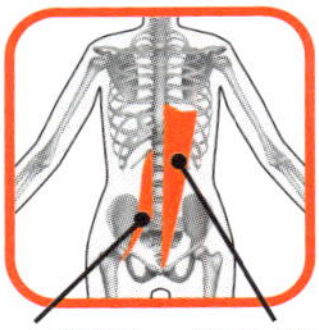

ここに効く!

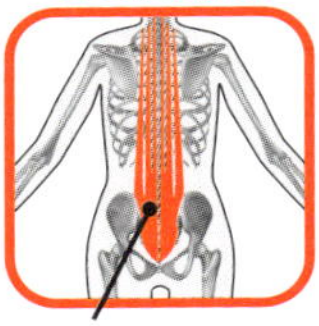

全身引きしめ

05

Systemic tightening

ダイアゴナル

一直線のラインを保ち、「背中、腰、太もも、太もも内側」まで総合的に鍛える。

背中から臀部、太ももまでを刺激して全身のバランスアップ、筋力アップをはかる強力メニュー。理想は、手の先から、頭、背筋、つま先までまっすぐ一直線に伸ばすこと。
腕と脚の高さが不ぞろいだと、腰に負担がかかってしまう。瞬発力、ジャンプ力、投球力アップにも効く。

1

両手両ひざを床につけて
両手は肩幅に開き、
背筋をよく伸ばす。
顔は下に向けて。

2 片ほうの腕と逆側の脚をあげて耳の高さでまっすぐ伸ばす。

2秒であげ、1秒でさげる動作を
5回繰り返す。

Point

・指先からつま先まで一直線に伸ばす
・上体がブレないよう、腕と脚でしっかりささえて固定

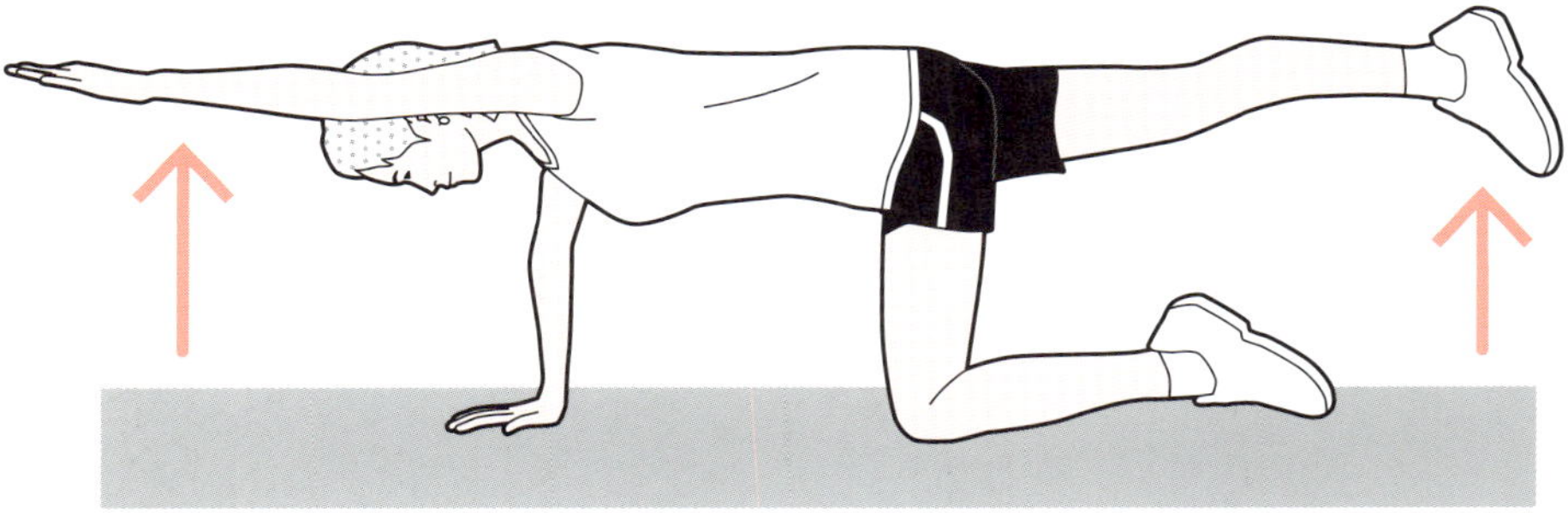

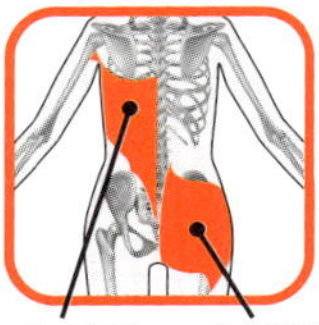

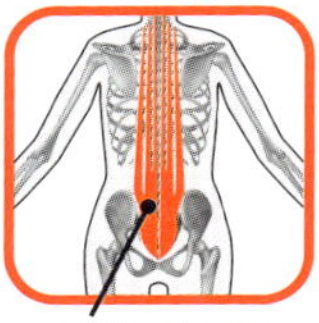

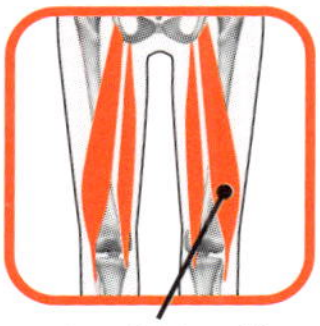

**2を
左右3セット**

全身引きしめ

06

Systemic tightening

ニーアップフロントブリッジ

フロントブリッジ＋脚の引き上げ動作で、体幹全体を鍛える！

一度に体幹全体を刺激する、体幹トレの決定版。

ひじとつま先でささえて体を浮かせる「フロントブリッジ」という動作に、脚の引き寄せをプラス。このダブル効果がすごい。インナーの腹横筋、脊柱起立筋、アウターの広背筋、腹直筋など体幹部が広範囲で刺激でき、脚の動きとともに大腰筋、腹斜筋との連動性も高まる。

1

うつ伏せになって肩の真下にひじを置き、脚は骨盤の幅に開く。
そのままひじとつま先でささえながら体をぐっと浮かせる。

骨盤がブレないように注意。

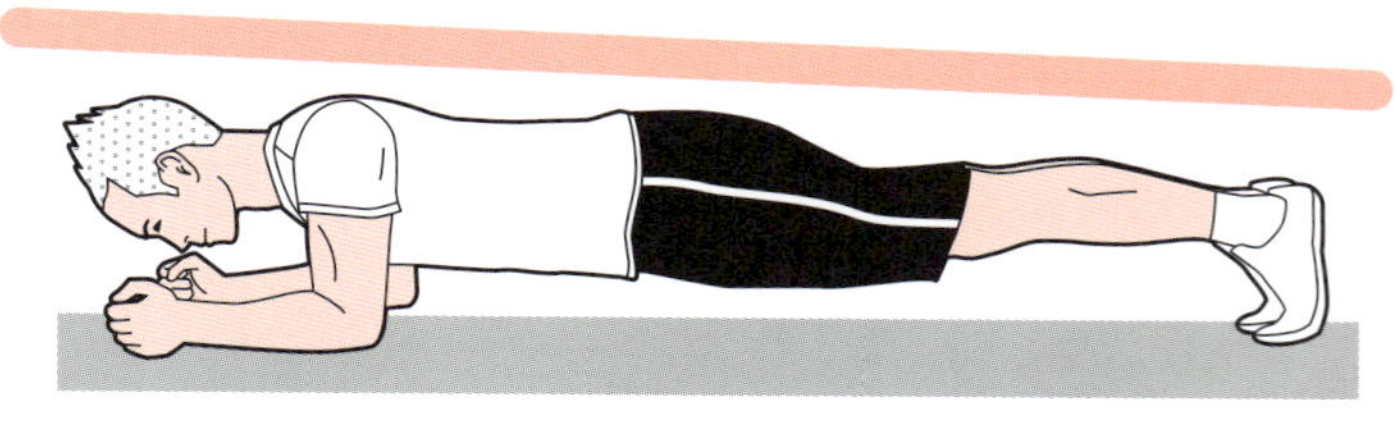

2 体を持ちあげたまま、一方の脚を体幹部に引きつける。

脇腹がしまるのを感じながら
リズムよく動かすこと。
ラクにやろうとしてひざをさげると、
効果が半減。

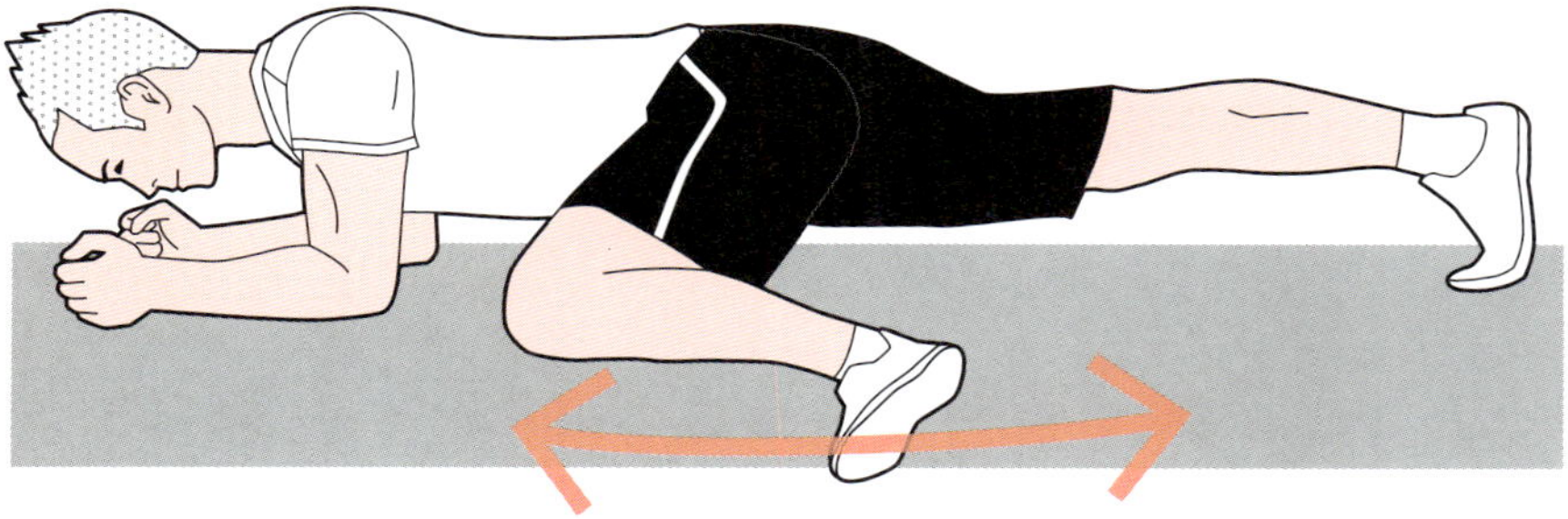

Point

- 骨盤が傾かないように固定する
- 両ひざをしっかり浮かせる
- 脇腹をしめるイメージで

ここに効く!

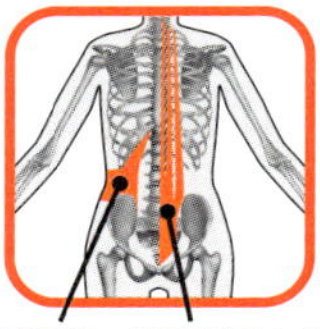

腹横筋　脊柱起立筋

ここに効く!

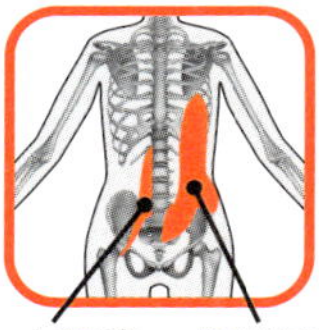

大腰筋　腹斜筋

左右10秒ずつ

1 Week Program

ねこ背を治すプログラム

てっとり早く「見た目」を変え、自信を持ちたいのなら、このプログラムがおすすめだ。

1 ドローイン 2

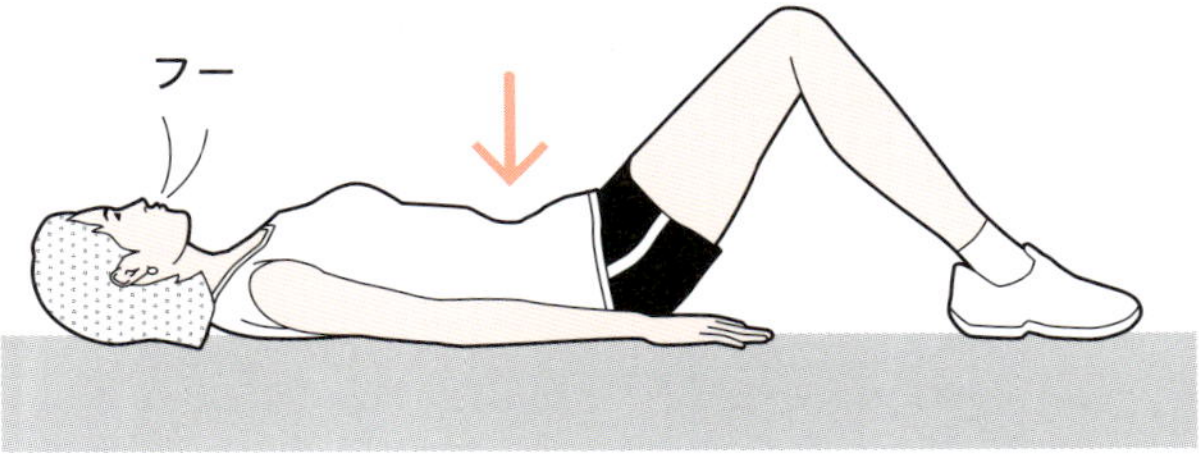

2 サイドアームリフト

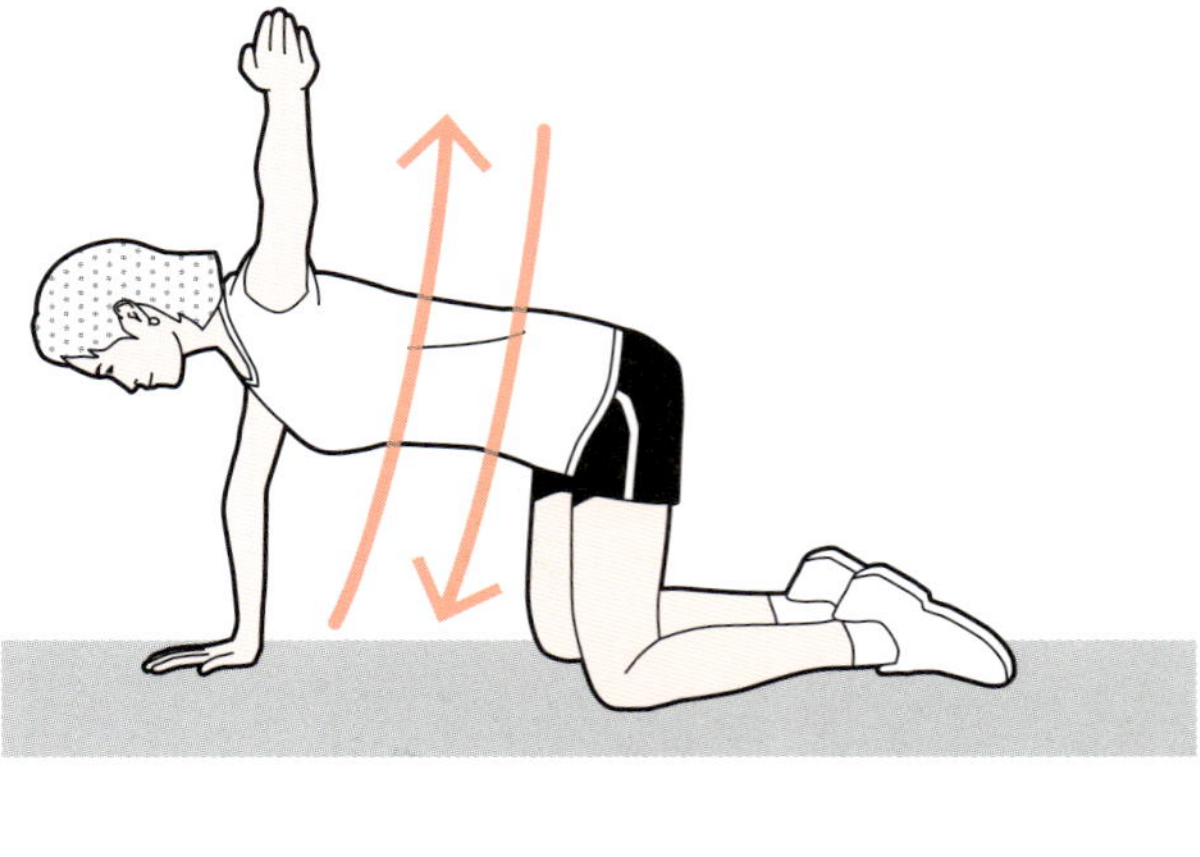

3 アームレッグクランチ

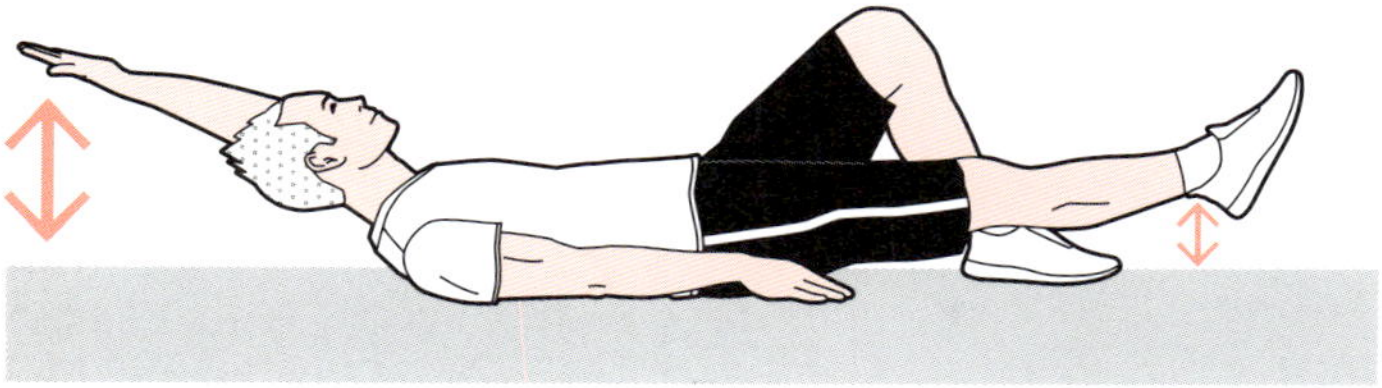

4 フロントブリッジ

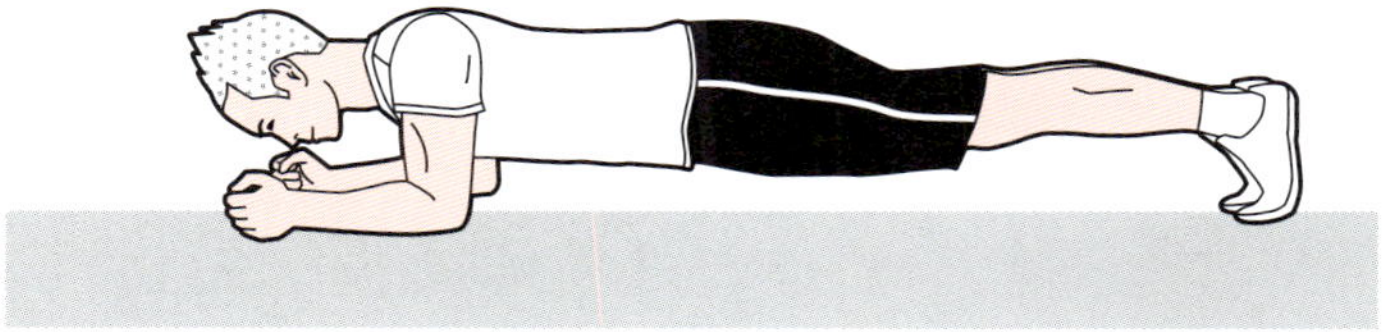

5 ダイアゴナル

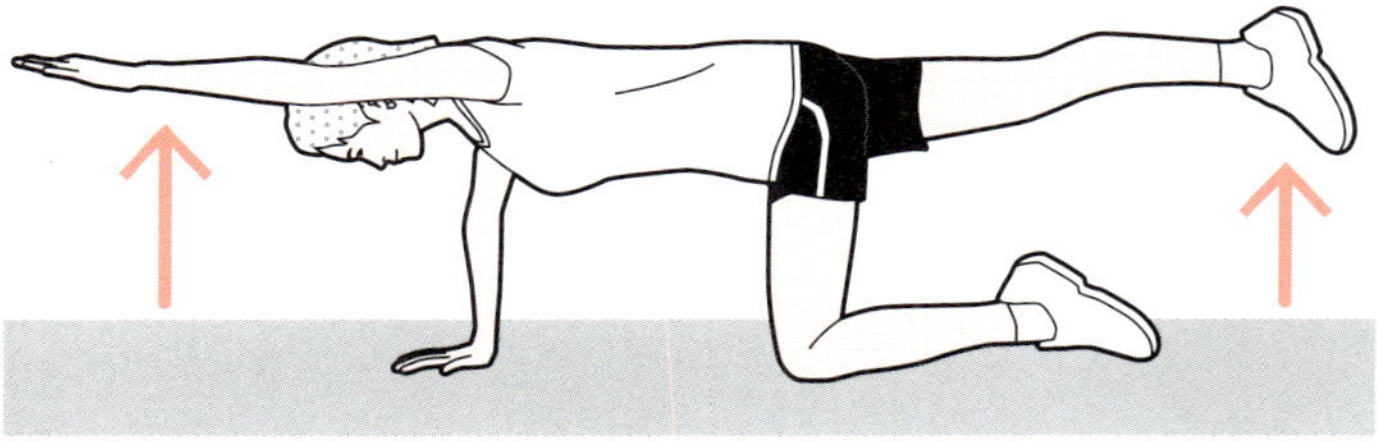

ねこ背を治す

01

Better posture

ドローイン2

まずは、仰向けになって基礎がため。

メタボぎみの人、運動不足で筋力がおとろえている人は、すべてのトレーニングをする際に、〝ドローイン〟を意識すると、確実に効果をあげられる。そこで、まずは準備運動としてドローイン2の再確認からはじめよう。仰向けになって、おなかの筋肉をギュッと引きしめていく。

1

仰向けに寝て、脚を腰幅に開いてひざを立てる。そのまま、鼻からゆっくり息を吸って、おなかをグーッとふくらませる。

その際、骨盤を床におしつけるようにすると腰の骨がまっすぐになり、横腹がかたまる感じもつかみやすい。

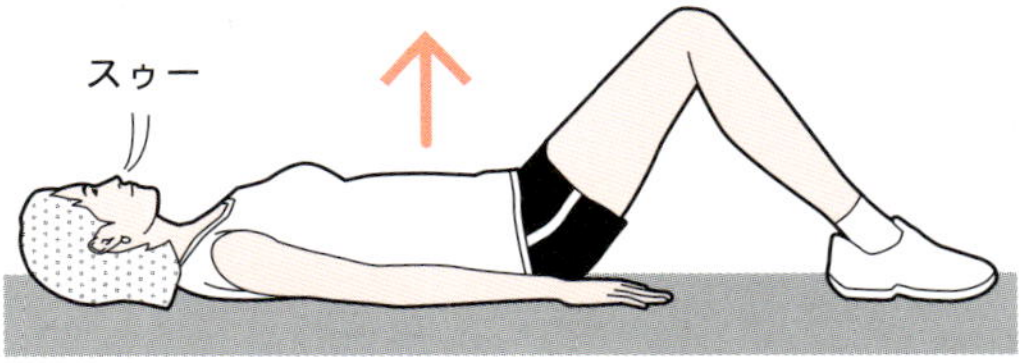

2

口で細く息を吐きながら、おへそを中心に、おなかを凹ませていく。

おなかの中の空気をすべてだしきるイメージで。「グーッとふくらませて、グーッと縮める」のメリハリが大事。

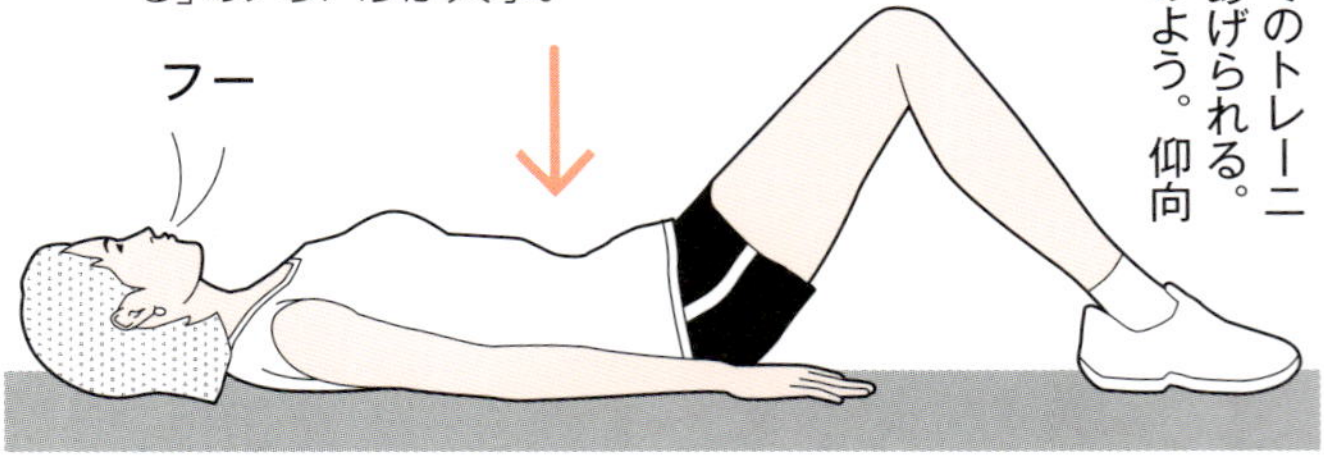

Point

- 呼吸はゆっくり
- 息を吐くとき、骨盤を床におし当て腹圧を高める

（＊はじめのうちは、両手をおなかにのせてやれば、腹筋の動きがよくわかる）

5秒で吸って
5秒で吐く
×
5セット

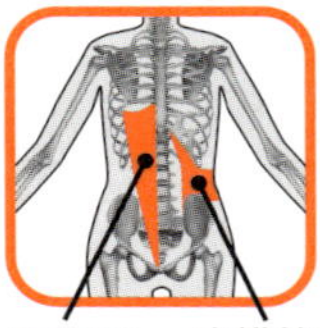

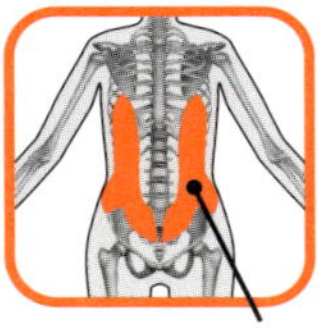

ねこ背を治す

02

Better posture

サイドアームリフト

手を真横にあげる動作で「背中・腕」を鍛える。

腕を真横に広げて上下させ、背中と腕の筋肉を鍛えつつ、腕の可動域を広げる。背中と腕の筋力がつくと骨盤も安定し、軸がブレない体に変わる。気をつけたいのは腕の高さ。あげすぎても、さげすぎても効果が半減してしまう。

1 両手両ひざをついて、床を見る。

両脚は肩幅に開く。

Point

ひざの角度は90度に

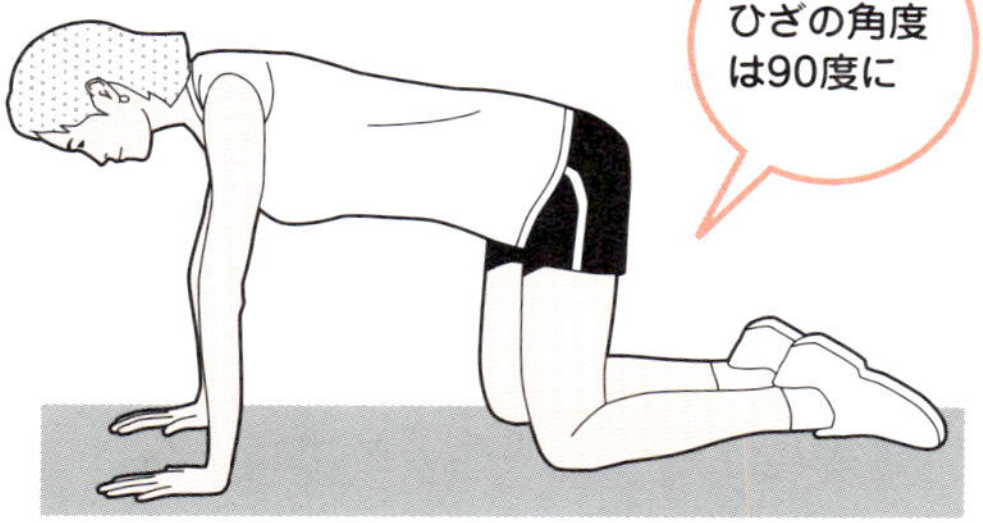

2 一方の腕を3秒かけて真横にあげ、3秒かけておろす。

Point

- 肩よりやや上に腕をあげる
- 腕はまっすぐ伸ばす
- おなかはしっかりドローイン

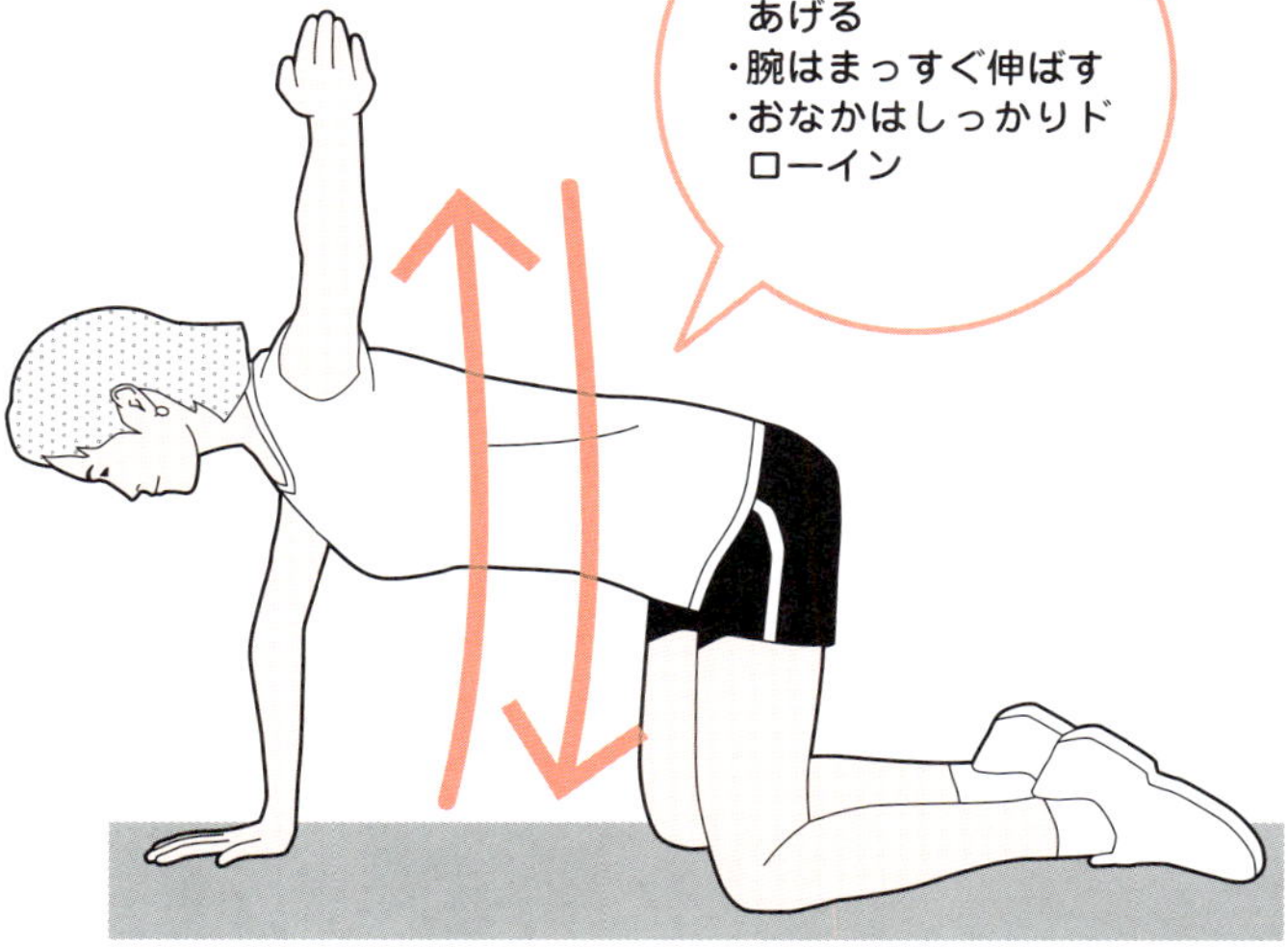

左右5回ずつ
×
2セット

ここに効く!

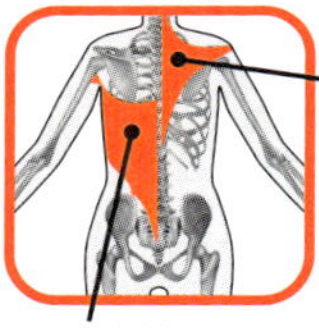

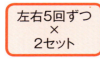

アームレッグクランチ

手足の先まで一本の軸にして「おなか」をしめる。

仰向けに寝たまま、片ほうの腕とその逆側の脚を上下させると、胸からおなかの横、足先までがいっしょに鍛えられ、軸が安定する。
腹筋をしめることで腰まわりの筋肉のバランスもよくなり、腰痛の解消や予防にもいい。

1

**仰向けに寝て
左ひざを曲げる。**

左腕は床につけたまま
頭上にまっすぐ伸ばす。

2 おへそを見るように頭を起こしながら、左腕と右脚を同時にあげて5秒キープ。

床上ぎりぎりのところまでおろしたら、再びあげる動作を3回繰り返す。
反対側の腕と脚も同様にする。

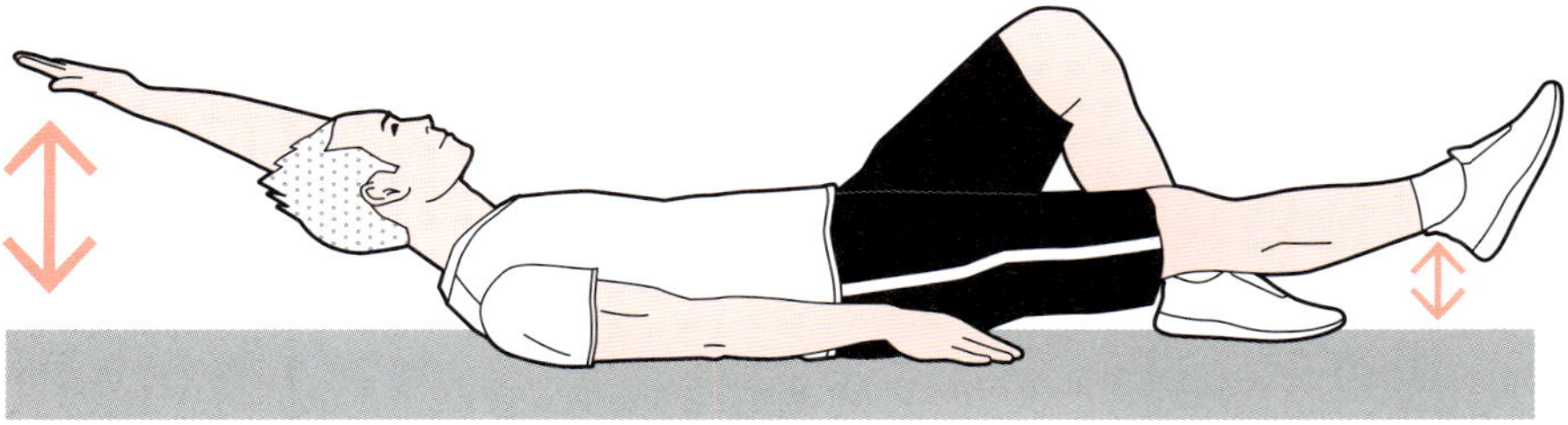

Point

- 床に触れずに腕と脚をあげさげする
- 手も足も指先までピンと伸ばす
- 肩甲骨、腰、骨盤は床にピタッとつける

ここに効く!

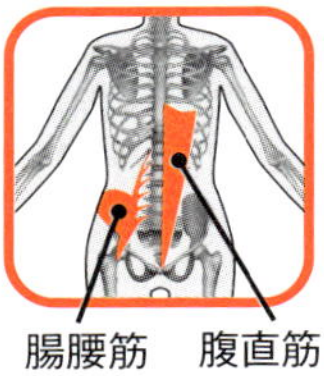

ここに効く!

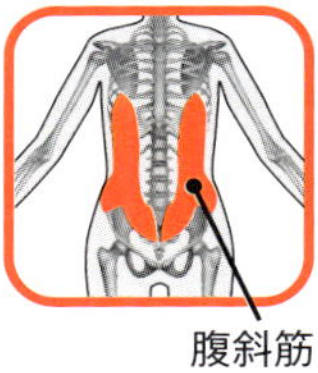

5秒キープを
3回
×
左右各3セット

ねこ背を治す

04

Better posture

フロントブリッジ

うつ伏せで「首～かかと」までの軸を整える。

体で一直線のラインをつくり、体幹全体を強化していく。うつ伏せでまっすぐの姿勢をキープできるようになると、ふだんも背筋がスーッと伸びて、立ち姿勢、座り姿勢のバランスがよくなる。

うつ伏せになり、肩の真下でひじをつく。
ひじから先の腕とつま先で体をささえ、「いち、にい、さん」と頭で3秒数えながら腰を浮かせる。

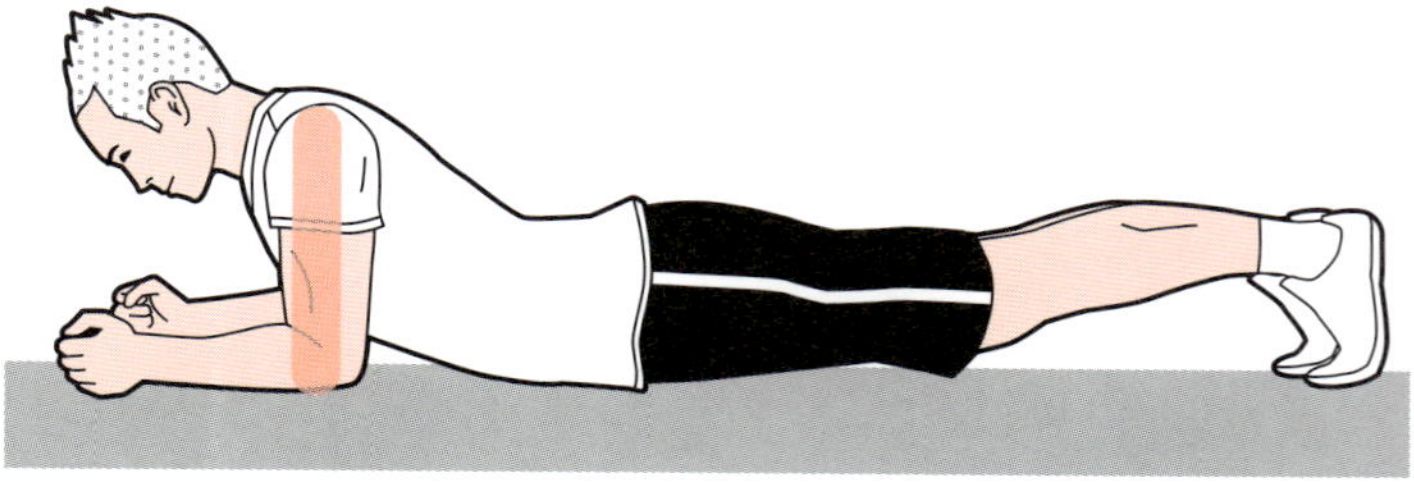

Point
おなかと腰の筋肉で、中心軸をはさむイメージで

2

頭、肩、腰、ひざ、足首までが一直線のラインになるよう浮かせたら、2秒数えながらおろす。

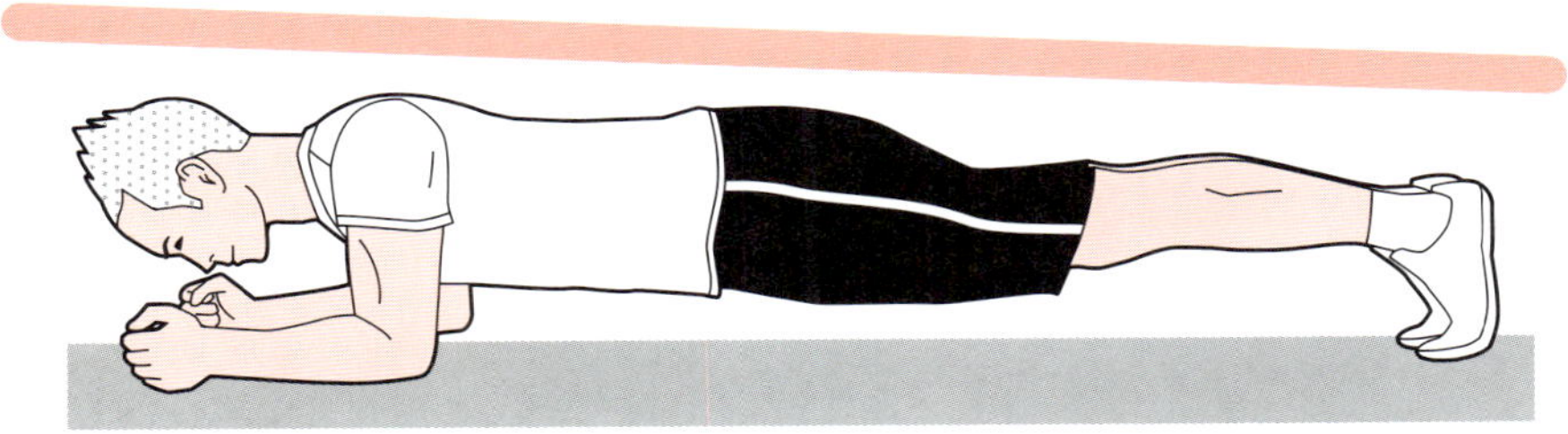

Point

全身を一直線にかためる

ここに効く!

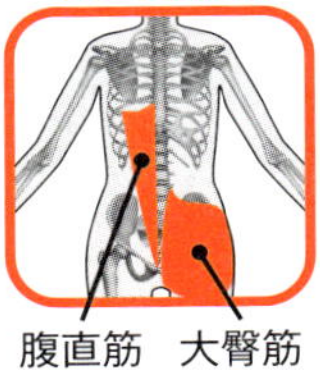

ここに効く!

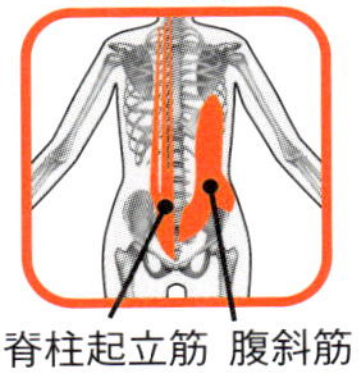

体を上下させる動作を
5回 × 3セット

ダイアゴナル

一直線のラインを保ち、「背中、腰、太もも、太もも内側」まで総合的に鍛える。

背中から臀部、太ももまでを刺激して全身のバランスアップ、筋力アップをはかる強力メニュー。理想は、手の先から、頭、背筋、つま先までまっすぐ一直線に伸ばすこと。
腕と脚の高さが不ぞろいだと、腰に負担がかかってしまう。瞬発力、ジャンプ力、投球力アップにも効く。

1

両手両ひざを床につけて両手は肩幅に開き、背筋をよく伸ばす。

顔は下に向けて。

2 片ほうの腕と逆側の脚をあげて耳の高さでまっすぐ伸ばす。

2秒であげ、1秒でさげる動作を
5回繰り返す。

Point

・指先からつま先まで一直線に伸ばす
・上体がブレないよう、腕と脚でしっかりささえて固定

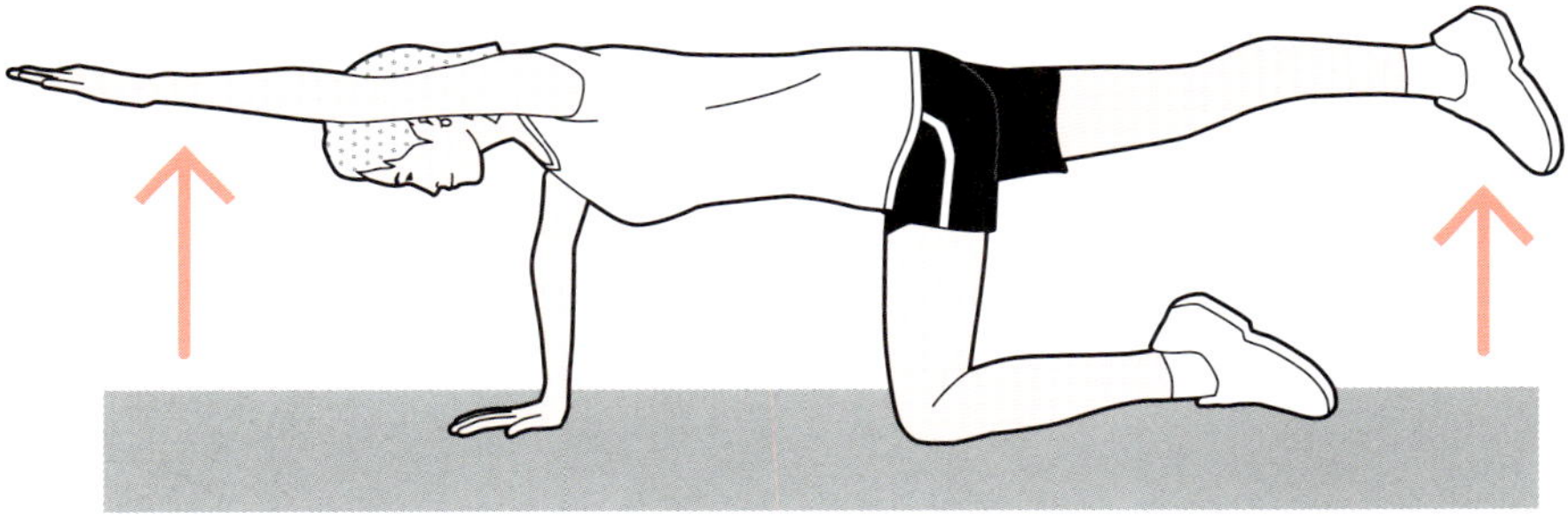

ここに効く!

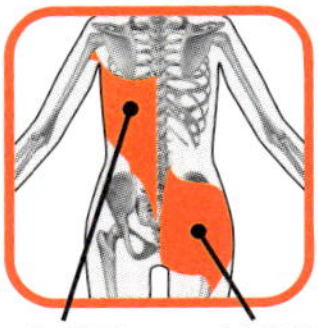

広背筋　大臀筋

ここに効く!

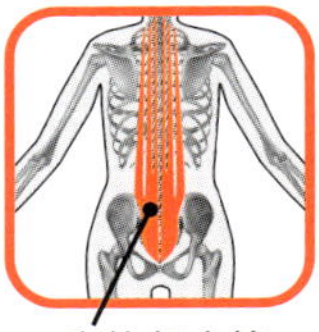

脊柱起立筋

ここに効く!

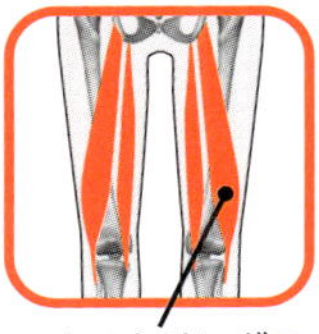

ハムストリングス

2を
左右3セット

下半身強化プログラム

もっとも大きな筋肉のある下半身を鍛えて代謝を高め、太りにくい体に変える。引きしまった「しり」は、仕事ができる印象を与える！

1 バックブリッジ

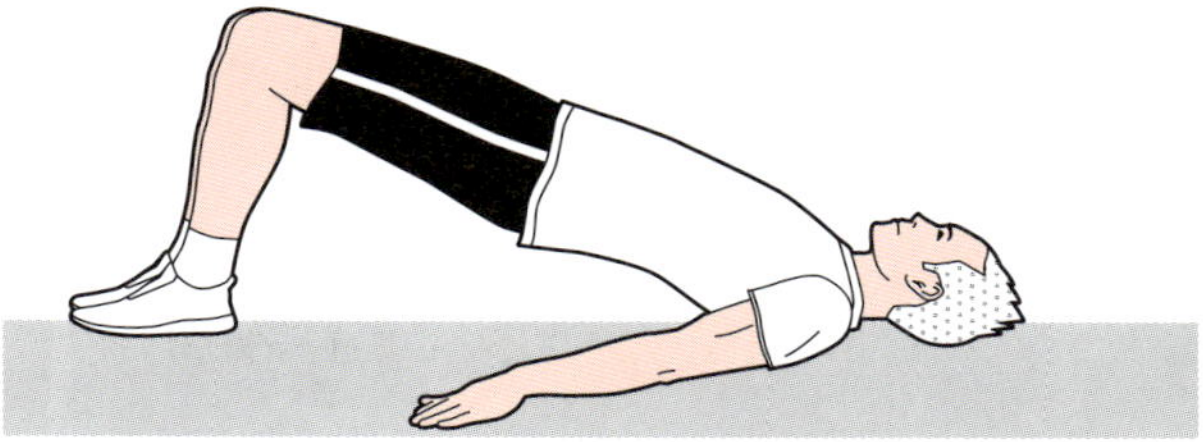

2 サイドレッグリフト

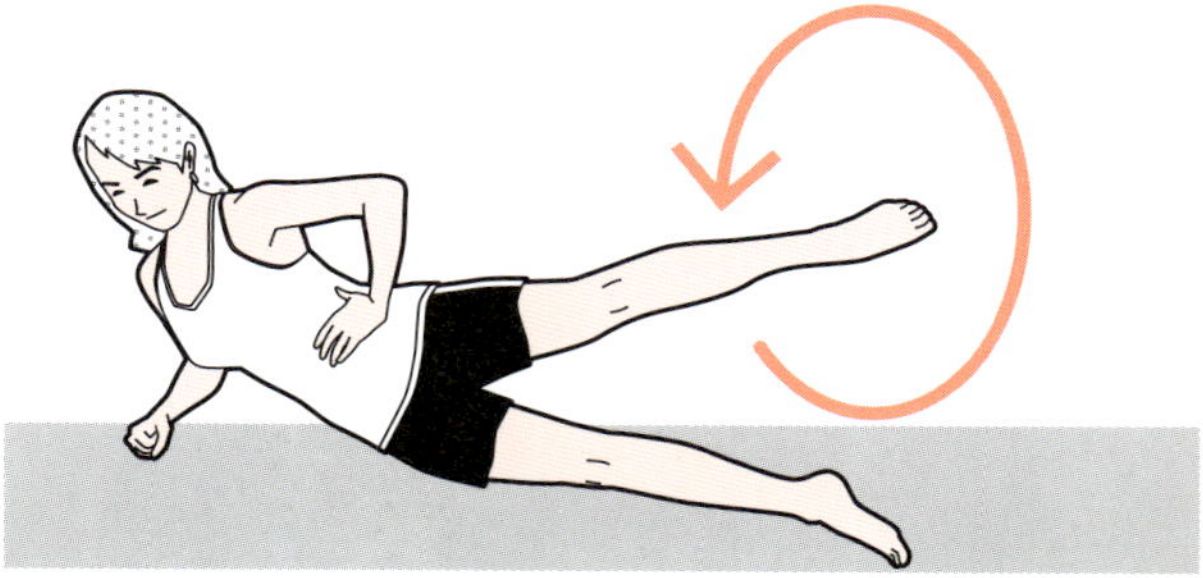

3 バックレッグサイドリフト

4 バックキック

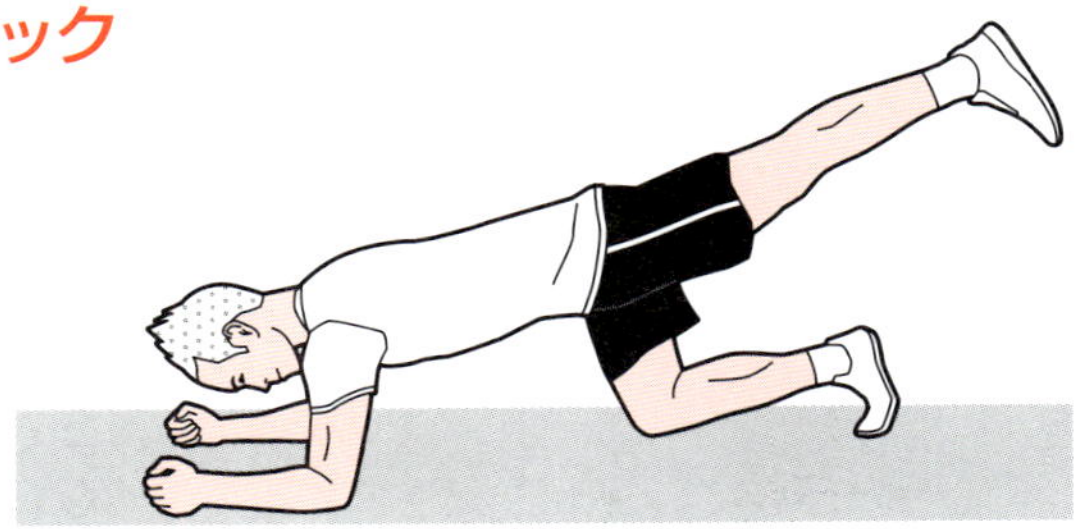

5 フルサイドブリッジ

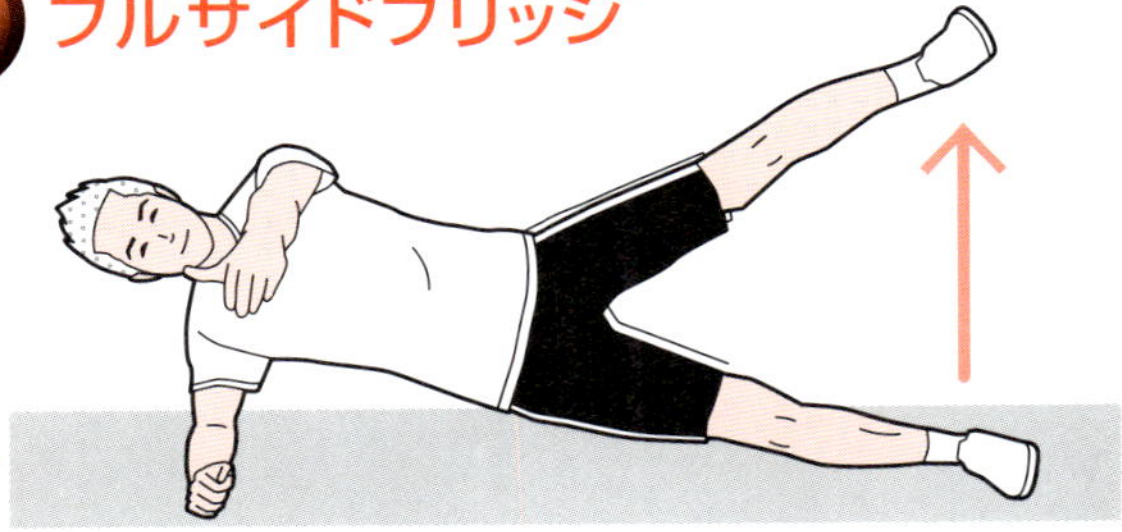

6 バックニーキック

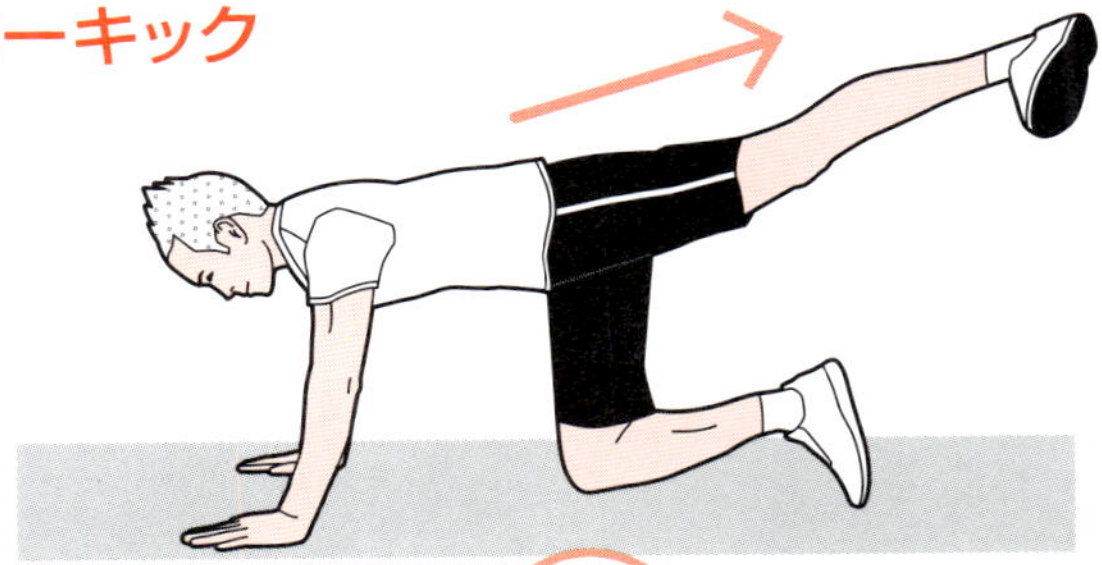

7 脚あげサイドブリッジ

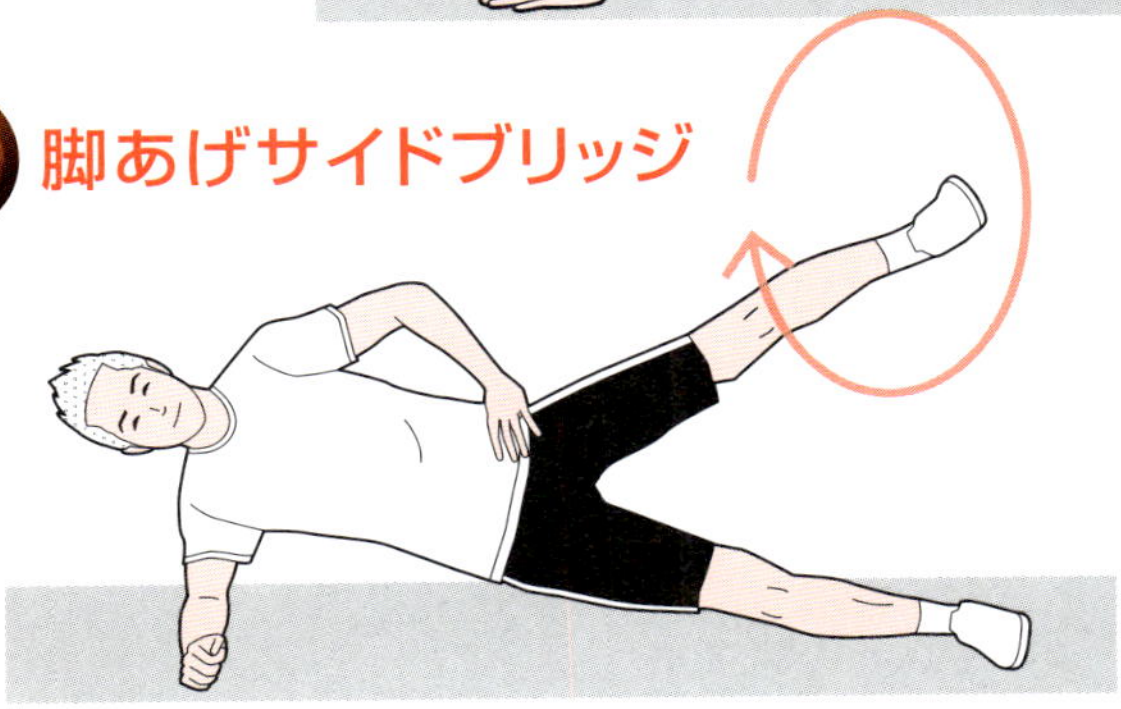

バックブリッジ

「おしり」を持ちあげ、太ももの筋肉まで一度に引きしめる。

おしり、背中、おなか、太ももの前まで、一気に鍛えられるトレーニング。腰がかたい人は、筋肉中に疲労物質「乳酸」がたまりやすいので、このトレーニングで柔軟性を高めておこう。続けていると、疲れにくいタフな体に変わる。

1 仰向けに寝てひざを立て、腕はななめ45度に開く。

手のひらは下に向けて、頭も足裏も床にピタッとつける。

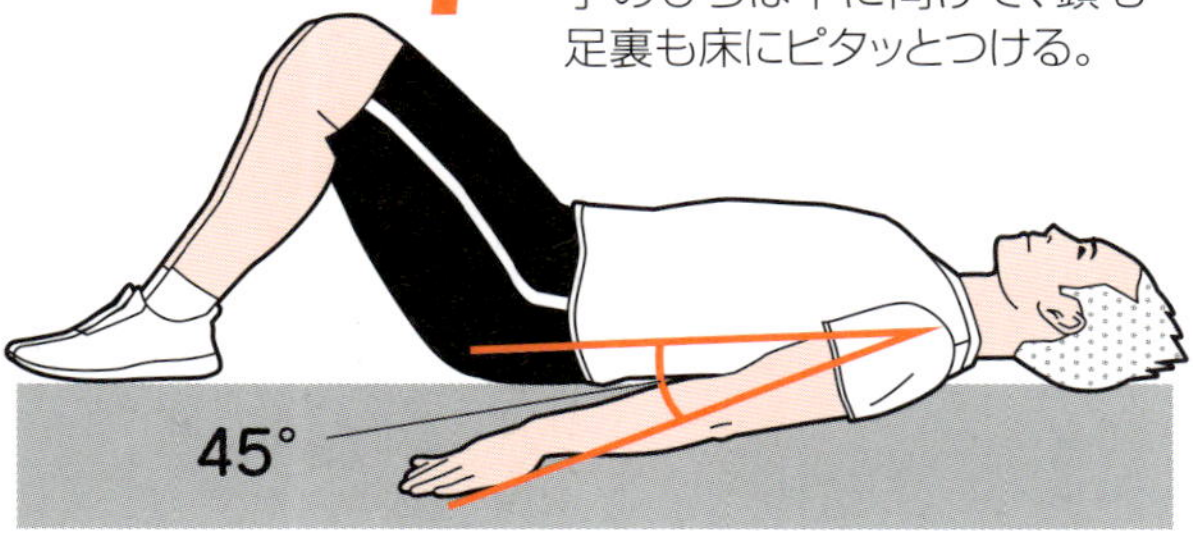

2 そのままおしりを持ちあげ、背中からひざまで一直線になったところで5〜10秒キープ。

Point

- 骨盤を引きあげる感覚で、おしりを持ちあげる
- 腰をそらせたり、さがりすぎたりしないよう、位置を安定させる

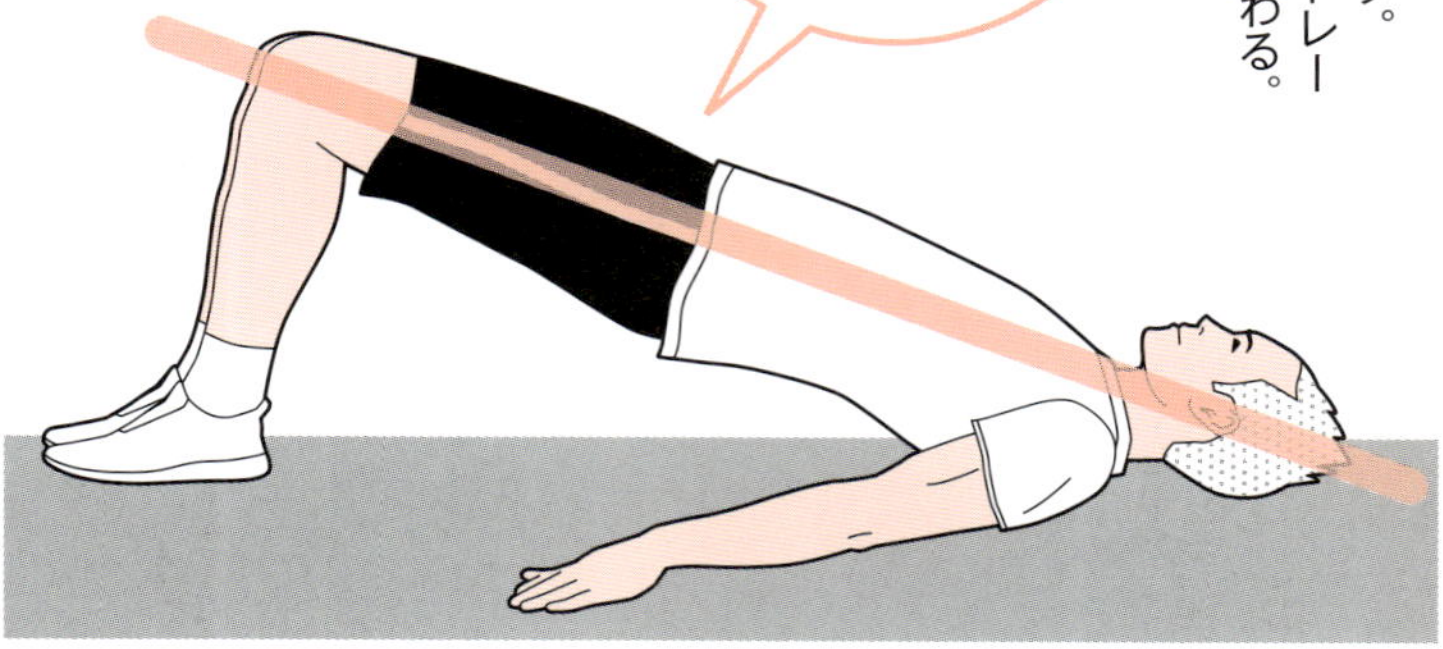

ここに効く!

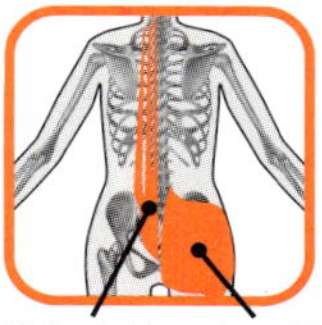

ここに効く!

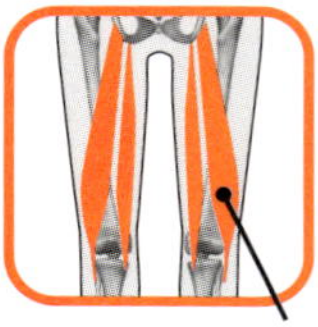

3セット

下半身強化

02

Strengthening the lower b

サイドレッグリフト

「おしりと脇腹」にすごく効く、脚の上げ下げ。

横向きになって脚を上下に動かしたり回したりすることで、おなかの側面からおしりまでの連動性が高まる。しかも、体の深層部に刺激が届くので、インナーマッスルもしっかり強化される。

1

横向きに寝て肩の真下でひじをつき、上半身を起こす。

もう片ほうの手は腰に当てる。

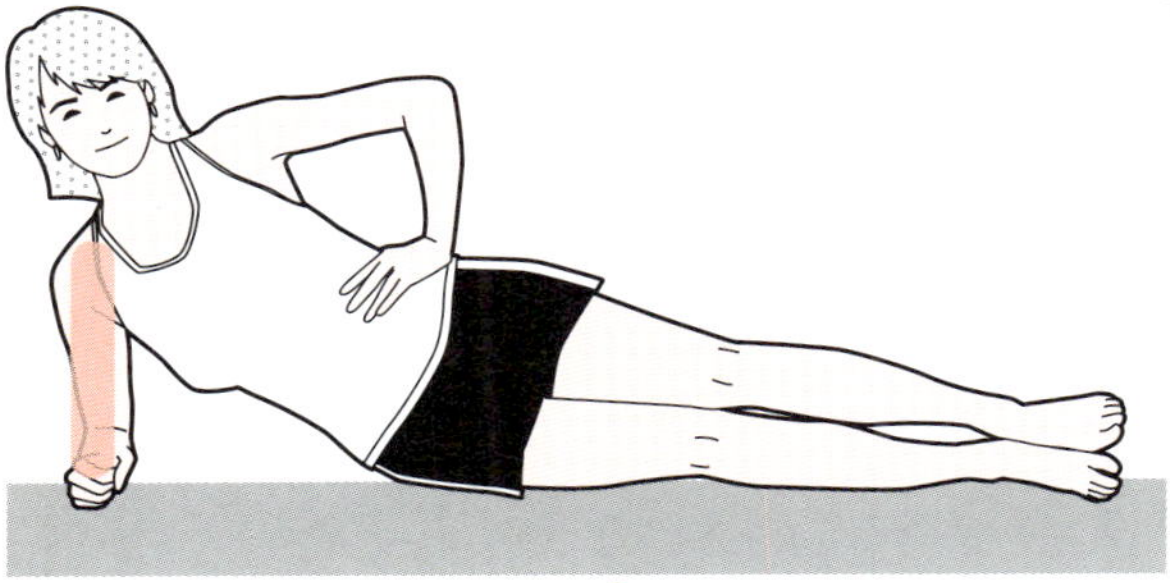

Point

ひじが肩の真下からズレると、ひじを痛めてしまうので注意

2

そのまま、ゆっくり3秒かけて上の脚をあげ、ゆっくり3秒かけておろす。

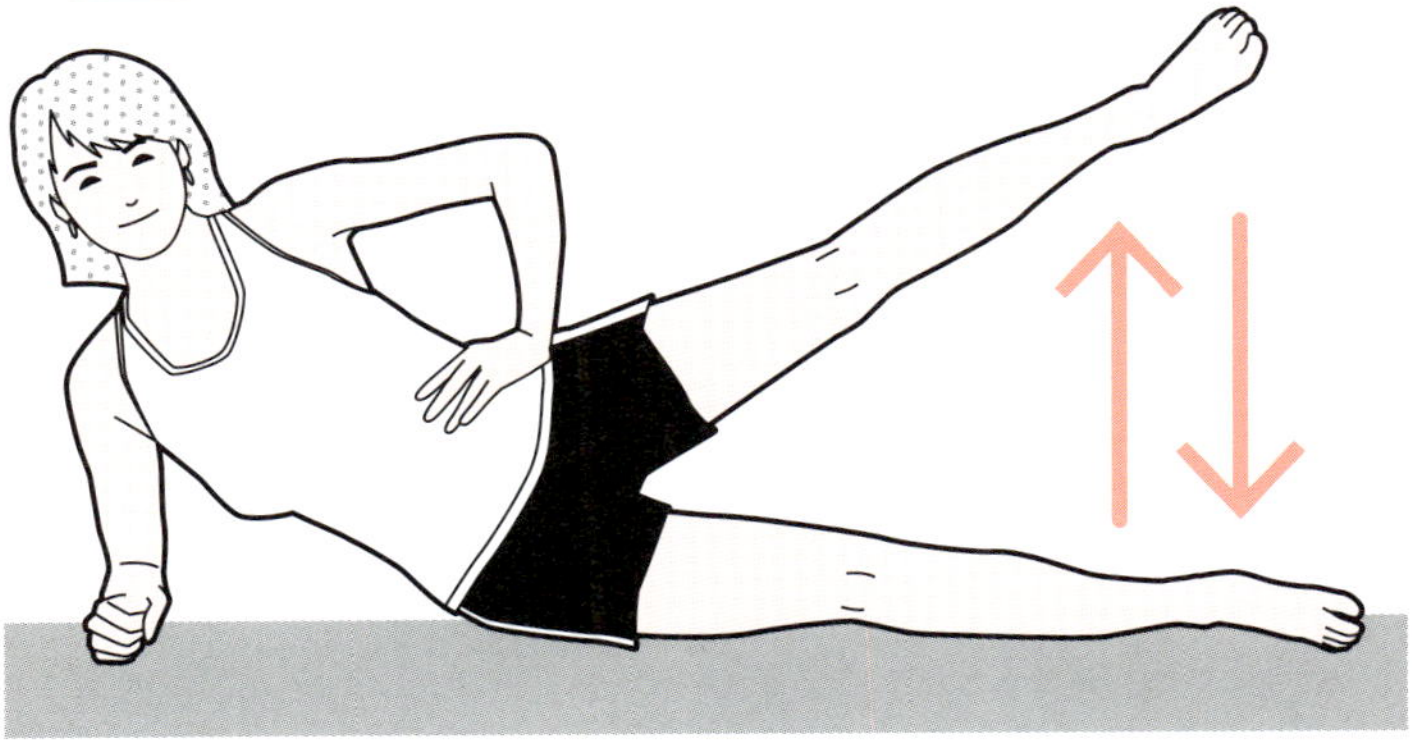

Point

頭の中で3秒数えながらゆっくり行う

3 最後に、脚を内側から外側方向に、5回大きく回す。

その際、しっかり骨盤を安定させる。
逆側も同じように脚を上下させて回す。

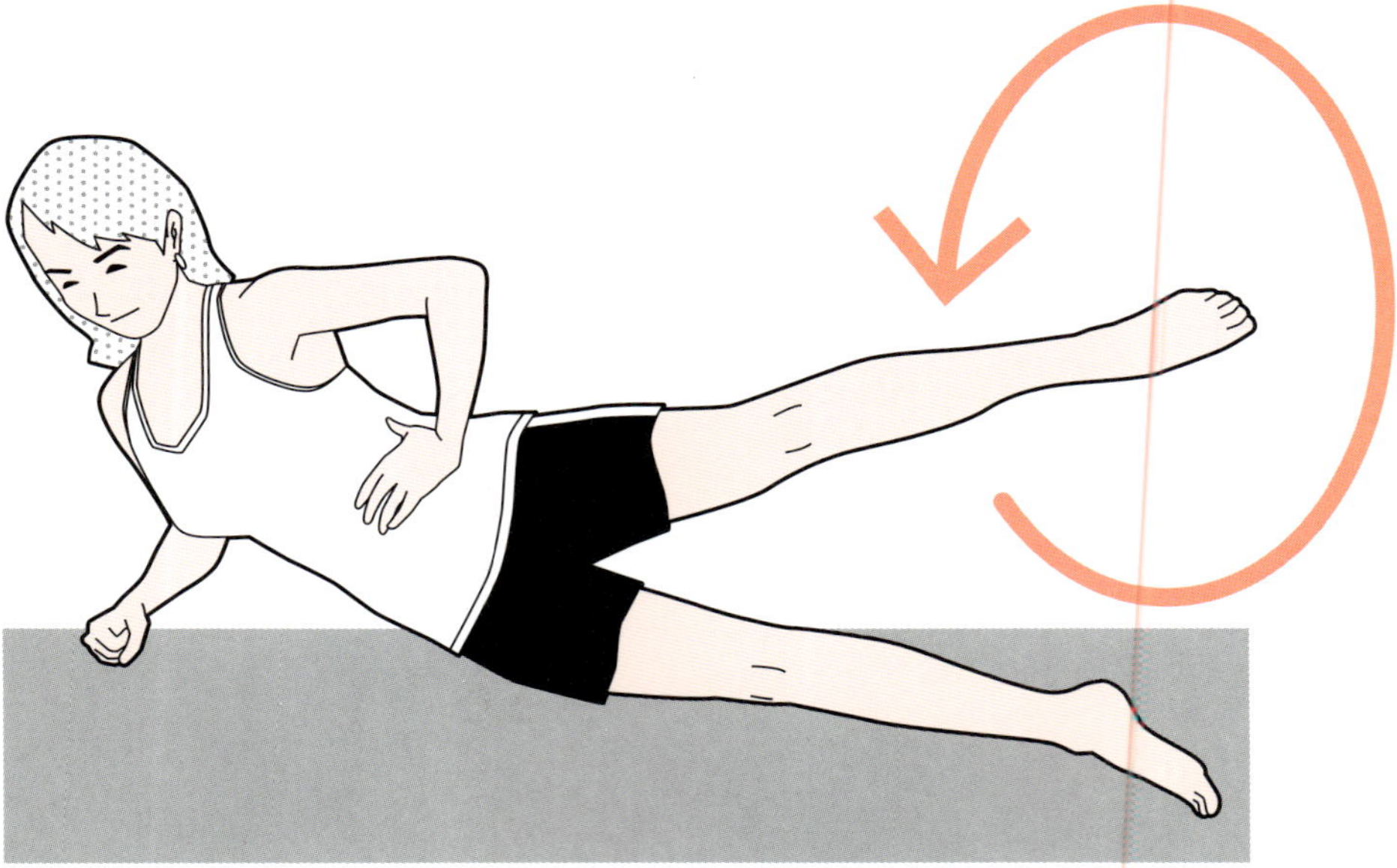

Point

体がブレて後ろに倒れないように、おなかと背中の筋肉で、しっかり骨盤をはさむようにして固定させる

ここに効く!

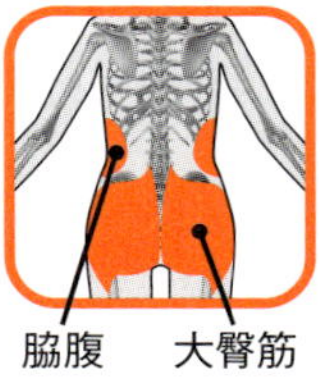

ここに効く!

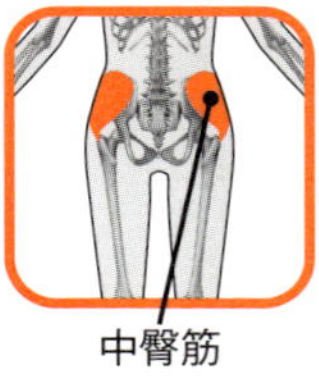

一連の動きを
左右3回ずつ
×
3セット

バックレッグサイドリフト

両手両ひざを床についてやる脚の上下運動で「おしりまわり」を強化。

犬が電柱におしっこをかけるようなポーズで、おなかとおしりを鍛える。
下半身が安定すると、スポーツでタックルなどをされても、ふんばりが効く。
重要なのは、脚をあげるときの高さ。骨盤の高さくらいがちょうどよく、あげすぎると体がブレて、骨盤がななめに傾いてしまうので注意。

1

両手両ひざを床につけ、両手両脚は肩幅に開く。

背筋をしっかりと伸ばし、骨盤を安定させる。

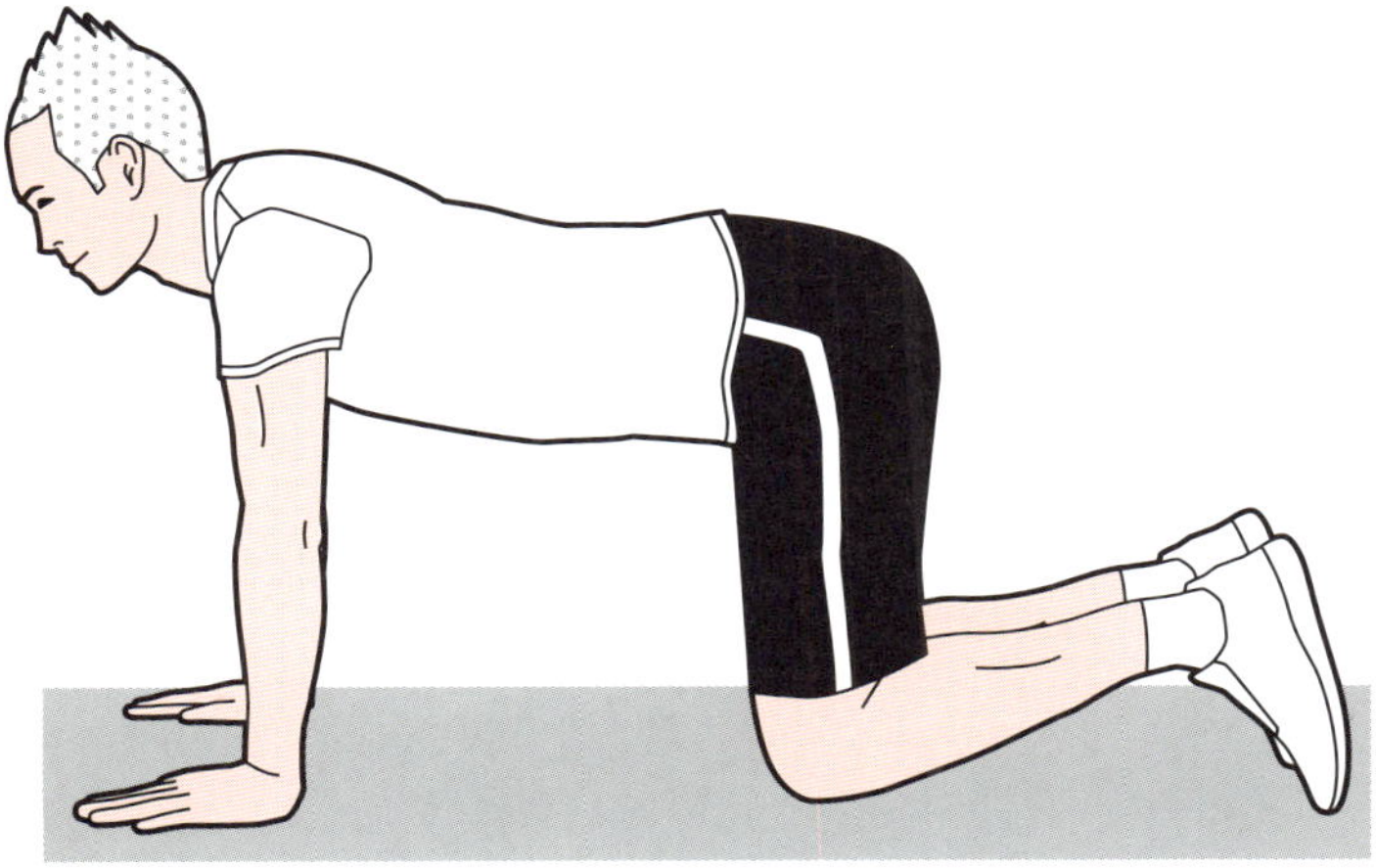

2 ひざを90度に曲げたまま、片ほうの脚を横に2秒かけてあげる。

正面から見たところ

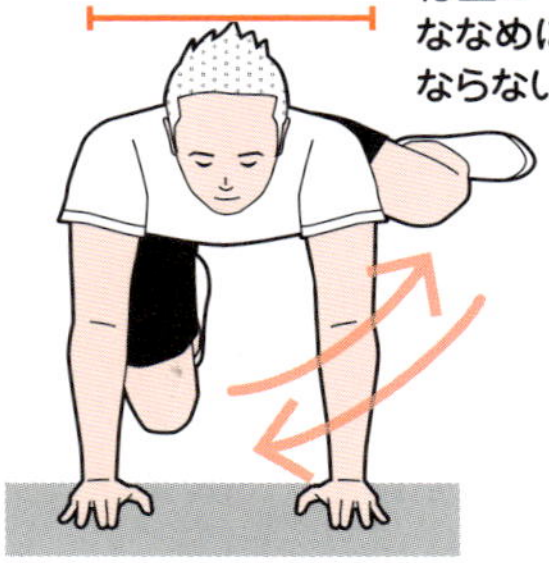

Point
骨盤は床と水平になるように。傾けない

3 1秒かけて脚をさげ、そのままゆっくり脚の上下運動を繰り返す。

Point
・骨盤の高さまで脚をあげる
・ひざは90度をキープ

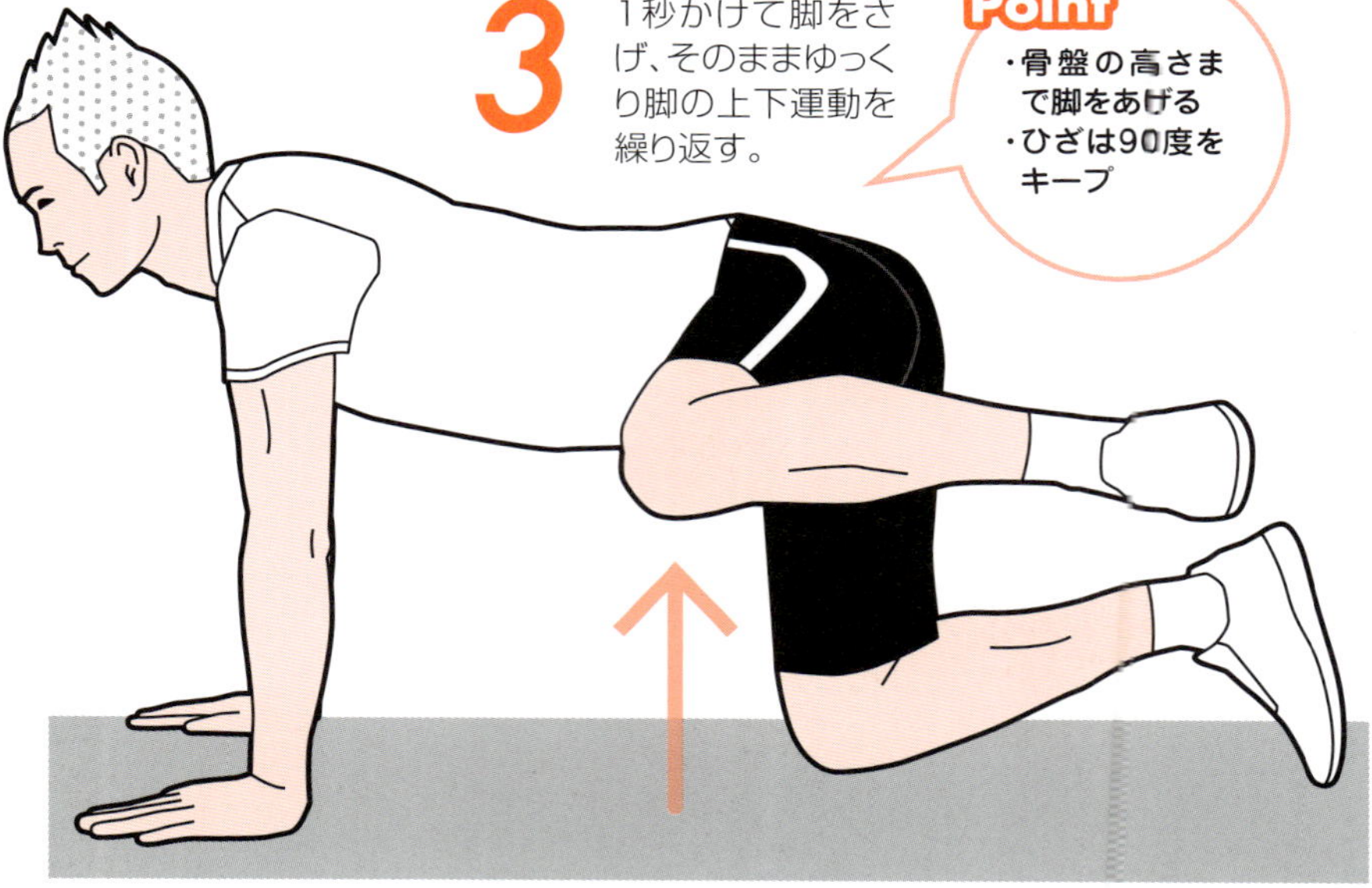

ここに効く!

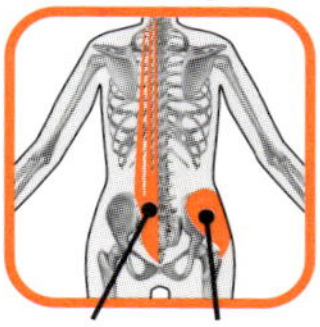

ここに効く!

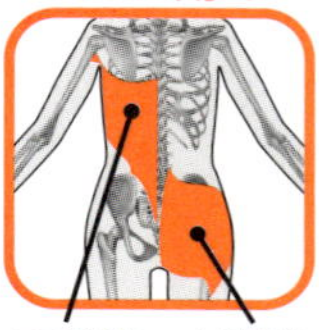

5回 × 左右2セット

下半身強化

04

Strengthening the lower b

バックキック

形にこだわったキックで「背中とおしり」を鍛える。

両手両ひざを床につけた姿勢で行う。バックに脚を引きあげる動作で、背中とおしりのアウターマッスルをメインに鍛える。さらに背骨をささえるインナーマッスルも効果的に刺激できる。

1 両手両ひざを床につけて、肩の真下で両ひじをつく。

頭はあげずに、首と背中が一直線になる姿勢をとる。

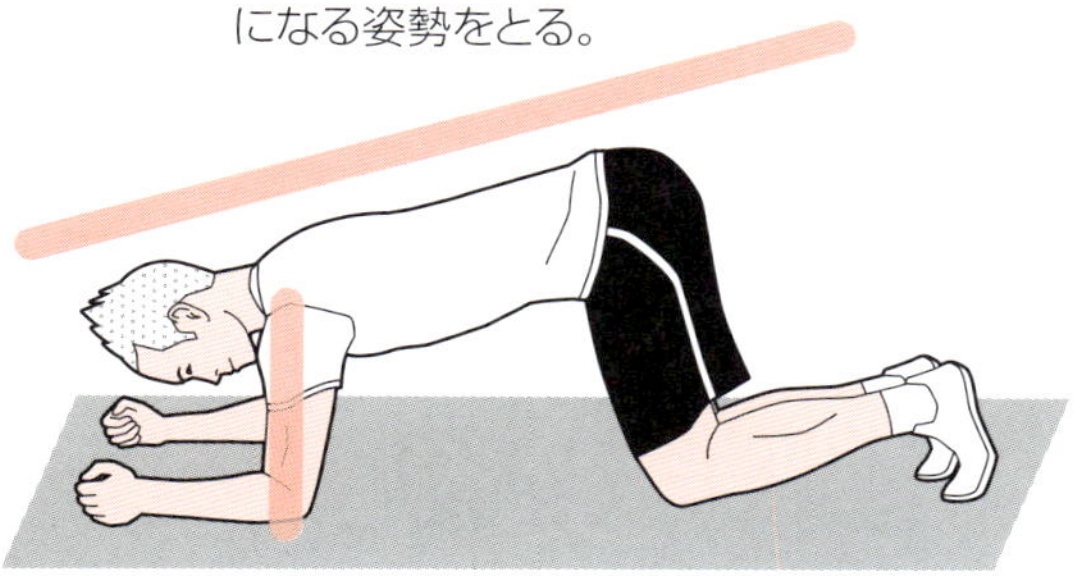

2 片ほうの脚をまっすぐあげて、頭から足先までを一直線に保つ。

5秒キープ。

Point

・背中の延長線上に脚を伸ばす
・脚をあげすぎないように

ここに効く!

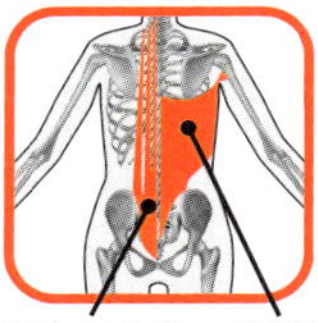

脊柱起立筋　広背筋

ここに効く!

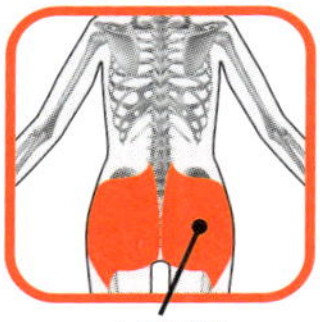

大臀筋

5秒キープ
×
左右3セット

フルサイドブリッジ

骨盤を持ちあげ「背中〜太もも」の体幹バランスを整える。

脇腹を中心に、背中、おしり、太ももまでの筋肉をトータルで鍛える〝最強のトップアスリート向けメニュー〟。これが震えたりグラついたりすることなく、安定してできれば、体幹バランスは上級レベル。

1 床に横向きになって、肩の真下に片ひじを置き、上体をささえながら体を1本の棒のように固定する。

もう一方の手は、腰にそえる。

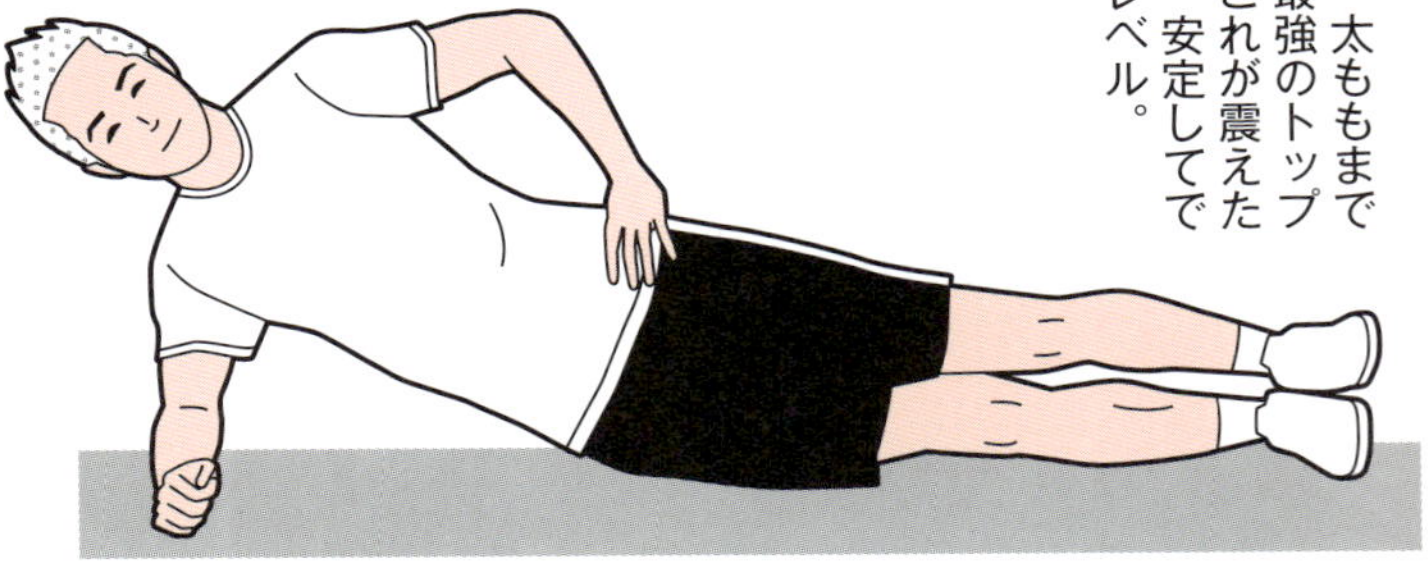

2 ひじで上体をささえながら骨盤を持ちあげる。

あご、おへそ、足首を一直線に保つ。

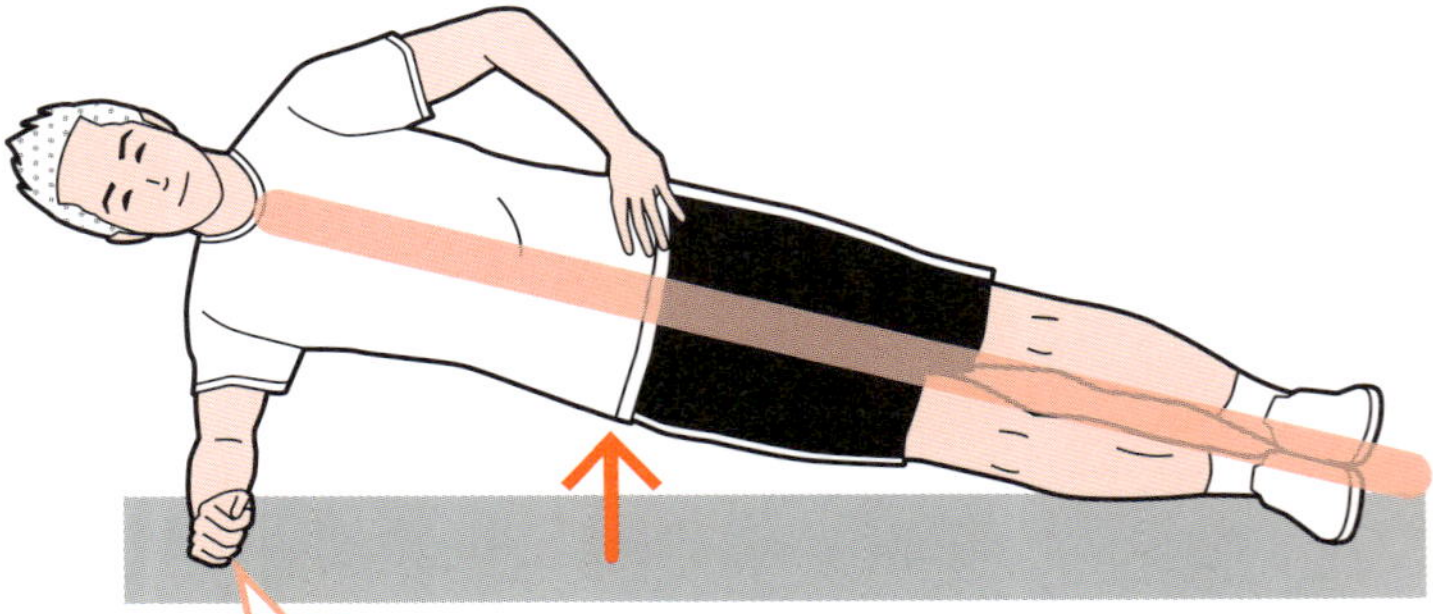

Point

ひじは肩の真下に置く

3 骨盤がブレないように気をつけながら脚をあげて10秒キープ。

腰に当てていた手は、前に伸ばして床と水平に。腕を伸ばして、脚をあげて不安定になった状態でも、体が一直線になるよう、骨盤をしっかり浮かせることが大事。

Point

・骨盤がさがりすぎないように
・真上から見たときに、体が前後に倒れていないか注意

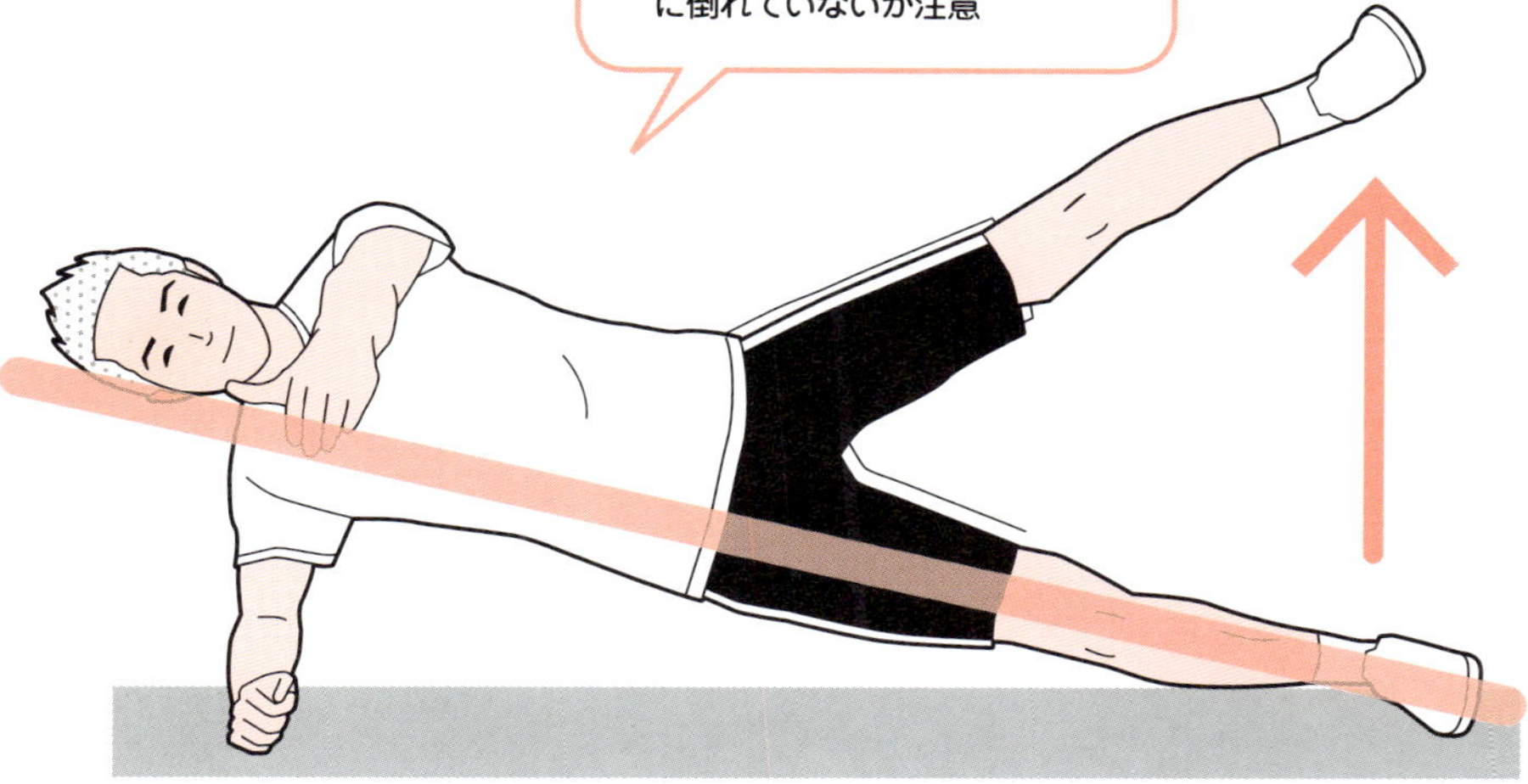

ここに効く！

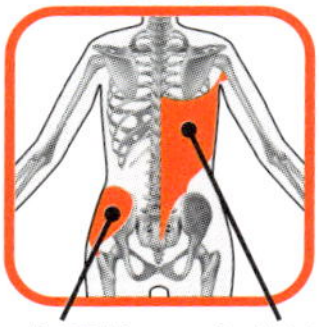

ここに効く！

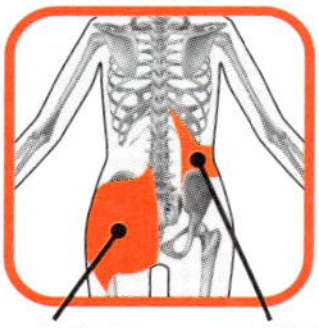

ここに効く！

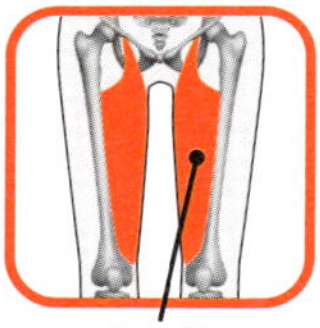

10秒キープ
×
左右3セット

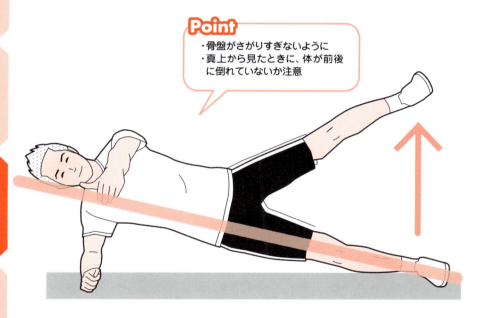

バックニーキック

キック力を高める動作で「おなか」と「おしり」を鍛える。

スポーツマンに求められるキック力、ジャンプ力が軒並み向上するトレーニング。「キック」するイメージで脚を伸ばすと、背中とおしり、さらにはおなかの横やももの裏側まで鍛えられる。瞬発力が高まるので、走りも力強くなる。

1
両手両ひざを床につく。
両手は肩幅に開いて
肩の真下に置く。

背筋はまっすぐ伸ばす。

2
片ほうの脚をあげ、ひざを曲げた
まま脇腹の近くに引きつける。

骨盤が傾かないように。

正面から
見たところ

骨盤が
ななめに
傾かないように

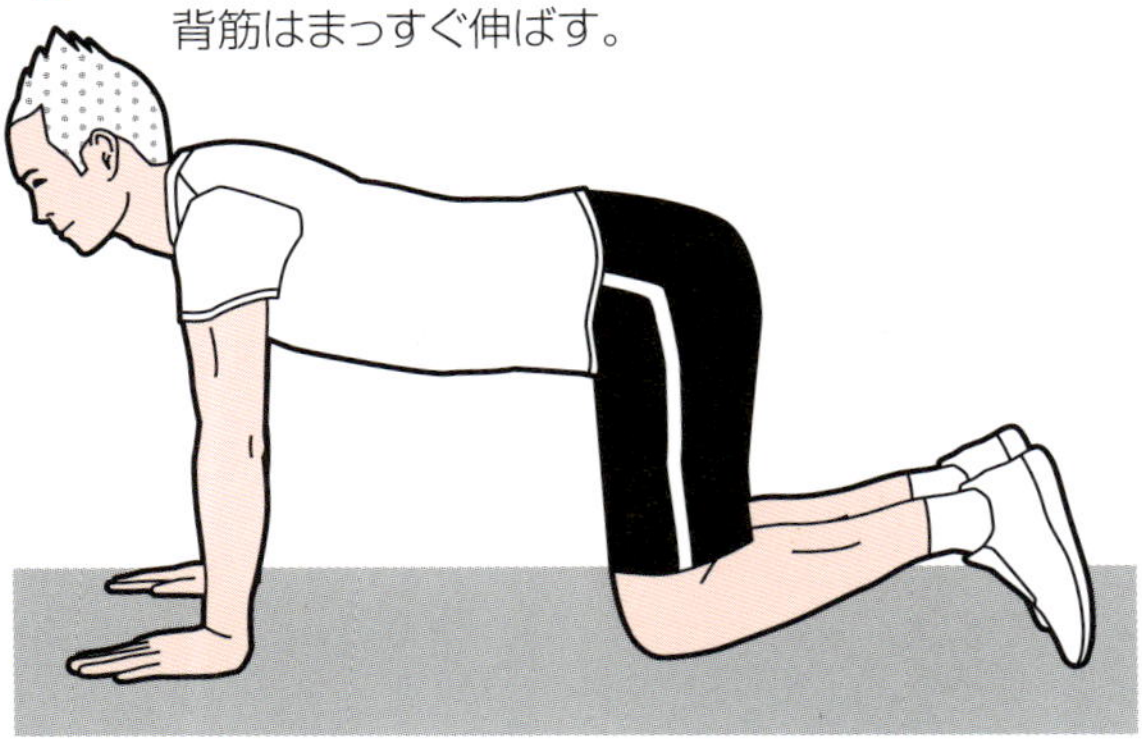

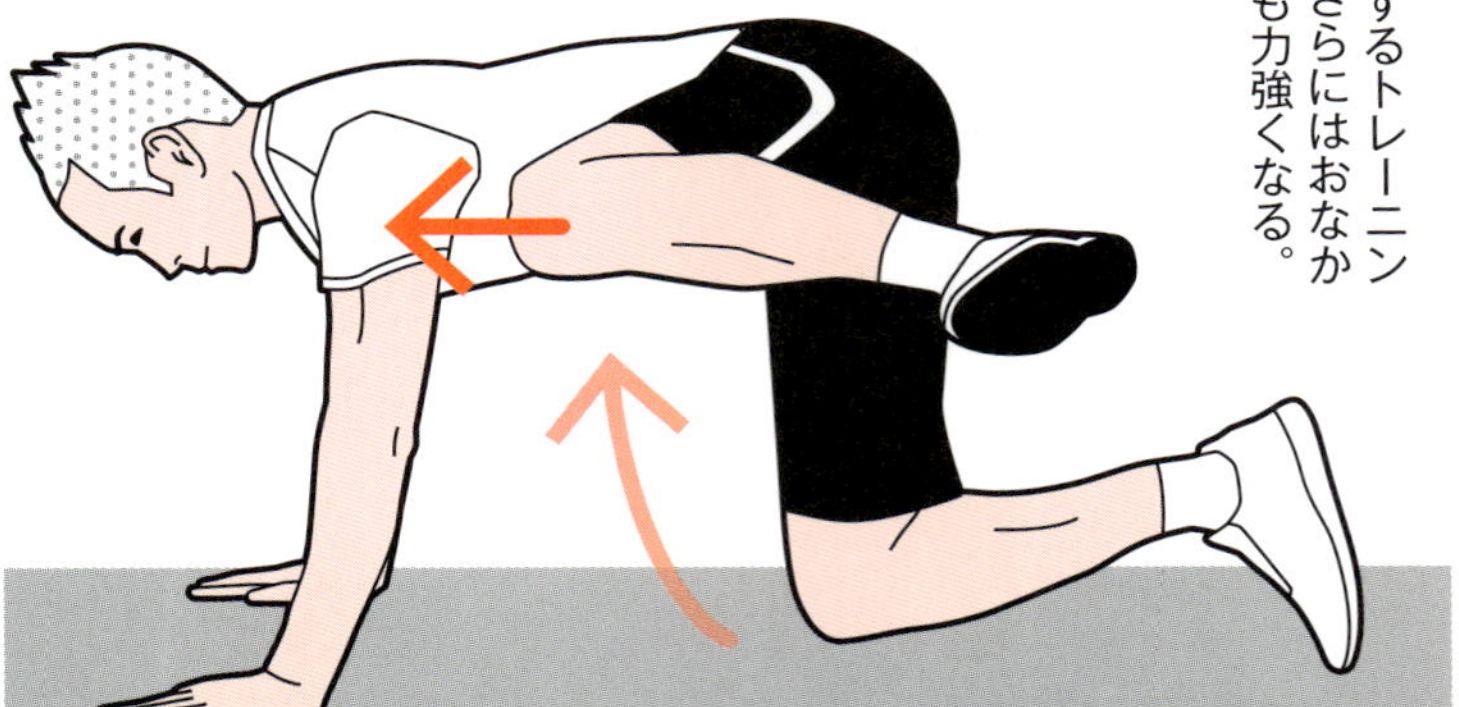

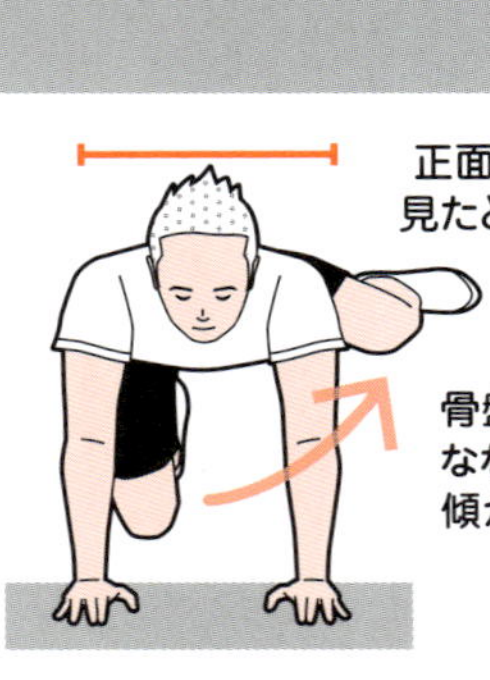

3 引きあげた脚を蹴りあげるようにして伸ばす。

脚をあげすぎると骨盤が傾いてしまうので注意。
1 の姿勢に戻って5～10回繰り返す。

Point

- 脚を伸ばしたときひざが落ちないように
- 「引く」「伸ばす」の動きはゆっくりと
- 下半身がブレないように注意

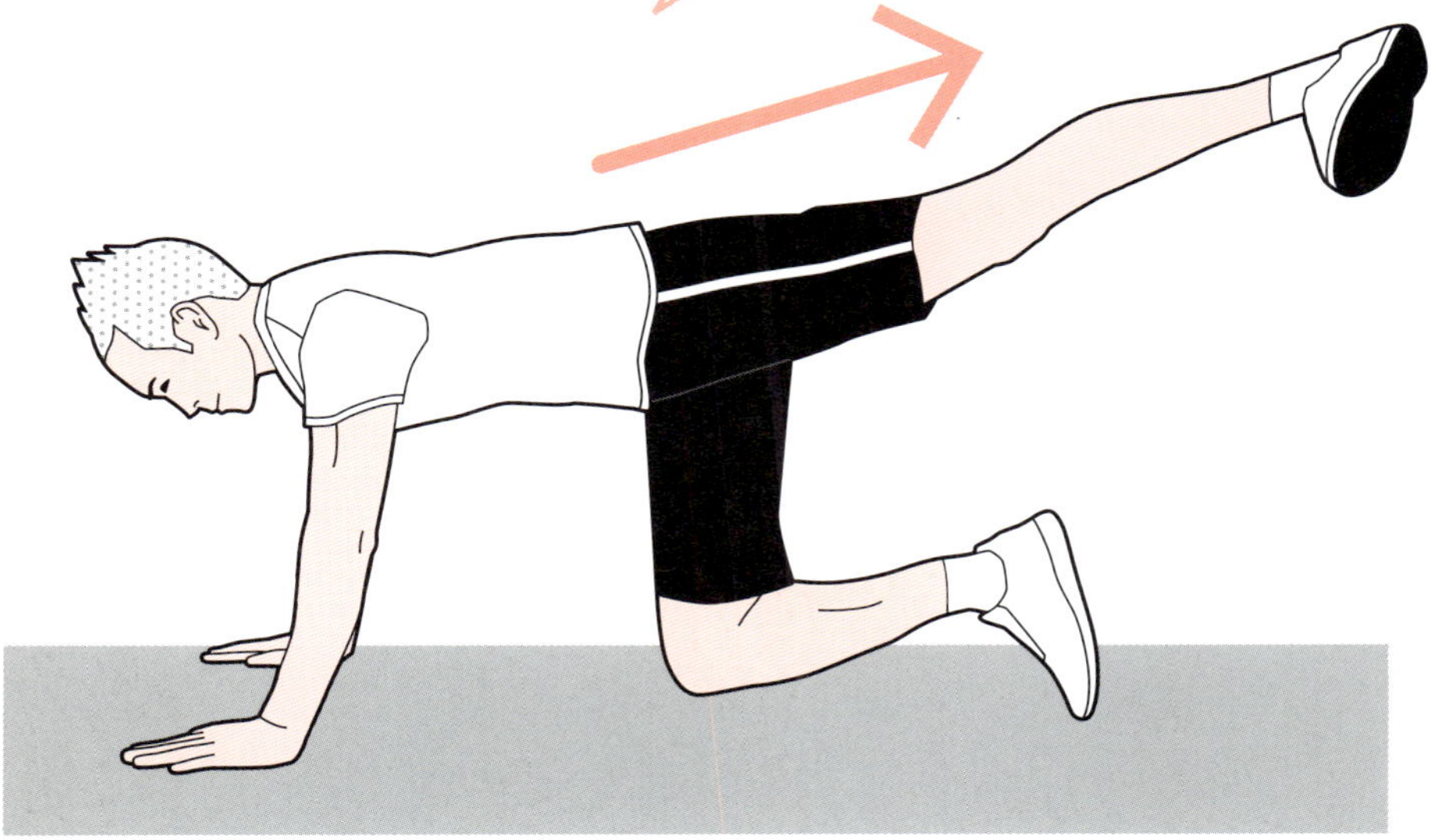

ここに効く!

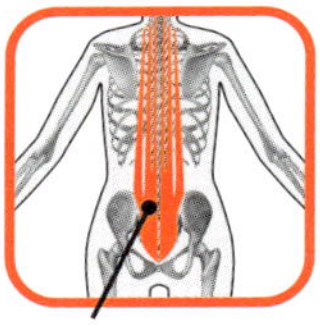

脊柱起立筋

ここに効く!

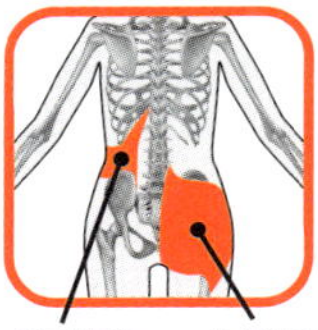

腹横筋　大臀筋

ここに効く!

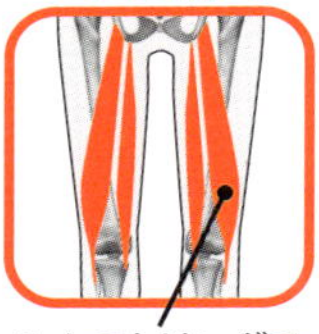

ハムストリングス

5～10回
×
左右3セット

下半身強化

07

Strengthening the lower body

脚あげサイドブリッジ

脚で大きな円を描いて「ワキ腹」を強くする。

ある程度の体幹力がついたら試してみたいトレーニングのひとつ。

脇腹の筋肉が強化されている人ほど、速く、しかも、きれいな円を描くことができる。

やってみて体がグラついてしまったら、前週のプログラムに戻り、体幹力を高めてから再チャレンジ。

1 **床に横向きに寝て肩の真下にひじをつく。**
一方の手は腰に当て、骨盤は床につけておく。

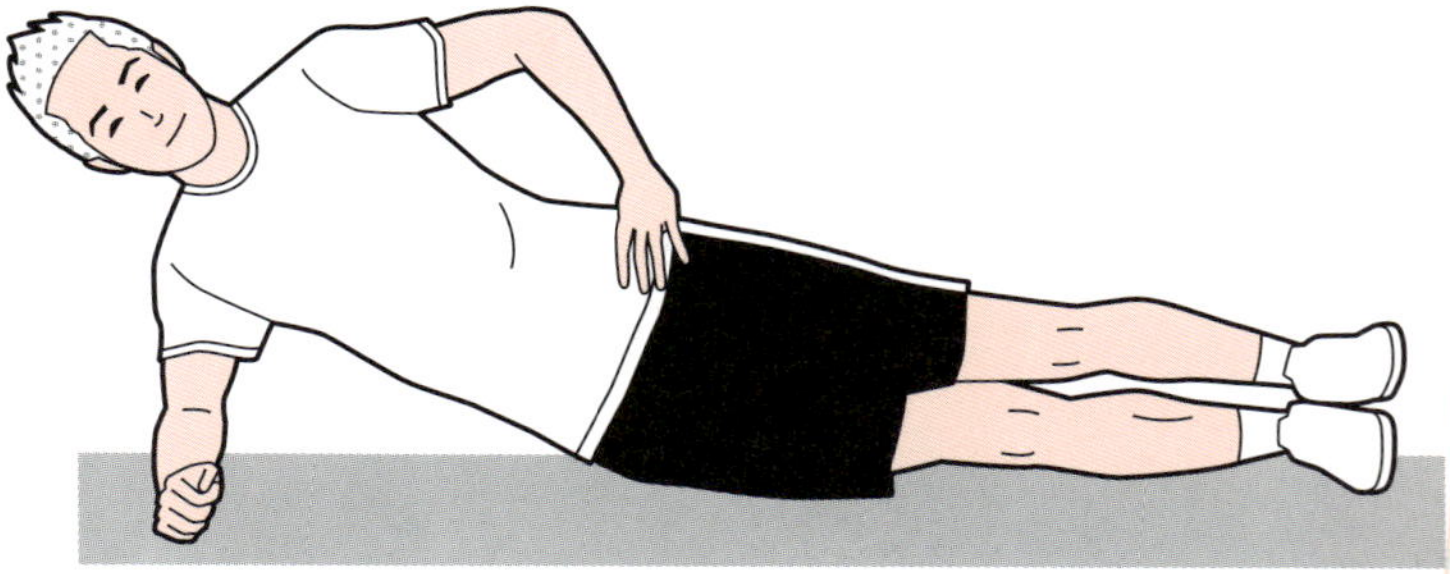

2 骨盤を浮かせて脚をパッと開き、あげたほうの脚で外回りの真円を10〜15回描く。

Point

- 足は肩より高くあげる
- 骨盤がブレないように
- ドローインでおなかまわりをかたくして、安定させる
- 太もものつけ根から動かし、きれいな円を描く

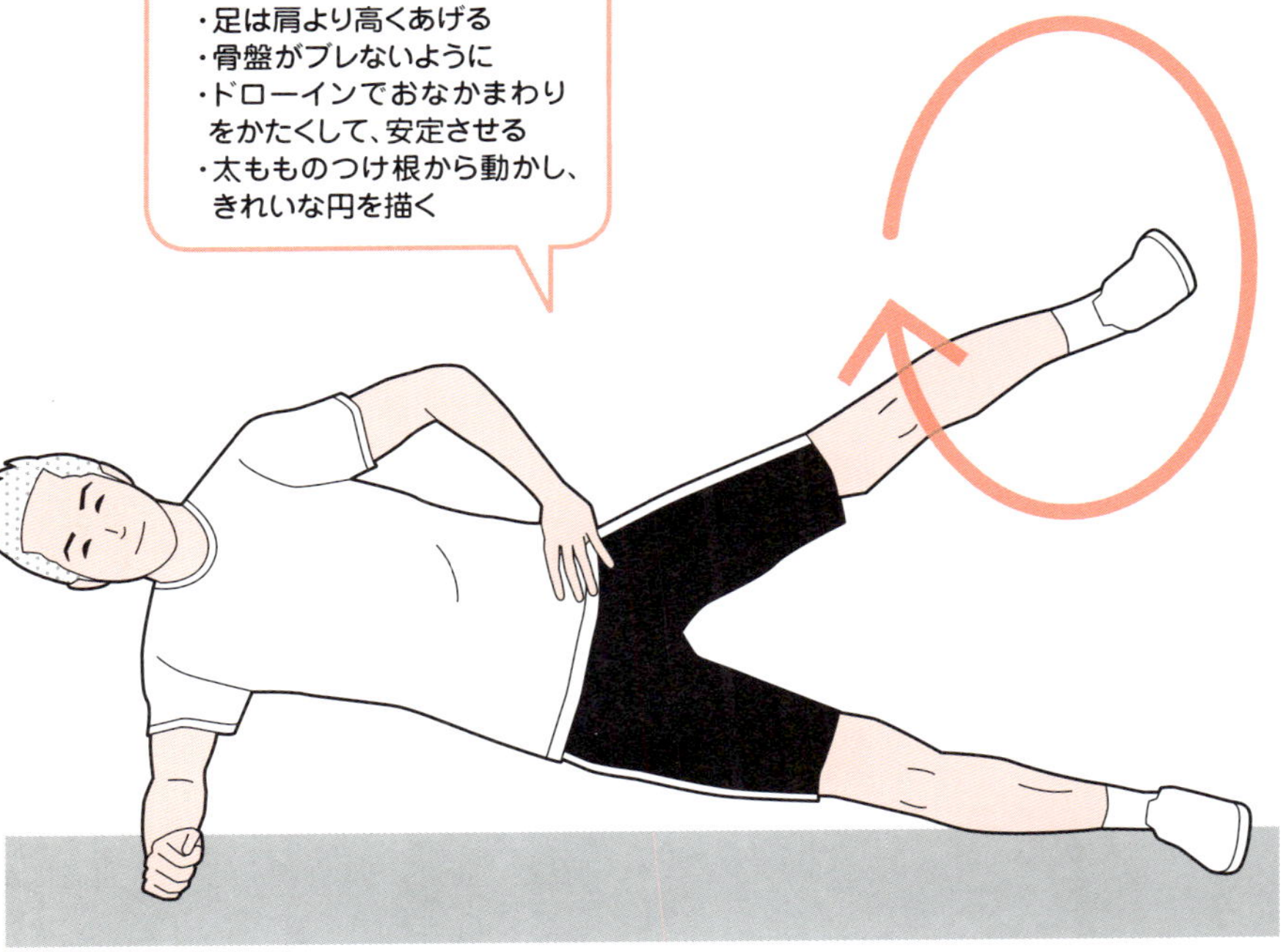

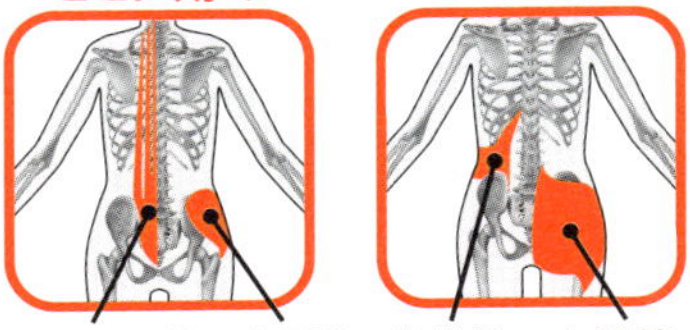

左右
10回転ずつ

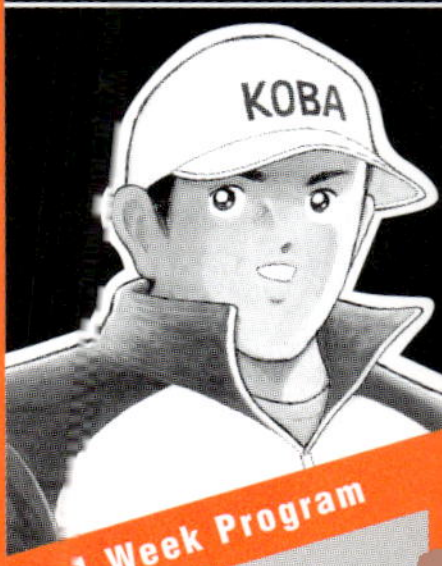

1 Week Program

腰痛改善プログラム

ふだんデスクワークをしている時間の長い人におすすめ。腰痛予防のためにもぜひやってほしい。

1 ドローイン 2

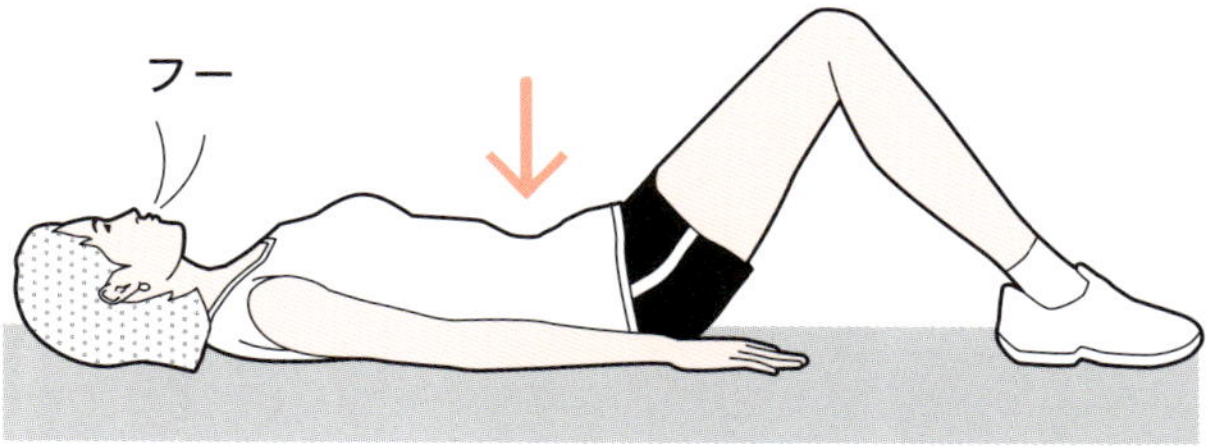

2 クランチ

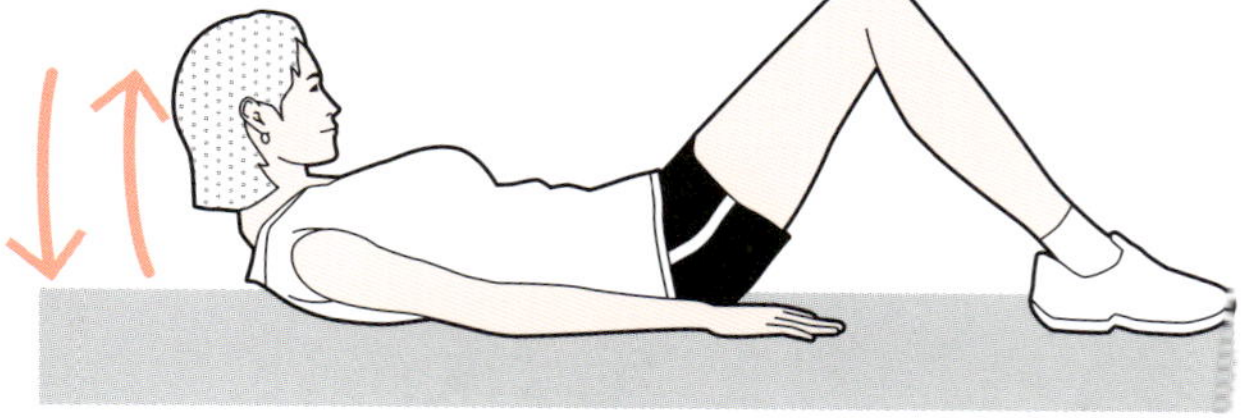

3 フロントアームリフト

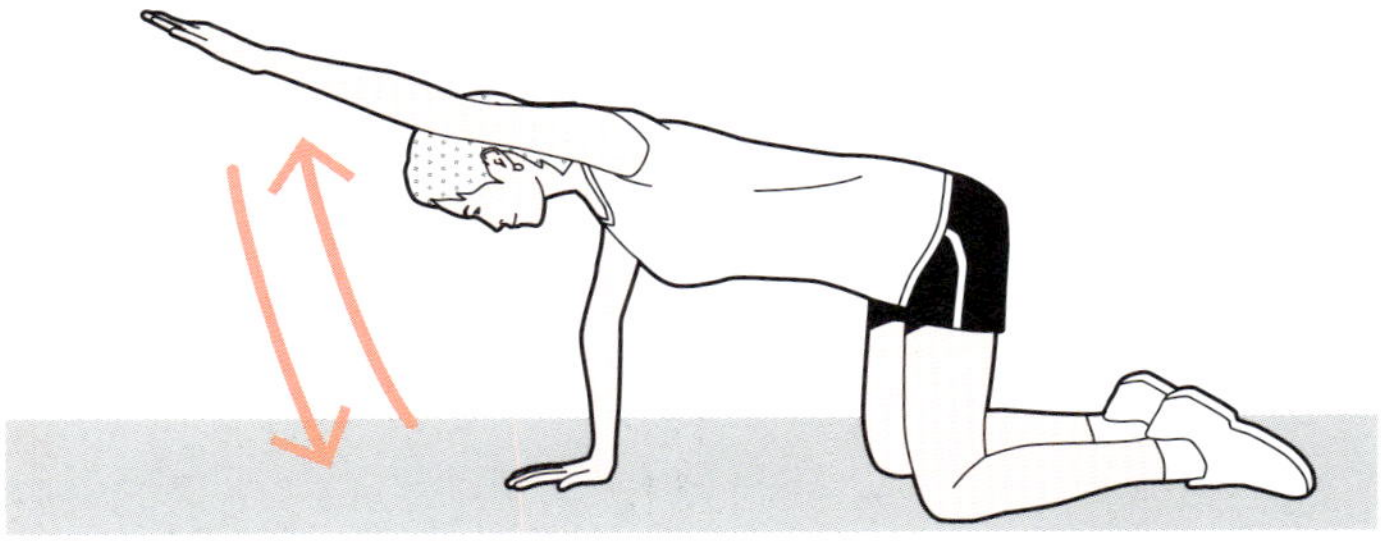

4 サイドアップ

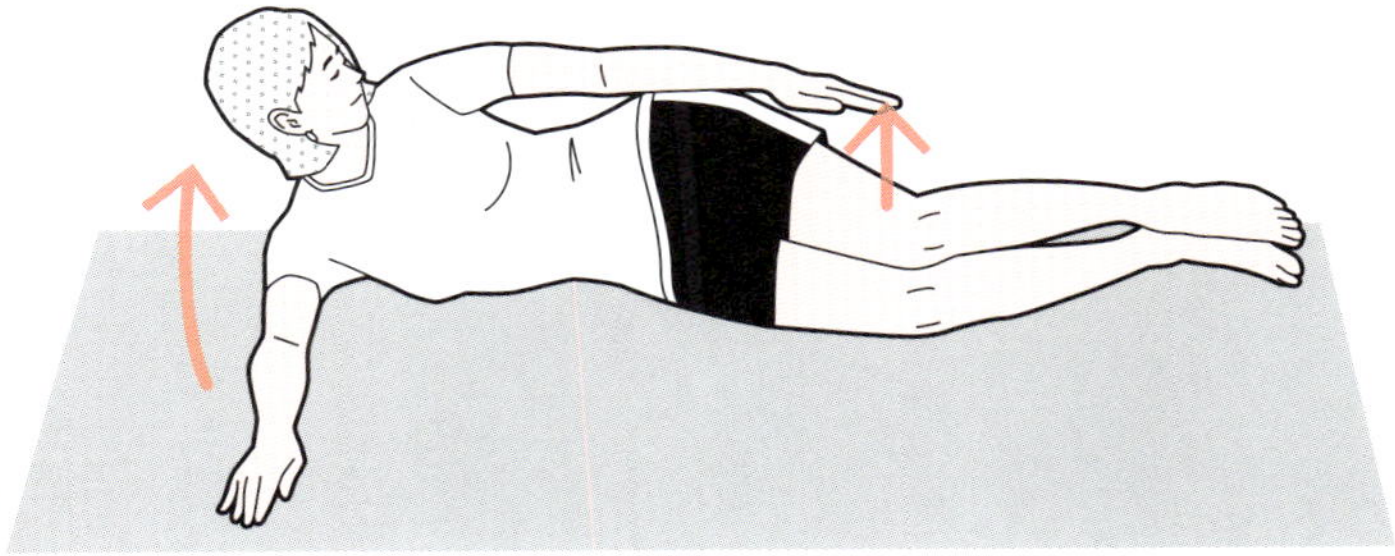

5 アームレッグクランチ

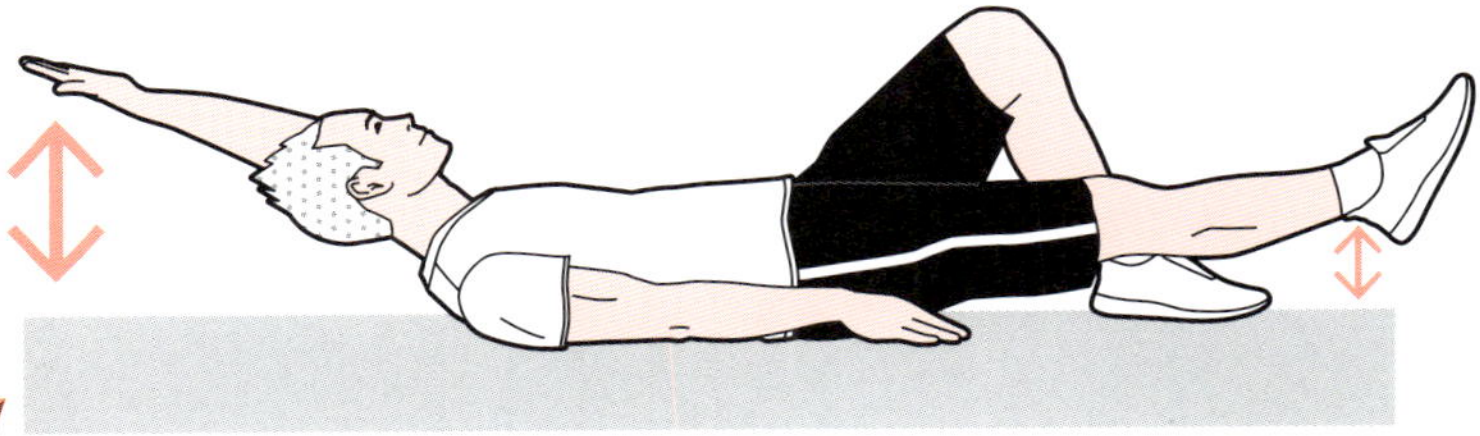

腰痛改善

01

Low back pain improvement

ドローイン2

まずは、仰向けになって基礎がため。

メタボぎみの人、運動不足で筋力がおとろえている人は、すべてのトレーニングをする際に、〝ドローイン〟を意識すると、確実に効果をあげられる。そこで、まずは準備運動としてドローイン2の再確認からはじめよう。仰向けになって、おなかの筋肉をギュッと引きしめていく。

1 仰向けに寝て、脚を腰幅に開いてひざを立てる。そのまま、鼻からゆっくり息を吸って、おなかをグーッとふくらませる。

その際、骨盤を床におしつけるようにすると腰の骨がまっすぐになり、横腹がかたまる感じもつかみやすい。

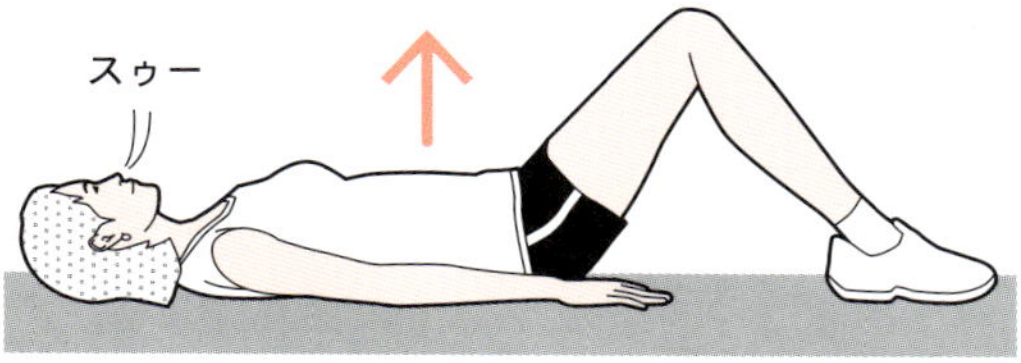

2 口で細く息を吐きながら、おへそを中心に、おなかを凹ませていく。

おなかの中の空気をすべてだしきるイメージで。「グーッとふくらませて、グーッと縮める」のメリハリが大事。

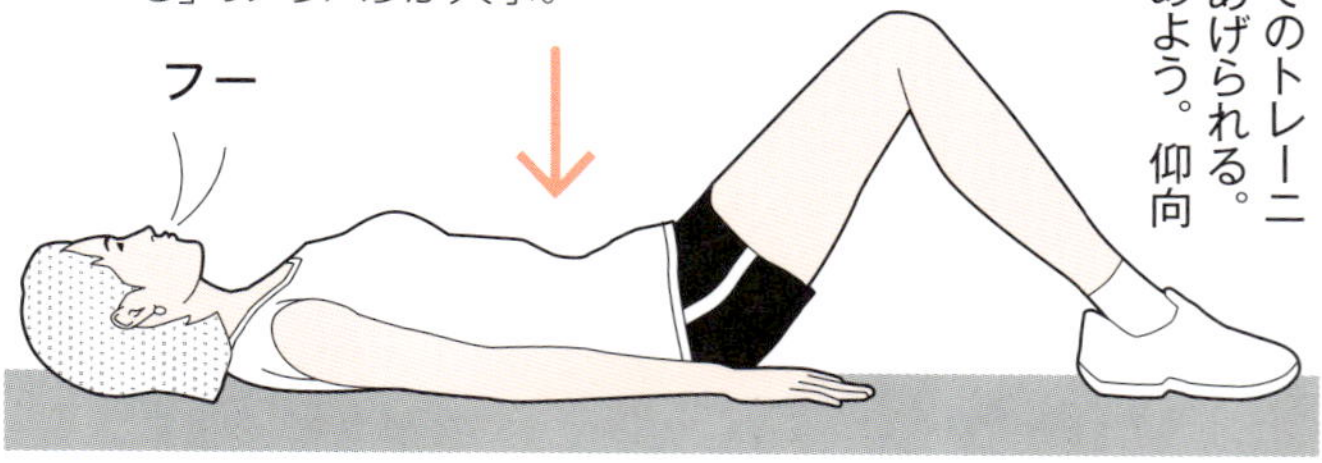

Point

- 呼吸はゆっくり
- 息を吐くとき、骨盤を床におし当て腹圧を高める

（*はじめのうちは、両手をおなかにのせてやれば、腹筋の動きがよくわかる）

5秒で吸って
5秒で吐く
×
5セット

ここに効く!

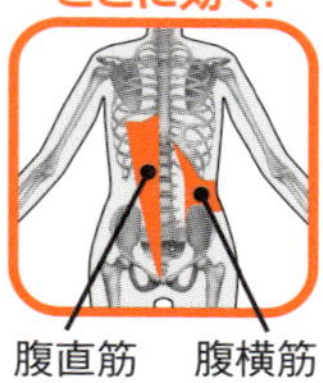

ここに効く!

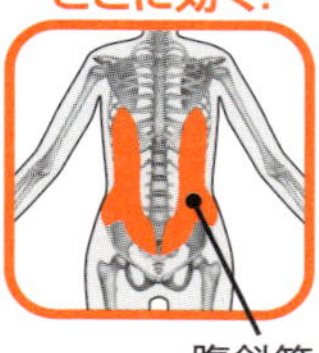

腰痛改善

02

Low back pain improveme

クランチ

おへそをのぞいて「おなかの中心」をしめ、メタボ脱出。

仰向けから頭を起こすと、腹部中央にある腹直筋にズンと響き、おなかの引きしめ効果がアップ。スローにやることで、脂肪の燃焼効果が高まる。メタボぎみの人の必須メニュー。

1 ひざを立てて仰向けに寝る。腕は体側に置く。

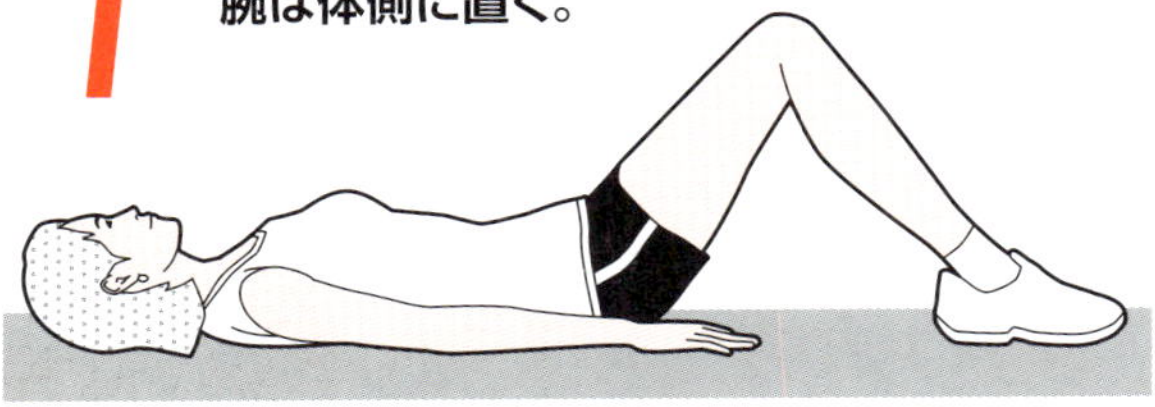

Point
足裏は床にしっかりつけておく

2 そのまま頭から肩甲骨までの上体を、おへそが見えるまで起こす。

息を吐きながら、3秒かけて頭を起こし、3秒かけて頭をおろす。

Point
・おへその周辺に力をこめる
・ゆっくり息を吐く

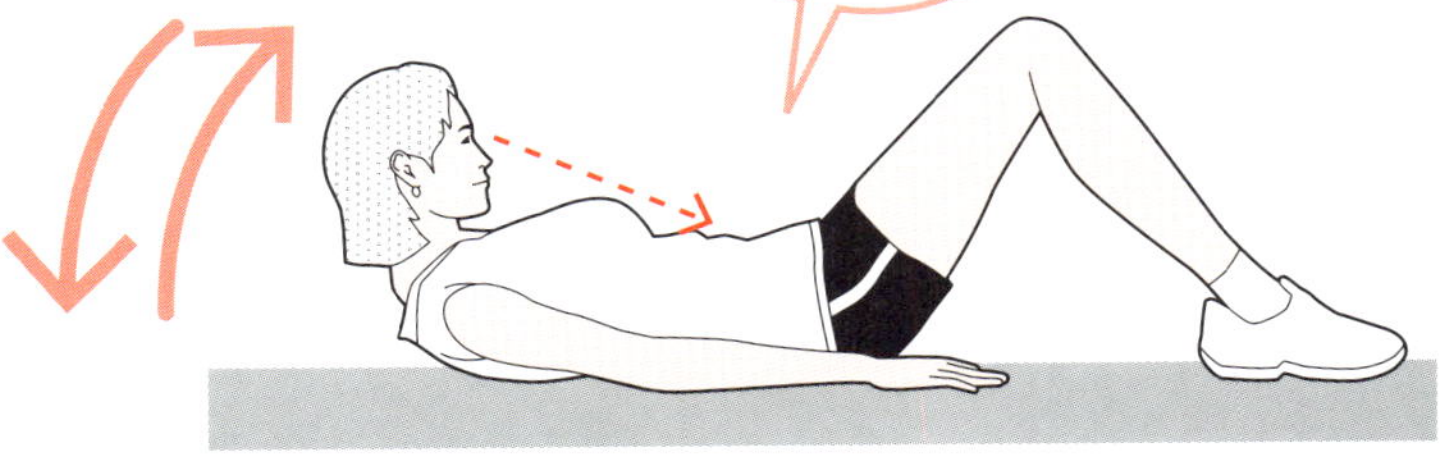

5セット

ここに効く!

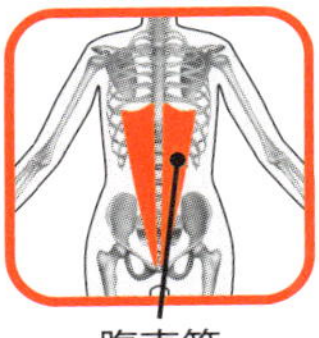

フロントアームリフト

両手両ひざを床について腕を上下させ、「背中・腕」を鍛える。

ねこ背、肩こり、四十肩の解消や予防に効果的なトレーニング。腕をあげることで背中が鍛えられ、背筋のスーッと伸びた美しい姿勢に変わる。腕のあげおろしは、「いち、にい、さん」と頭の中で数えながら、ていねいに行うこと。

1 両手両ひざをついて、床を見る。

両脚は肩幅に開く。

Point
ひざの角度は90度に

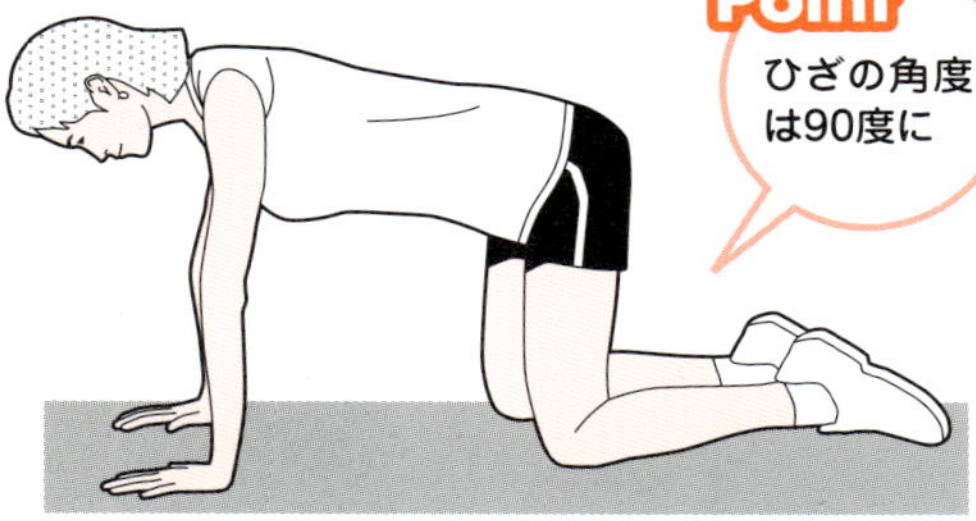

2 片ほうの腕をまっすぐ伸ばし、耳の高さまで3秒かけてあげる。

このとき、指先からおしりまでが一直線のラインになるように。そのあと、3秒かけておろす。

Point
・腕は耳より下にさげない
・指先から臀部を一直線に
・おなかはしっかりドローイン

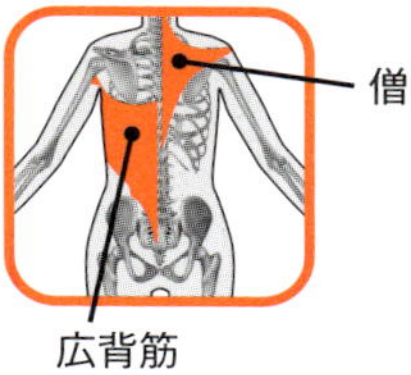

左右5回ずつ
×
2セット

腰痛改善

04

Low back pain improveme

サイドアップ

横向きに寝て、ゆるんだ「脇腹」を鍛える。

体幹の側面に効かせるトレーニング。床に横向きに寝て、頭と腕を浮かせたポーズのままキープ。この動作で、ふだんなかなか鍛えられない脇腹がキュッとしまる。ターゲットの筋肉を意識すると効果があがる。

1 横向きに寝て腕を前に伸ばす。

手のひらは床に向けて。

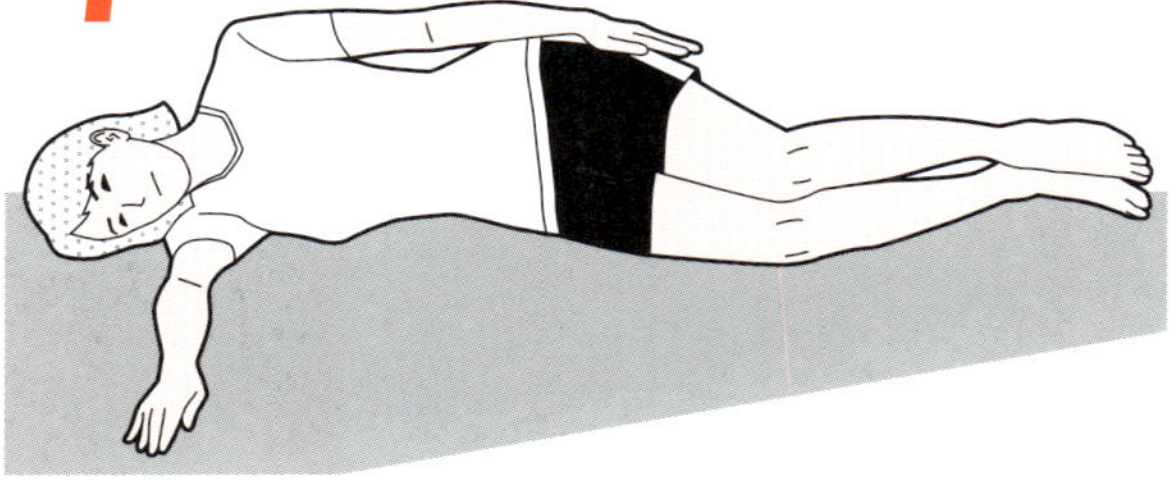

2 頭と腕を同時に持ちあげ、同じ高さで5秒キープ。

骨盤が前後に傾かないように注意。

Point

- 骨盤を固定し、体がブレないように注意
- 脇腹が、かたくなるのを意識する

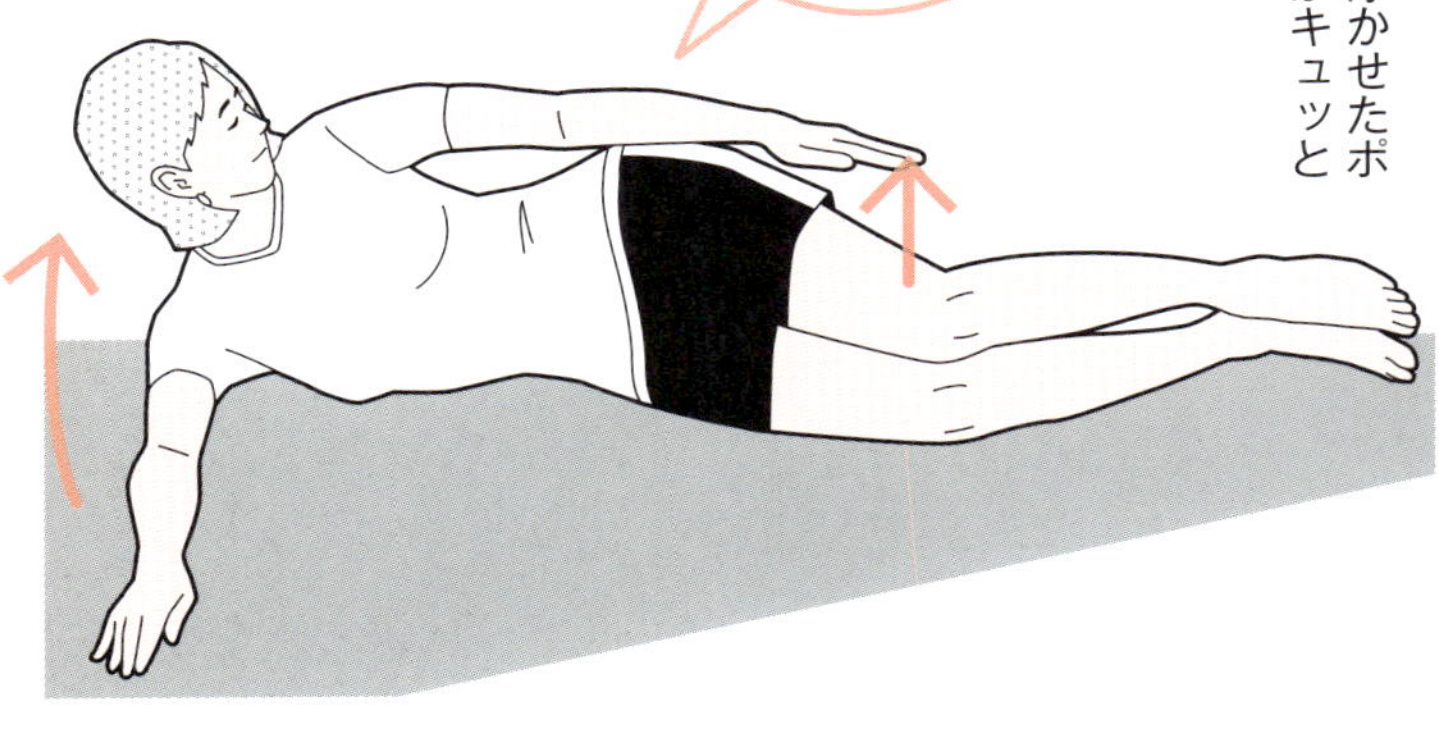

ここに効く!

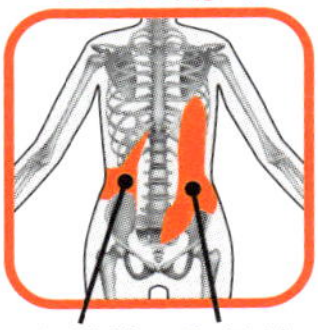

左右3セット

腰痛改善

05

Low back pain improvement

アームレッグクランチ

手足の先まで一本の軸にして「おなか」をしめる。

寝たまま、片ほうの腕とその逆側の脚を上下させると、胸からおなかの横、足先までがいっしょに鍛えられ、軸が安定する。腹筋をしめることで腰まわりの筋肉のバランスもよくなり、腰痛の解消や予防にもいい。

1

仰向けに寝て左ひざを曲げる。

左腕は床につけたまま頭上にまっすぐ伸ばす。

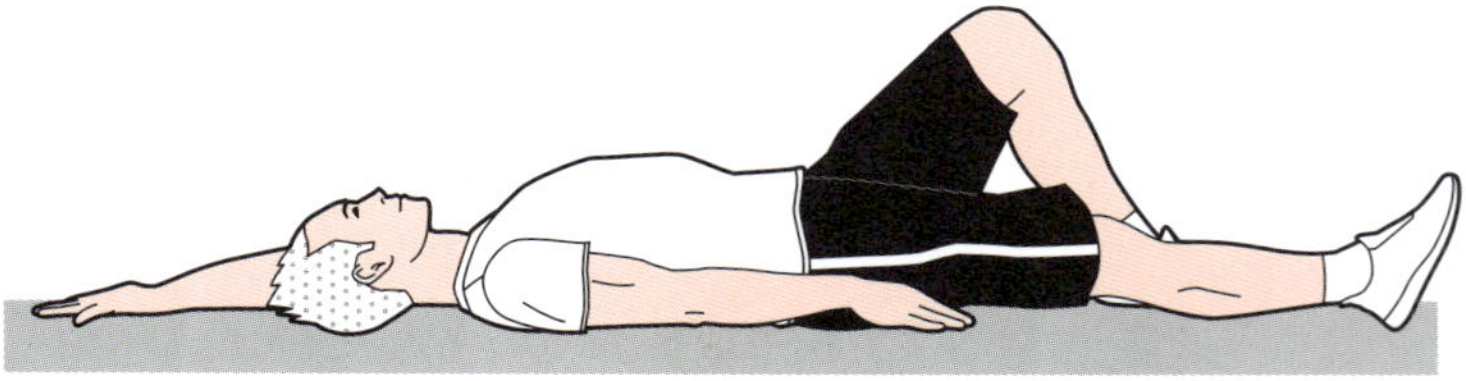

2 おへそを見るように頭を起こしながら、左腕と右脚を同時にあげて5秒キープ。

床上ぎりぎりのところまでおろしたら、再びあげる動作を3回繰り返す。反対側の腕と脚も同様にする。

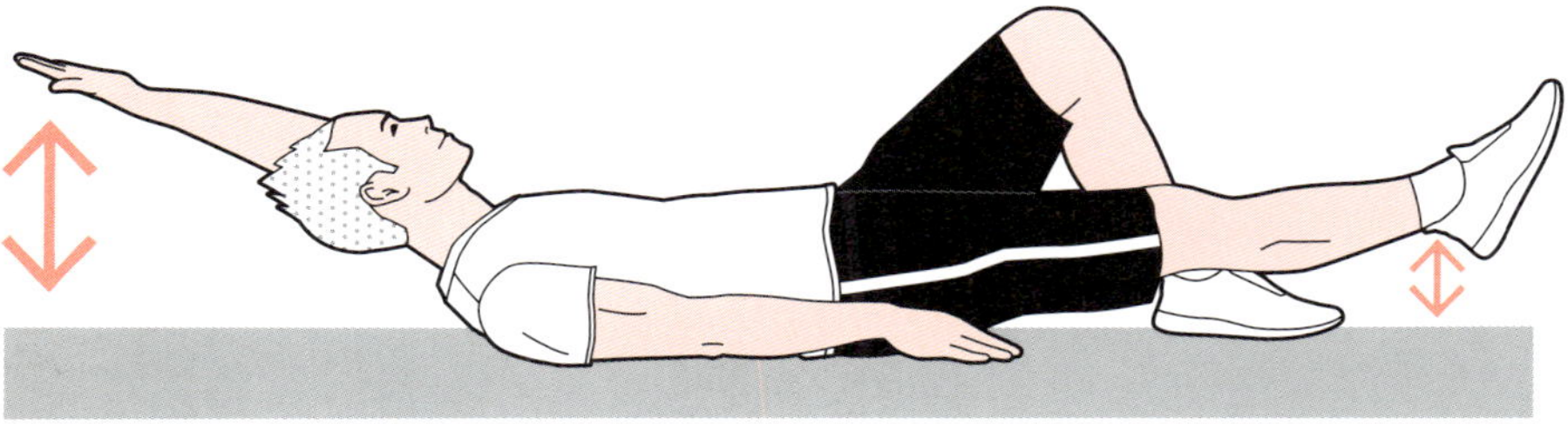

Point

- 床に触れずに腕と脚をあげさげする
- 手も足も指先までピンと伸ばす
- 肩甲骨、腰、骨盤は床にピタッとつける

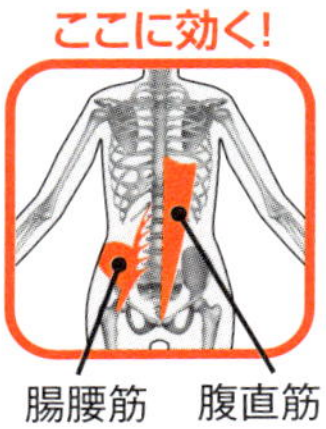

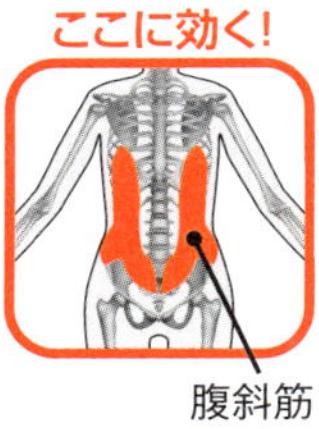

5秒キープを
3回
×
左右各3セット

アスリート級プログラム

インナーマッスルとアウターマッスルの連動性を高めて、手足の動きにキレをだす。トレーニングの最終目標がここだ。

1 バックキック

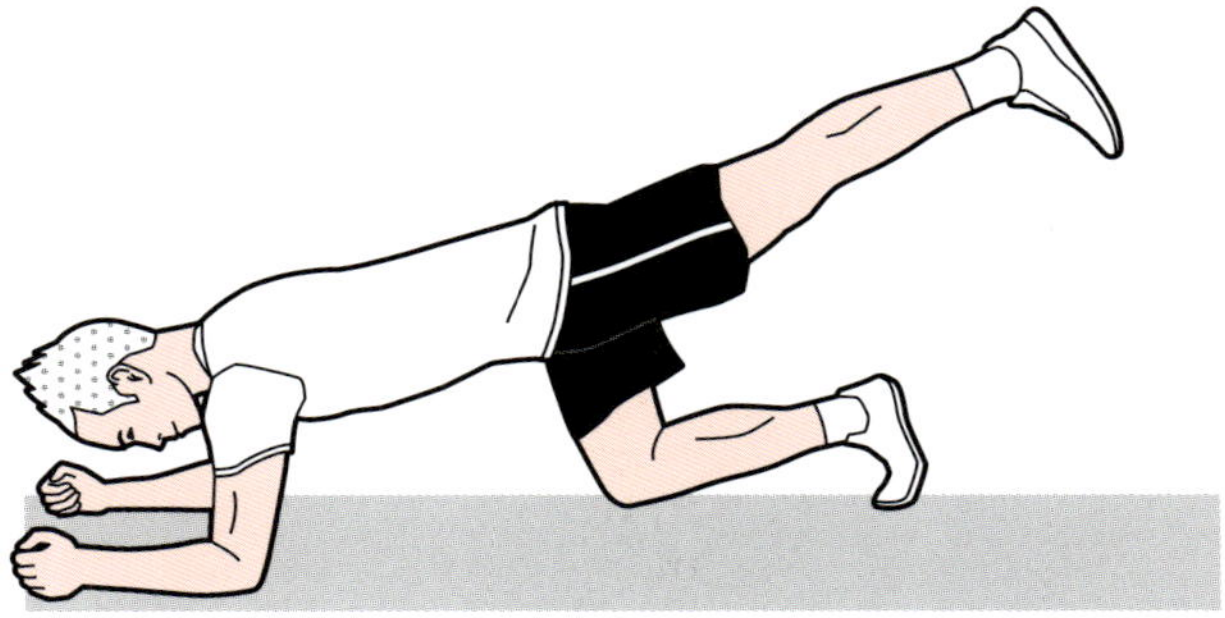

2 ドローインVクランチ

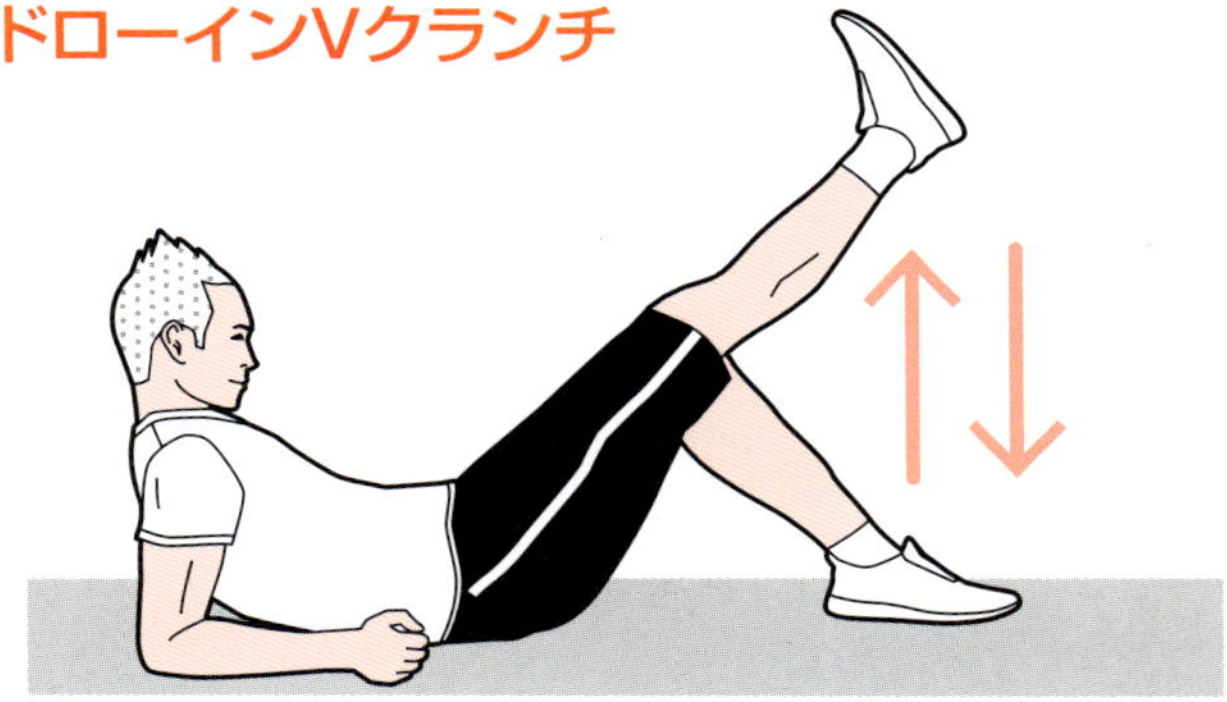

3 ツイストクランチ

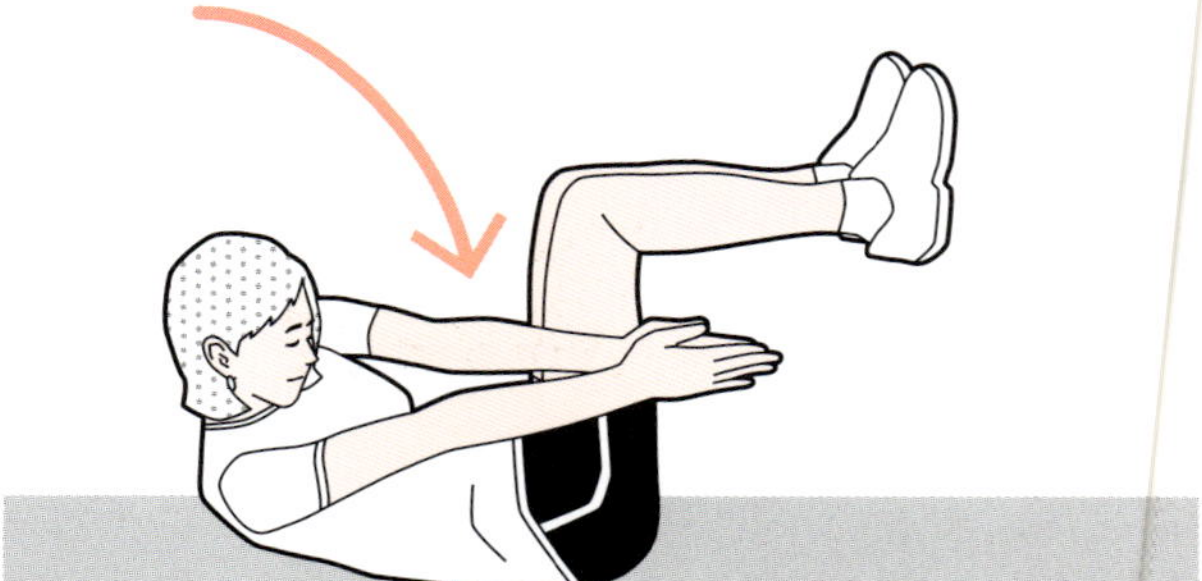

4 腕伸ばしツイスト

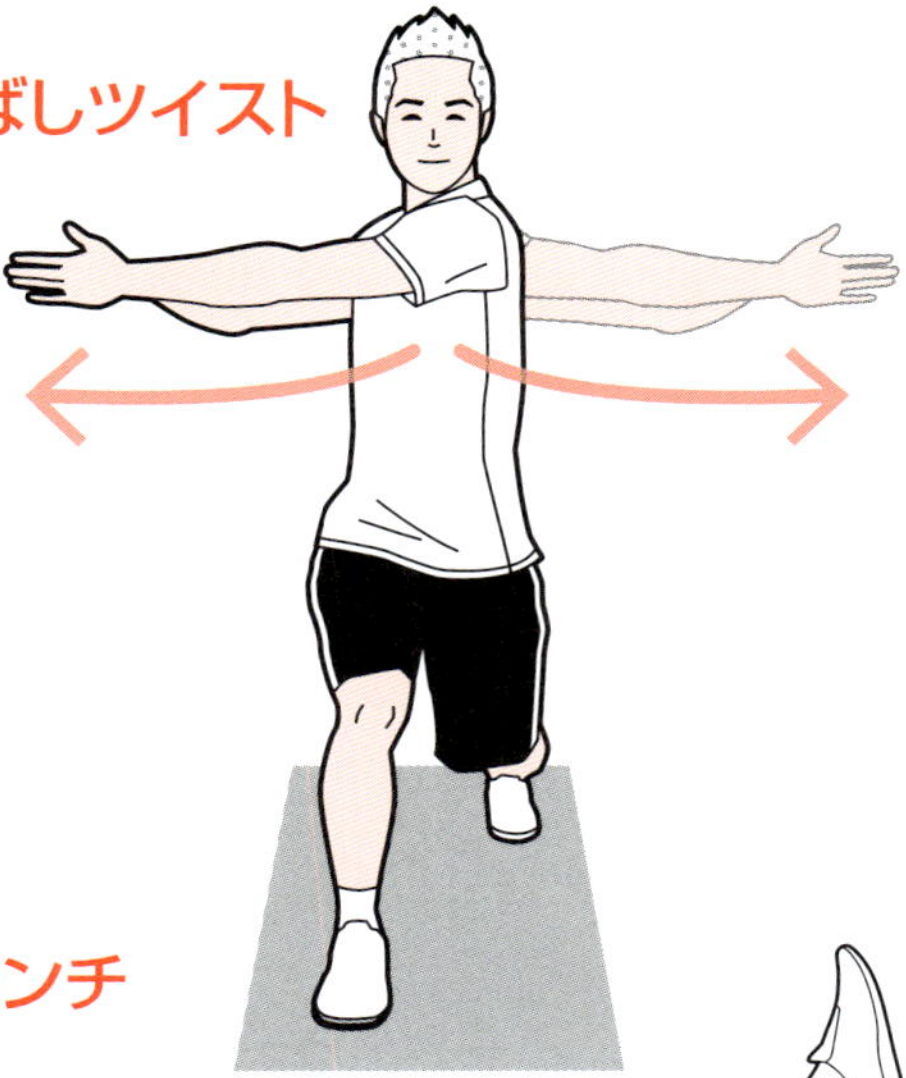

5 Vクランチ

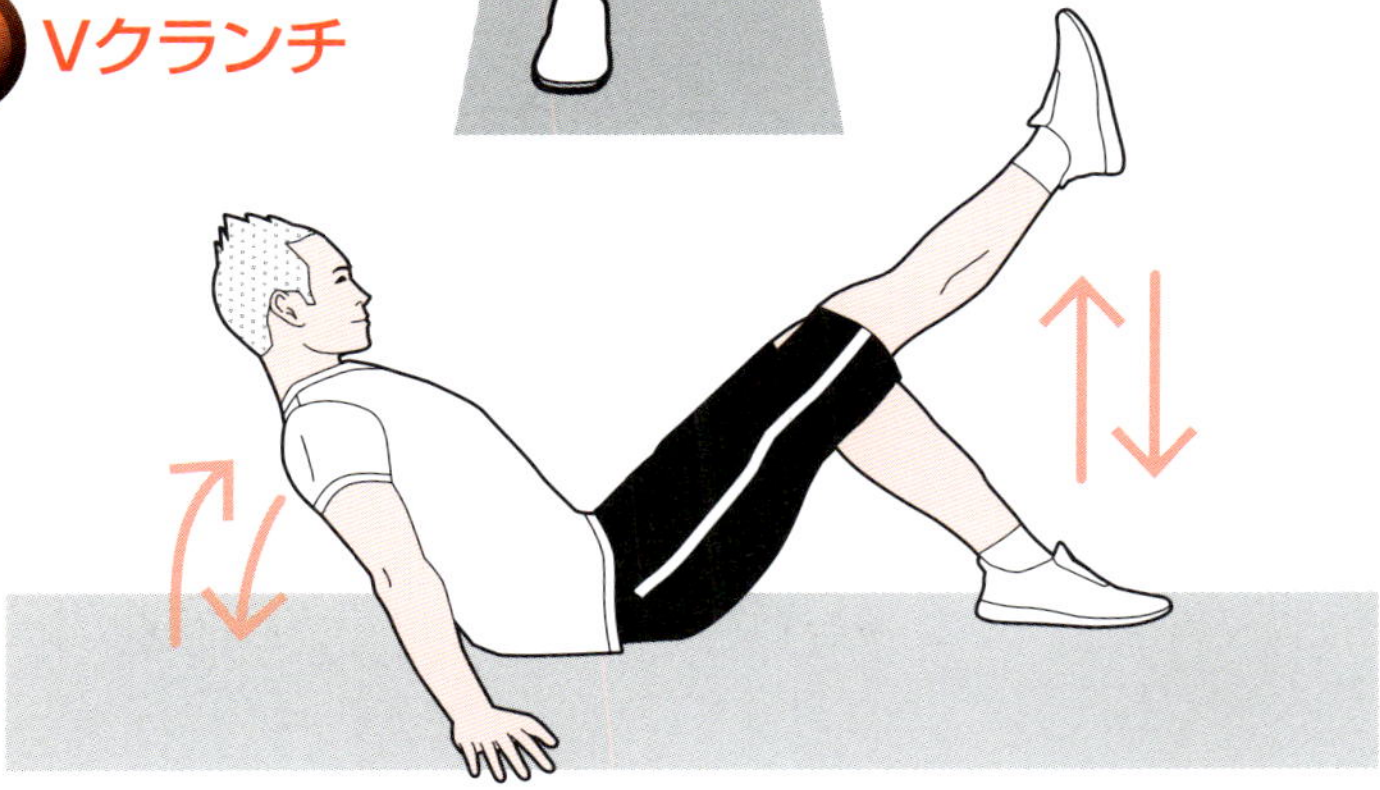

6 片手フロントブリッジ

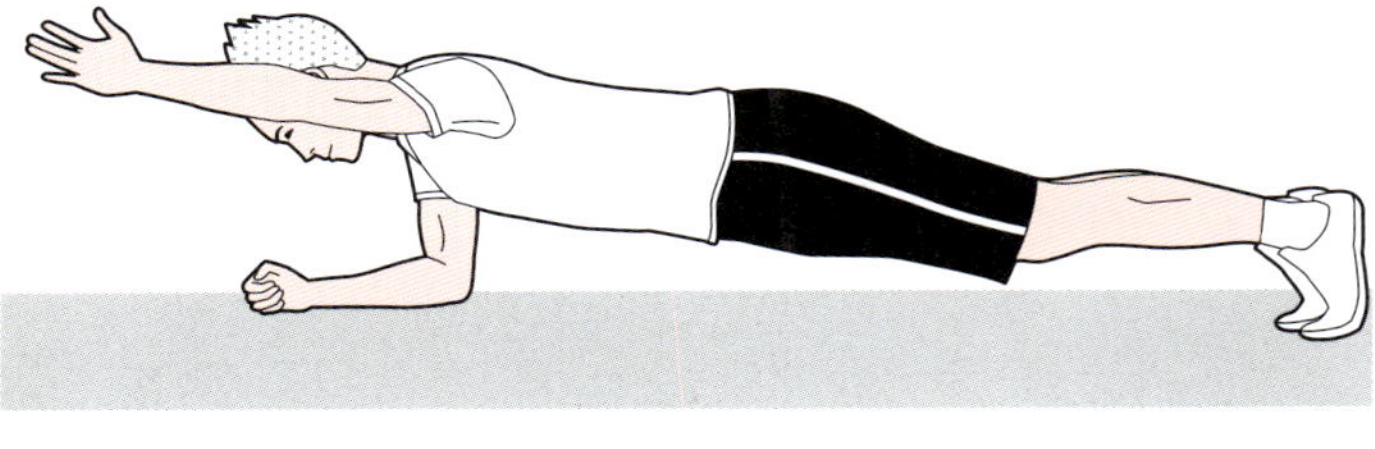

アスリート級

01

Athlete class

バックキック

形にこだわったキックで「背中とおしり」を鍛える。

両手両ひざを床につけた姿勢で行う。バックに脚を引きあげる動作で、背中とおしりのアウターマッスルをメインに鍛える。さらに背骨をささえるインナーマッスルも効果的に刺激できる。

1 両手両ひざを床につけて、肩の真下で両ひじをつく。

頭はあげずに、首と背中が一直線になる姿勢をとる。

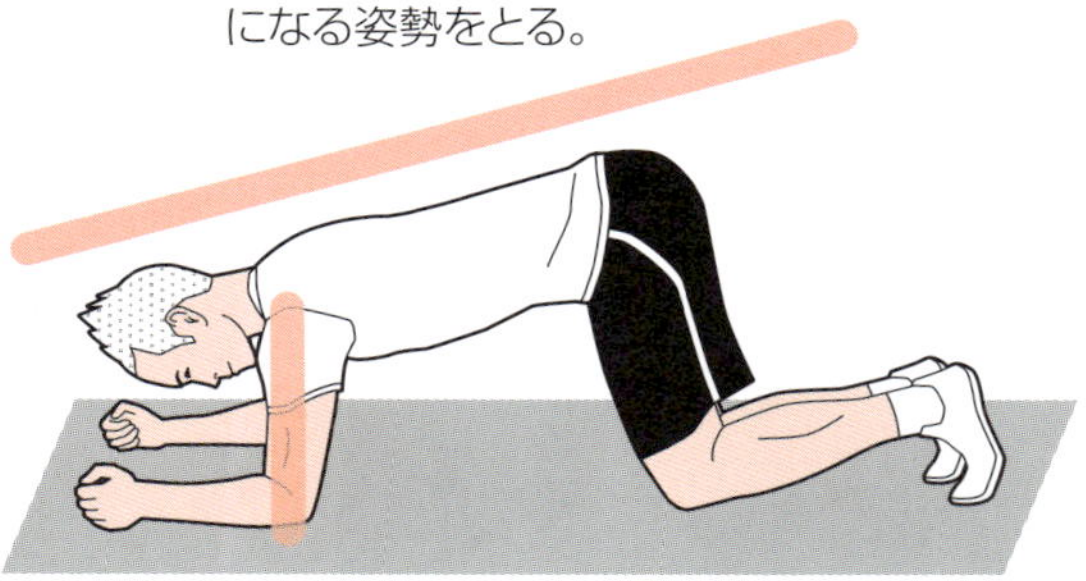

2 片ほうの脚をまっすぐあげて、頭から足先までを一直線に保つ。

5秒キープ。

Point

- 背中の延長線上に脚を伸ばす
- 脚をあげすぎないように

ここに効く!

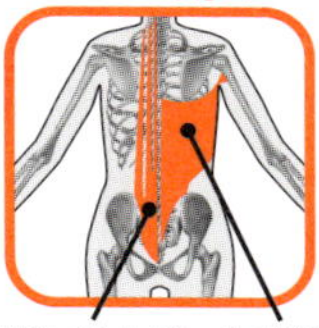

ここに効く!

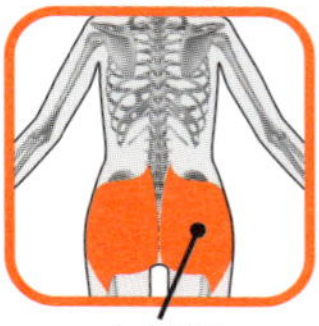

5秒キープ
×
左右3セット

アスリート級

02

Athlete class

ドローインVクランチ

脚でV字をつくって「おなかの前面」を鍛える。

おなかまわりの筋肉の連動性を高めるトレーニング。ドローインでおなかの筋肉をかため、体がV字になるように脚の引きあげ運動をするのがコツ。繰り返しやっていると、インナーの大腰筋とアウターの腹直筋下部のつながりが、グンとよくなる。

1 仰向けになって上体を起こし、肩の真下でひじをついて片ほうのひざを立てる。息を大きく吸っておなかを凹ませ、ドローイン。

頭はあげずに、首と背中が一直線になる姿勢をとる。

Point
骨盤を床におしつけて安定させる

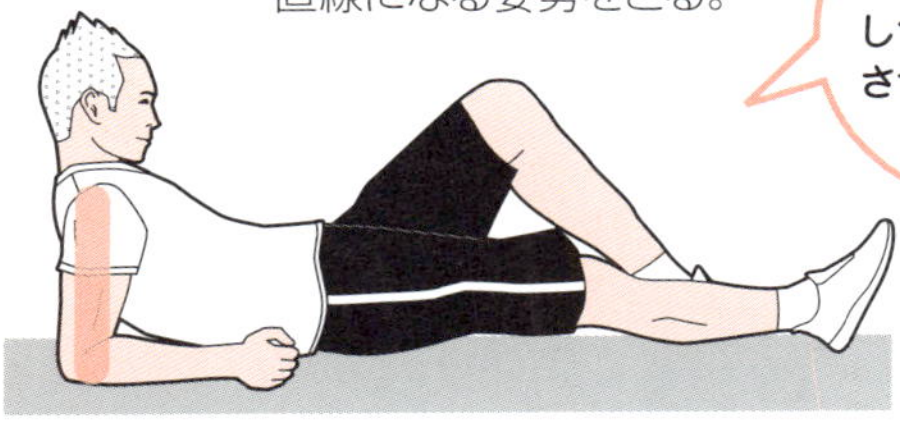

2 片ほうの脚のひざを、立てたほうのひざの高さまでゆっくりあげたら、床上ぎりぎりのところまでゆっくりおろす。

ドローインしたまま、
上げ下げを10～20回繰り返す。

Point
・骨盤は床から浮かさない
・ドローインで、おなかをしっかり、かためる

ここに効く!

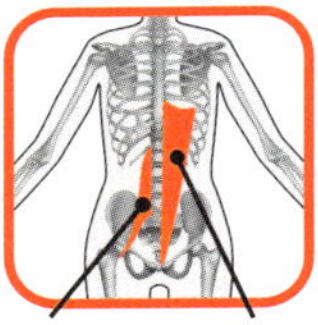

脚の上下運動を
10～20回
×
左右3セット

アスリート級

03

Athlete class

ツイストクランチ

上体をひねる動作がスムーズに。

1

仰向けに寝て両脚をあげ
両ひざをつけて90度に曲げる。

両手のひらを合わせて、
両腕をまっすぐ上に伸ばす。

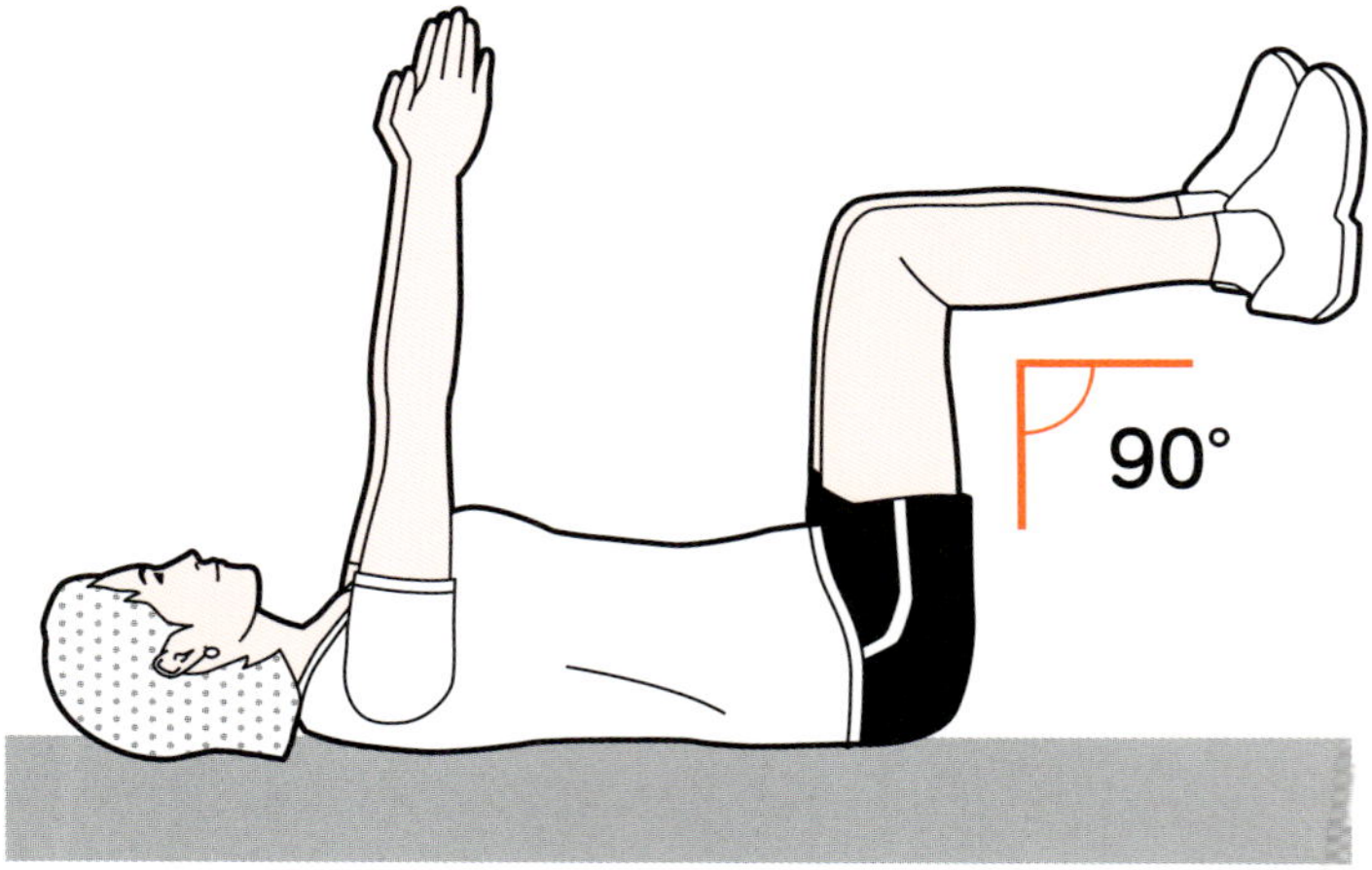

野球のピッチャーは、球を投げるとき、上体をひねって使う。そのおなかまわりの筋肉を強化するためのトレーニングが、コレだ。ここがスムーズになれば、下半身で生みだされたパワーを、増幅して腕に伝えられるようになる。
日常のひねる動作もスムーズに。

2 ひざをあげたまま、上体を起こし、ひねって3秒キープ。

腕だけ動かすのではなく、
肩甲骨をしっかり
あげるのがコツ。

Point

・骨盤は固定したまま
・おなかから上体をひねる

ここに効く！

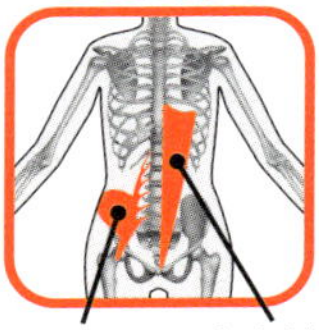

ここに効く！

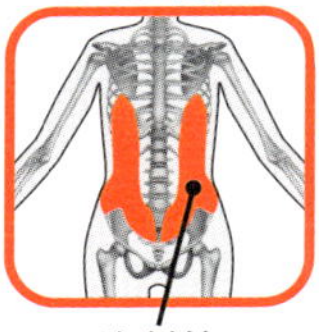

左右交互に
5セット

アスリート級

04

Athlete class

腕伸ばしツイスト

「上半身（横腹）」を鍛える
ツイスト運動で、ゴルフも上達。

ゴルフをやる人に最適な運動。軸を安定させながら上体だけねじると、おなか横の筋肉によく効く。続けていると、スイングしたとき、やりやすさや軸の強さを実感できるだろう。ターゲットの筋肉に意識を向けて。

脚を前後に開いて骨盤を安定させ、両腕を前に伸ばして手のひらを合わせる。

腹を凹ます
全身引きしめ
ねこ背を治す
下半身強化
腰痛改善
アスリート級

2 ひざと骨盤を固定し、腕を左右に動かす。

顔は正面を向けて、動かさない。

Point
・上体だけを動かす
・下半身は固定しブレないように

ここに効く!

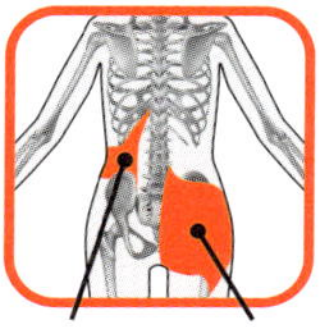
腹横筋
大臀筋

ここに効く!

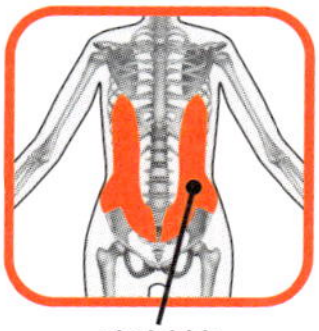
腹斜筋

往復20回
×
脚を替えて
2セット

アスリート級

05

Athlete class

Vクランチ

上体と脚でつくるV字スタイルで「おなか」を鍛える。

上体と脚を同時に持ちあげてV字をつくる体幹トレーニング。体幹の連動性をさらに高めるのがねらいだ。

おなかまわりの体幹が鍛えられていると、ブレずにきれいなV字が描ける。

「おなかで立ちあがる」くらいのイメージでやるのが上達のコツ。

1

仰向けに寝て、
片ほうのひざを90度に
曲げて立てる。

両腕は手のひらを下向きにして、
ななめ45度に開く。

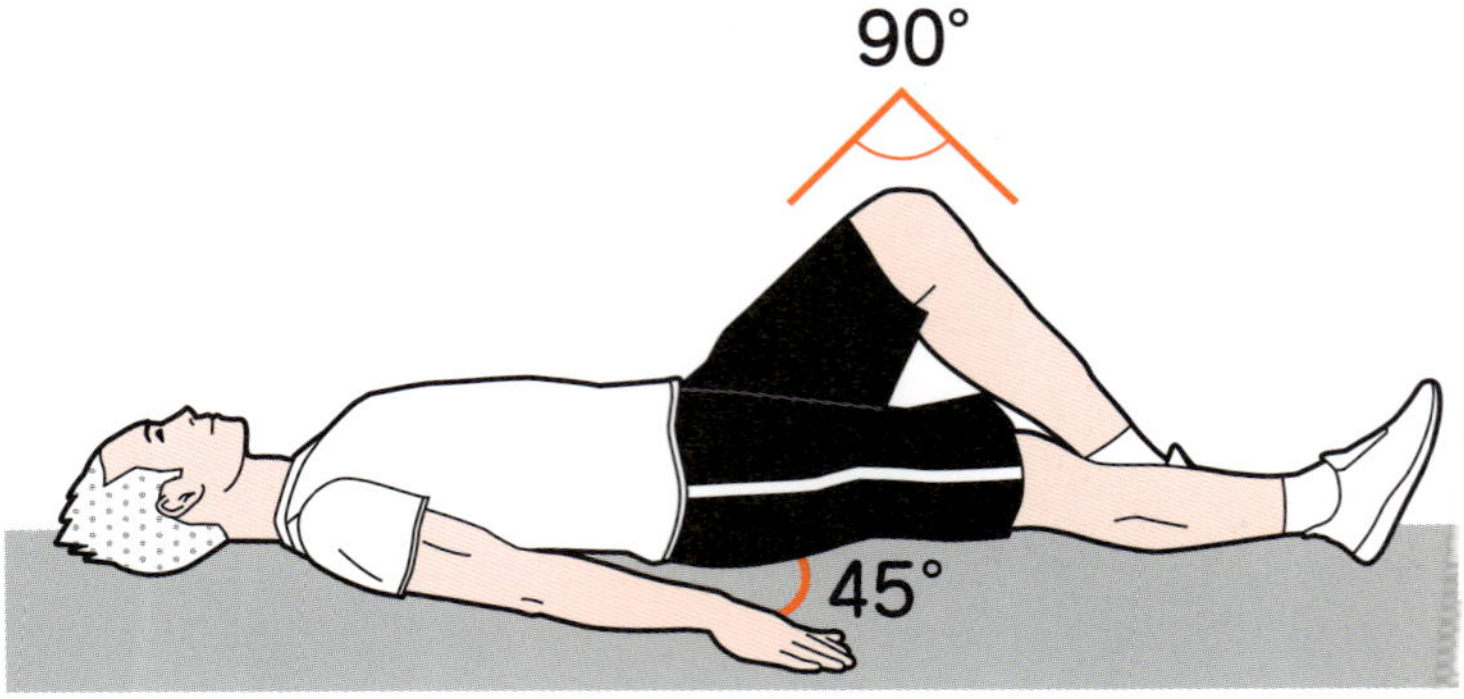

2 上体とひざを曲げていないほうの脚を同時に持ちあげ、V字をつくる。

上体は、ひざの高さまで持ちあげる。
上体と脚の上げ下げを10〜20回。

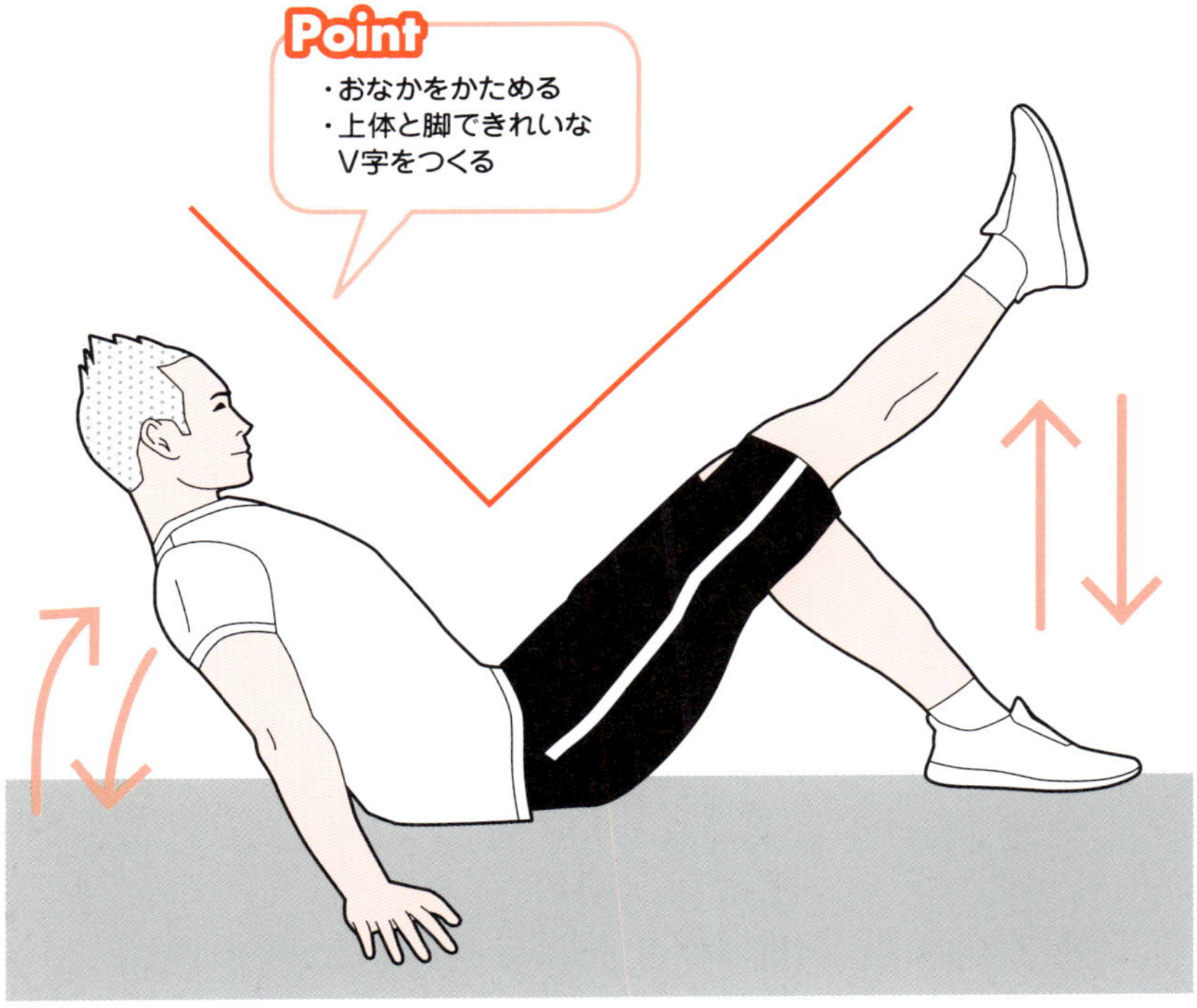
Point
・おなかをかためる
・上体と脚できれいな
V字をつくる

ここに効く!

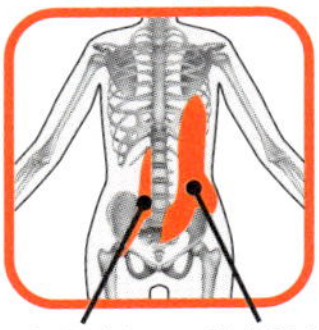
大腰筋
腹斜筋

ここに効く!

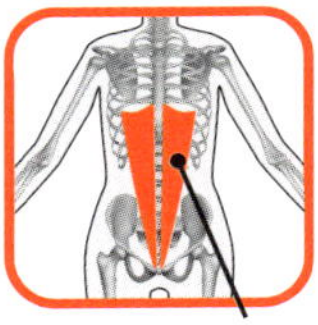
腹直筋

2の上げ下げを
左右10〜20回
×
2セット

アスリート級

06

Athlete class

片手フロントブリッジ

片ほうの手で体をささえながら「体幹全体」の連動性を高める。

このトレーニングは、長友選手もよく実践している。うつ伏せで上体を起こした姿勢から、片ほうの手をパッと前にだし、もう一方の腕でバランスをとりながら、体で一直線のラインをつくる。
体幹部全体の強化に最適。

1

うつ伏せになって
肩の真下で両ひじをつき、
胸から上を起こす。

脚は骨盤の幅に開く。

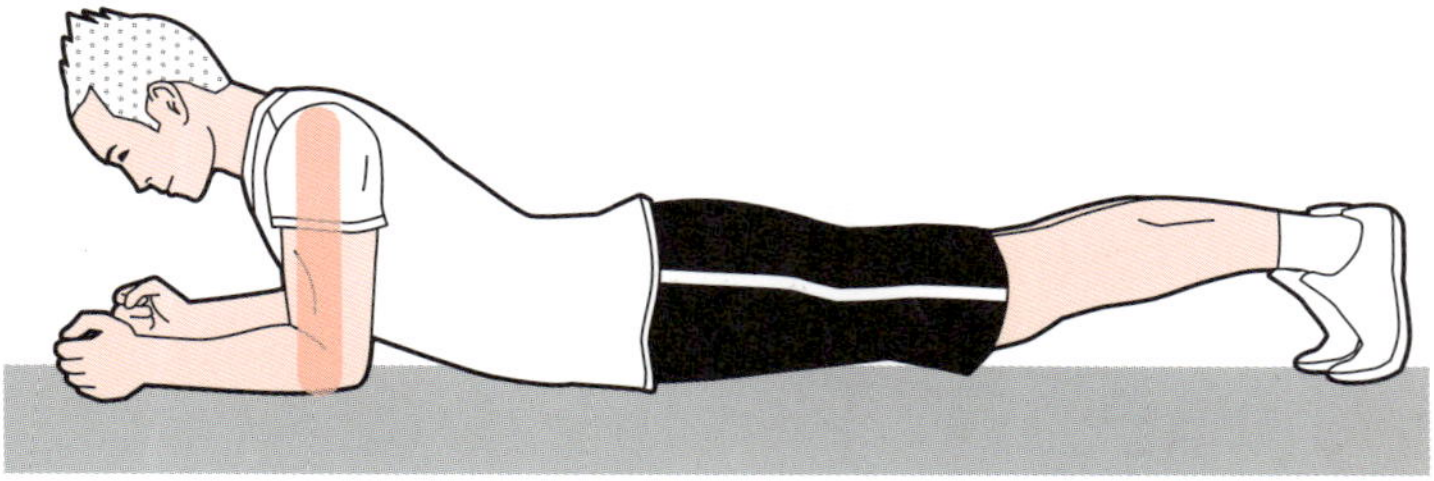

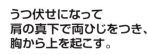

2 骨盤と片ほうの腕をいっしょに持ちあげ、腕はまっすぐ伸ばす。指先からかかとまでが一直線になるようにしてキープ。

2秒で持ちあげ、1秒でおろす動作を左右5回。

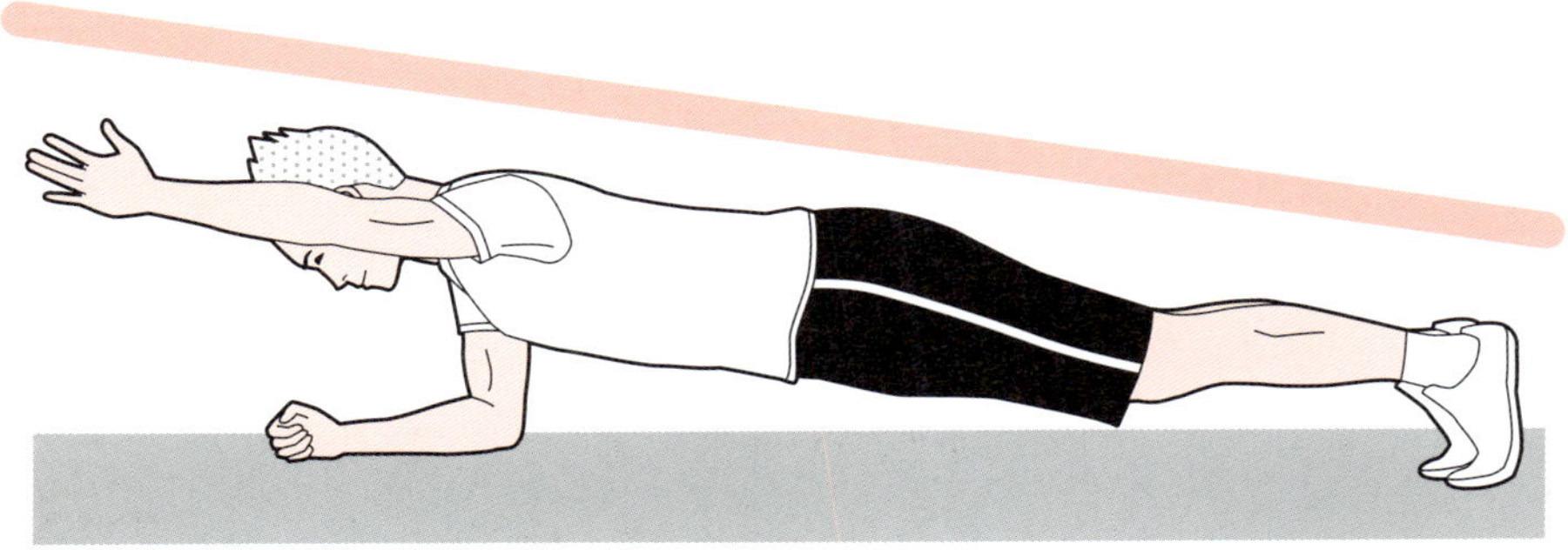

Point

・骨盤がブレないように安定させる
・おしりをあげない

ここに効く!

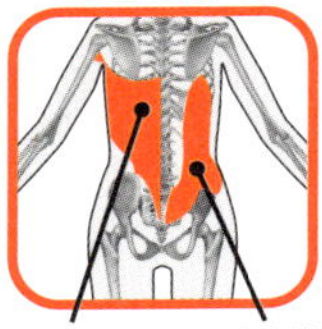

ここに効く!

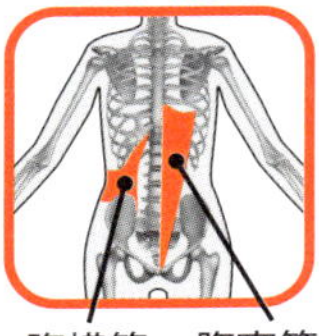

ここに効く!

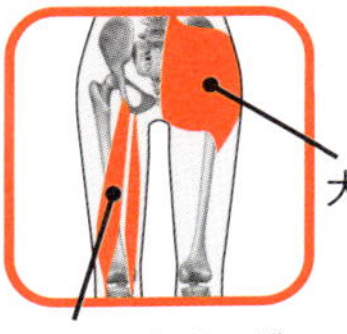

左右5回
×
2セット

目的別「体幹トレーニング」プログラムの追加例

1週間でも効果はあるが、さらに上を目指したいという人は、2週め、3週めは、たとえば、以下のようにプラスしていこう。

1週め　（合計6種）

12のストレッチ ＋ 腹を凹ますプログラムの全6種

運動をしていなかった初心者は、2、3週めくらいまでは「腹を凹ますプログラム」を継続し、基礎ができてから、好きなプログラムに挑戦してみよう。トレーニング中に筋肉がプルプルと震えなくなり、グラつかなくなれば次に進んでいい合図だ。もともと運動をしていて腹を凹ますプログラムがカンタンにこなせる人は、すぐに好きなプログラムをプラスしていい。

2週めの例　（合計6〜8種）

12のストレッチ ＋ 腹を凹ますプログラムから3、4種 ＋ 全身引きしめプログラムから3、4種

腹を凹ますプログラムを継続しながら、新たなプログラムを加えるというのが、確実に効果を上げるコツだ。

3週めの例　（合計6〜9種）

12のストレッチ ＋ 腹を凹ますプログラムから2、3種 ＋ 全身引きしめプログラムから2、3種 ＋ 下半身引強化プログラムから2、3種 ……など

さらにプラスする場合も、腹を凹ますプログラムを継続しながら新たなプログラムを少しずつ増やしていけば無理がない。

このあたりのプログラムの組み方はぜひ楽しみながらやっていただきたい。

Chapter 5 ストレスを消して疲れをとる！快適だから能力全快！

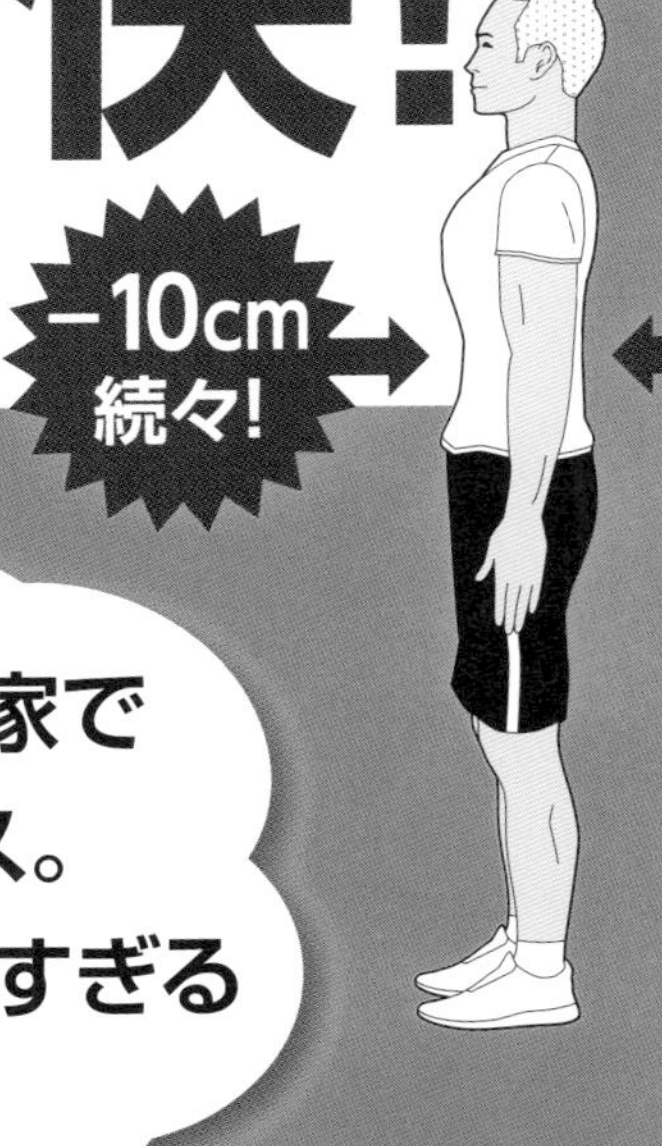
−10cm
続々！

KOBA
オフィスや家で
リラックス。
そのカンタンすぎる
コツ
体幹
TAIKAN

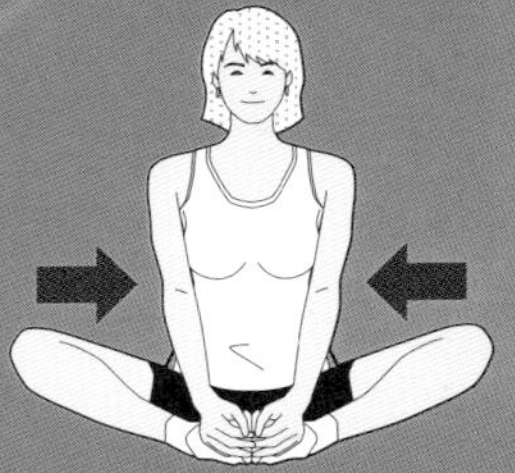

リラックス

Relax

「疲れをマメにリセット」すれば、万病の予防にも！

一日のほとんどを座りっぱなしですごしていたら、筋肉がこりかたまって血行不良に陥っていく。その結果が、肩こり、首痛、腰痛、頭痛、四十肩、腕のしびれなど、多くのビジネスパーソンが抱える悩みの数々だ。デスクワーク中心の人には、「正しい姿勢の維持」こそ、こりや痛みを遠ざける最短の道。「いい姿勢で座る」――ただそれだけで、肩や首のこり、腰痛はもちろん、緊張性頭痛や、胃腸炎といったトラブルとも、さよならできる。

そう、**「正しい姿勢＝万病の予防」**ともいえるのだ。

はじめのうちは正しい姿勢を長く維持できなくても、まずは意識することが大事。「あっ、姿勢が乱れてきた」と気づいたら、そのつど、治す癖をつけると、体がだんだん覚えてくれる。左ページの7つのポイントをチェックしながら、いい姿勢を身につけよう。

次の項目でご紹介する「オフィストレッチ」はどれも、その場で血流をよくするので、ぜひ習慣化しよう。ちなみに「オフィストレッチ」のポイントは、次の3つだ。

- **デスクワークに集中しているとき、最低でも2時間に1回は全身のストレッチをする**
- **ストレッチのペースは「ゆっくり」が基本**
- **「痛い！」と感じたら、それ以上はやらない**

疲れない「座り姿勢」をつくる7つのポイント

1 耳・肩・腰を結ぶラインをまっすぐ一直線に

こうすると背骨を横から見たとき自然なS字カーブになり、負荷が分散される。はじめは、誰かに横からのラインをチェックしてもらい、椅子やモニターの高さを調節するといい。

2 背筋を伸ばす

これは基本中の基本。背中を丸めると、耳からくるぶしまでの一直線のラインが、あっという間にくずれてしまう。

3 座っているときもドローイン

腹圧を高めておくと、いい姿勢を維持できる。

4 浅く腰掛ける

座るとき、太ももがやや下がるくらい腰を浮かせぎみにするとバランスがよくなる。深く腰掛けると、腰まわりの筋肉に負担がかかり、腰痛のリスクが高まる。背もたれに寄りかかる、脚を組む、などもNG姿勢。

5 かかとは軽く浮かす

足はやや後方に引き、前足部だけ床につける。かかとを軽く浮かすことで、ひざは自然と下がり、腰まわりの筋肉によけいな力が入らなくなる。

6 ひじの角度は90度が理想

ただし、作業のしやすさには個人差があるので、試してみて自分にとってベストな位置を見つけよう。

7 モニター位置を調整

背筋を伸ばし、軽くあごを引いた姿勢でよく見える位置に設定。目線は下にも上にもなりすぎないように。

リラックス

01

Relax

首・肩・腰に即効く7つの「オフィスストレッチ」

オフィスでできるから、略してオフィストレッチ。

① 座ったまま、カンタンに！「首の後ろ」を伸ばす

首から肩甲骨にかけて走る僧帽筋がよく伸びる。

頭の後ろで手を組み、ゆっくり首を前に倒していく。

そのまま20秒キープ。

Point

・首を倒すときに勢いはつけない
・ひじをさげて肩甲骨を開く

② 「首の側面」を伸ばす

両手を後ろに回し、左手で右手首を引きながら頭を左側へゆっくり倒していく。次に、手を逆にして逆側に頭を倒す。

左右20秒×2セット

Point

・耳を肩につけるイメージ
・動作はゆっくり

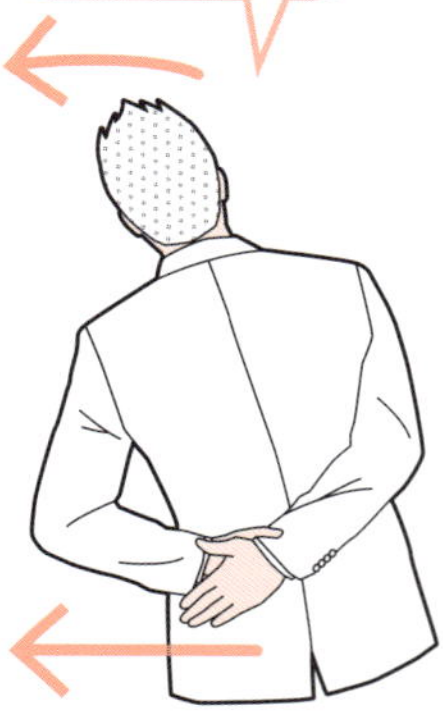

③ ボールを抱えるポーズで「肩甲骨まわり」をほぐす

デスクワーク中は肩甲骨のまわりがうっ血しやすいため、意識的にゆるめることが大事。ボールを抱えこむような伸びの動作が効かせるコツ。

Point

・ボールを抱えるようにひじは少し曲げる
・肩甲骨を外に開くイメージで腕を伸ばす

手のひらを顔に向けて両手を頭の前で組み、少しねこ背ぎみになって腕を前に伸ばしていく。

20秒×2セット

❹頭も冴える「肩回し」

オフィストレッチ①～③までのストレッチだけでも、首まわりはかなりラクになるが、この肩回しも加えれば、より効果的。肩がこりかたまっている人は、たった10回、回すのも、つらく感じることがある。毎日続けるうちに頭の働きもよくなり、あとの仕事の効率もアップ。

両手の指先を肩の上に置く。肩甲骨を動かすよう意識しながら、ゆっくり大きく肩を回す。

前から回したら次は後ろからも回して。

前後
10回ずつ
×
2セット

Point
両ひじが顔の前でくっつくように回す

Point
両腕を広げたとき、胸の筋肉の伸びを感じる

❺左右のひねりで「背中」を伸ばす

椅子の背もたれを利用し、腰を左右にひねる。背中の筋肉がすぐにゆるみ、腰のほうまでラクになる。無理にひねると、かえって筋肉を傷めてしまうので注意。

Point
・無理にひねらない
・動作はゆっくりと

背もたれを手で持ってささえにし、腰を左右にゆっくりひねる。

「気持ちいい」と感じるところで10秒キープ。

左右交互に
10秒ずつ
×
2、3セット

❻「腰」を回して おなかも快調に!

座りっぱなしだと、おなかの動脈が圧迫されて血流が滞りがちに。そこでおすすめなのは、休憩で立ちあがったときや、トイレのついでにできる腰の旋回運動。腰まわりの筋肉をゆるめると、胃腸の働きも改善。食後にやれば消化がスムーズになる。

力を力こめて腰骨に手を当てできるだけ大きな動作で腰を回す。

左右10回

Point
おなかを凹ませて力をこめ、ドローインをキープ

❼ひざを抱えて「背中」を伸ばす

椅子に座ってひざを抱えるポーズで、背中をストレッチ。カンタンなのに、背筋がよく伸びて腰もラクになる。痛みを感じたときに、そのつどやっておくといい。

椅子に座ったまま片ほうの脚をあげ、両手でひざを抱える。そのまま、胸をゆっくりひざに引きつける。

背中はちょっと丸めて。
10〜20秒キープ。

Point
・背筋の伸びを意識する
・ひざは固定したまま胸を近づけていく

左右
10〜20秒
×
2、3セット

リラックス

02

Relax

短く、深く、眠れる「安眠エクササイズ」

お休みの前にパジャマで。頭が冴えて眠れないときも!

❶「ドローイン」で翌朝の体調が変わる

1. 仰向けに寝てひざを90度に曲げる。
2. 鼻から息を吸っておなかをふくらませ、口からゆっくり吐きながらおなかを凹ませる。おなかと背中をくっつけるイメージでゆっくり10回。

Point

就寝前にベッドの上でやれば内臓が活性化し、胃腸の具合もよくなる。息を吐くときは骨盤を床におしつけて、背中は浮かせないこと。これで、前傾しやすい骨盤の位置が調整される

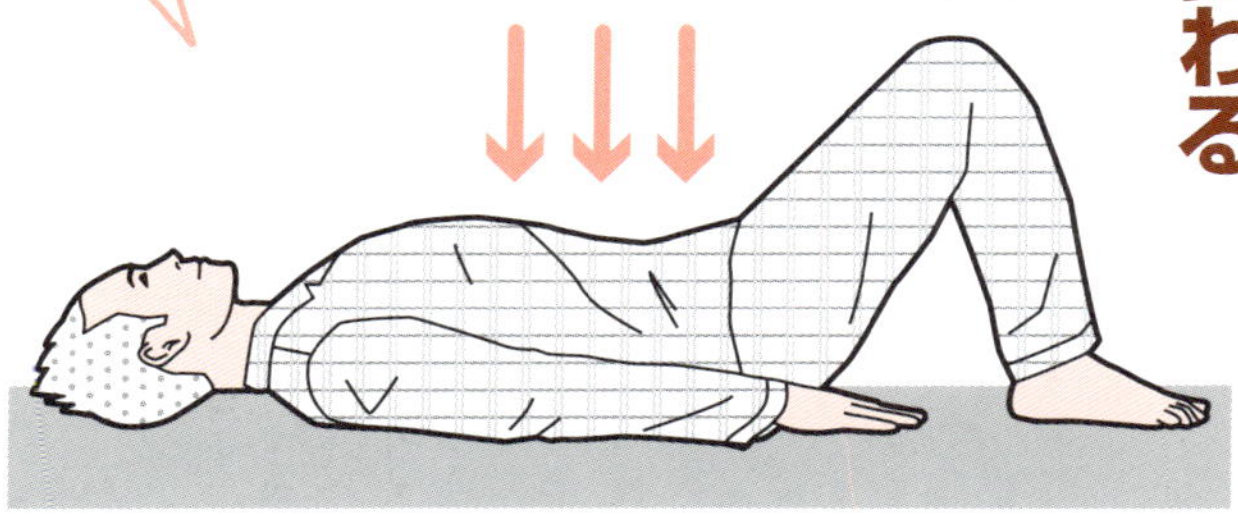

❷寝たまま脚を引き寄せて「股関節ストレッチ」

1. 仰向けに寝て鼻から息を吸う。
2. 口から息を吐きながら、片ほうの脚を胸に引き寄せる。両手でひざを抱え、腰は床におしつける。伸ばしたほうの脚はまっすぐに。
3. 十分に引き寄せたら、伸ばしてリラックス。逆側の脚も同様にストレッチ。左右３～５セット。

Point

かたくなりやすい股関節が柔軟になり、骨盤の位置も調整される

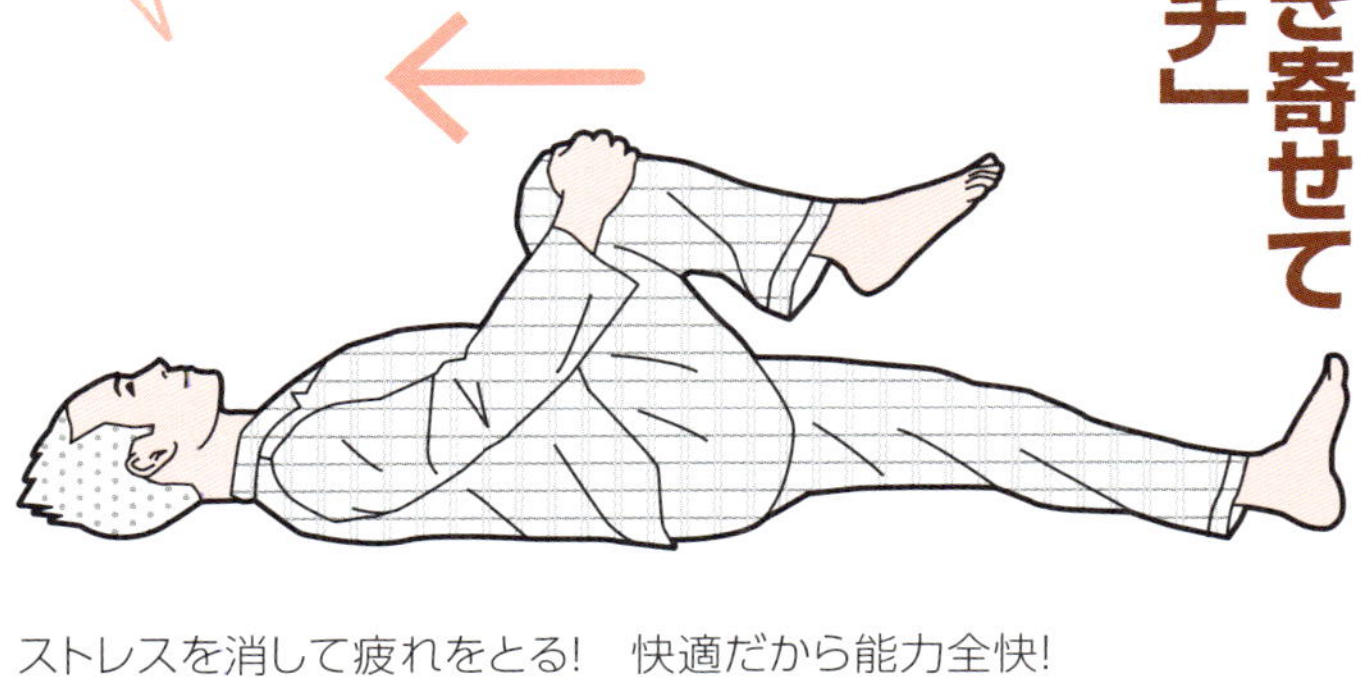

③「座り疲れ」を一瞬で癒やす！

1. 背筋を伸ばして椅子に座る。
2. 手の指を組んで腕を前に伸ばし、背中を丸めて腕の輪の中に顔をしずめる。おへそをのぞくイメージで、ひじはやや外側に広げる。

Point

機内シートでもできて、出張時にも重宝。眼精疲労、四十肩対策にも。気持ちよく一日の疲れを癒そう

④「おすだけ快腸マッサージ」で朝スッキリ

1. 寝たまま、下腹部からみぞおちまでを指先でおしていくだけ。息をフーッと吐くときにおすのがコツ。
2. 時計まわりに少しずつずらしながら、6カ所ほどプッシュ。各所1~3秒ほどかけて3周繰り返す。

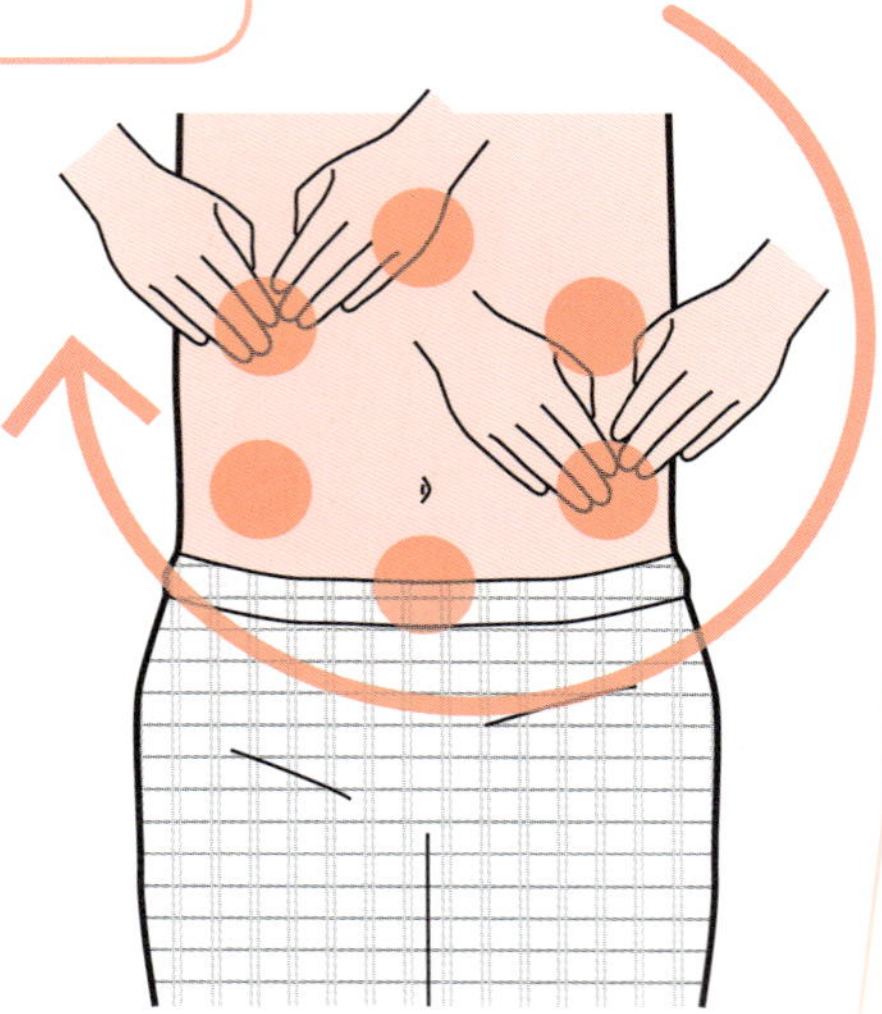

Point

腸の働きがよくなり、翌朝はおなかがスッキリ

リラックス

03

Relax

パフォーマンスを高めるアスリート流「入浴法／呼吸法」

眠れる体をつくるには、お風呂の入り方にも工夫が必要だ。気をつけたいのが、まず「**湯の温度**」。熱い湯に入ると、とたんに心拍数があがってドキドキしてくる。そのまま長湯をすればエネルギーを消耗し、体が興奮して眠りが浅くなってしまう。

体幹トレーニングのあとで体の疲れを感じたら、39度くらいのぬるめの湯につかろう。湯をはるのは、心臓より下のラインまで。湯船につかる時間は5分程度にし、あまり長く入らない。つまり、**交感神経が過敏になりすぎる手前でバスタブからでる**のだ。

さらに入浴後、血行がよくなったところでストレッチをすれば、筋肉がよくほぐれて体がゆるみ、疲れがとれる。

また、苦手な人間関係、過密なスケジュール、長引く会議などの**ストレスにさらされているとき、呼吸は浅くなり、「口呼吸」になっている**。これは口からウイルスや埃《ほこり》がダイレクトに入ってくるので、体へのリスクが大きい。そこで、おすすめしたいのが、**極めつけ「リラックス呼吸法」**だ。おへそのすぐ下（指幅3、4本分下）の「丹田《たんでん》」を意識しながら、大きくおなかに息をためるように「3秒で吸う→2秒間止める→口から細く長く15秒かけて息を吐く」。

おなかの底から長く息を吐きだすと、自律神経のバランスが整って心が安定する。

KOBA's TAIKAN BALANCE
KOBA☆トレ S License
©KOBA SPORTS ENTERTAINMENT／木場克己

「KOBA☆トレ」の公式カリキュラムを受講した指導ライセンスSライセンス取得者一覧

福井　豊　【姿勢改善専門ジム】セブンスター
都築昭紀　つづき整骨院
五十嵐貴仁　いがらし接骨院
岡田敏秀　おかだ整骨院
小林永人　arK
菅澤　豊　すがさわ整骨院
佐野秀樹　六町すまいる整骨院
渡部ハヤト　フリートレーナー、フードアドバイザー
熊倉崇誠
平間利幸　フリートレーナー
平　和樹　やほ駅前鍼灸整骨院
宮川将志　ティップネス 吉祥寺店
渡辺裕介　ANTTIME FITNESS 南麻布３丁目店
佐久間亮　リハビリ＆メンテナンス
からだケア整骨院
清水智弥　辰尾整形外科クリニック
石塚　博　久我山ほがらか鍼灸整骨院
横溝拓美　東京都小平市
遠藤浩隆　えんどう整骨院
中島裕之　Nakajima整骨院
近藤　廉　ふれあいの丘鍼灸整骨院
齊藤圭吾　なごみ整骨院
山口智也　とも鍼灸マッサージ治療室
川上英勝　安心堂幕張接骨院
大野　博　光ヶ丘鍼灸整骨院
稲田修平　勝田台総合整骨院
鈴木祥平　もみの木接骨院
冨永裕樹、雨宮弥壱　戸田スポーツ接骨院
町田英美　株式会社ワイズケア
セントラル小手指接骨院
岩本桂太　コスモポリタンメディカル新越谷整骨院
大場紀和　コスモポリタンメディカル氷川町整骨院
嘉藤啓輔　上尾中央総合病院
畑景　大　コスモポリタンメディカル東川口整骨院
須江幸代　スポーツクラブルネサンス蕨
ちあふる新体操クラブ　ちあふる東川口駅RG
末吉智裕　スポーツクラブルネサンス蕨
市村　隆　ライフラボ
川上　満　Body-Conditioning Salon DiVA
岸田直準　Good治療院
菅原照太　にこにこ鍼灸整骨院
伊藤彰彦　かまた鍼灸整骨院院長
佐藤　涼　近江あおぞら整骨院
小林英樹　小林接骨院
近江　純　一般社団法人
常願寺川公園スポーツクラブ
吉田晋也　日光整骨院
藤島裕介　藤島接骨院
院内トレーニングスタジオ【FAST】
佐藤　健　フリーフィットネスインストラクター
柿原奈央子
南　和志　りく整骨院（院長）
栗田　優　フリートレーナー
久保寺勇太　久保寺接骨院×体幹
トレーニングスペースAnchor
藤森正和　フジ鍼灸接骨院
杉本　将　みなり整骨院
鈴木孝平　RePRO TRAINING STUDIO
（すずき接骨院併設）
山本貴嗣　トレーニングスタジオ Shiny
藤城秀規　芯　～Ｓｉｎ～
小池雄大　こいけ接骨院
石山博喜　Pilates Room tone
玄山昌武　くろやま鍼灸整骨院
遠藤由貴　Space Brillo
高垣昭和　Axis
庄　映二　接骨院たなごころ
南原智彦　つなぐ鍼灸整骨院
岡本純一、結城信吾
株式会社LAFH ろくじょう西整骨院
小泉武司　こいずみPT整骨院
石崎　豊
坂根太平　フリートレーナー
大谷乃里子　大谷整形外科
船木哲秀　体幹トレーニング教室
スポーツ整体アスルート
本田祐介　ゆうゆう鍼灸院
馬屋原隆世　広島リゾート＆スポーツ専門学校
西本幸寛　パーフェクトストレッチ舟入本町店
岩佐晃弘　すまいる整骨院
福田真至　ハッピー阿南
河野　磨　ハッピー徳島
射場潤一、速井拓己、大林大樹　いば整骨院
宮崎文男　みやざき整骨院
伊東　勝　善通寺ＦＣ
福岡裕二　笑顔☆からだ作り 工房 南米広場
大谷　成　フェニックス整骨院
内山忠幸　大濠鍼灸整骨院
新名康人　はりきゅう整骨院 康寿庵
山中祐太朗　やまなか整骨院
佐藤達也　はるまち駅前整骨院鍼灸院
水田広記　みずた整骨院
柴田清寿　大分トリニータ トレーナー
ブルーポイント鍼灸整骨院
竹田寛晃　フリートレーナー
北憲治、大田勝也　健康運動指導士
医療法人慈風会厚地健康増進センター
土生さとみ　studio m
山城　修　ヤマシロ鍼灸整骨院

1週間《しゅうかん》で腹《はら》を凹《へこ》ます体幹力《たいかんりょく》トレーニング

著　者――木場克己（こば・かつみ）
発行者――押鐘太陽
発行所――株式会社三笠書房
〒102-0072 東京都千代田区飯田橋3-3-1
電話：(03)5226-5734（営業部）
：(03)5226-5731（編集部）
http://www.mikasashobo.co.jp
印　刷――誠宏印刷
製　本――若林製本工場

編集責任者　清水篤史
ISBN978-4-8379-2639-9 C0030

本書は、小社より刊行した『腹を凹ます体幹力トレーニング』を加筆・再編集し、改題したものです。